俄汉语义范畴的多维研究
—— 空间和时间范畴之对比

姜 宏 著

图书在版编目(CIP)数据

俄汉语义范畴的多维研究:空间和时间范畴之对比/姜宏著. —北京:北京大学出版社,2013.6
(语言学论丛)
ISBN 978-7-301-22592-9

Ⅰ.①俄… Ⅱ.①姜… Ⅲ.①俄语—语义学—研究②汉语—语义学—研究 Ⅳ.①H35②H13

中国版本图书馆 CIP 数据核字(2013)第 115192 号

书　　　名：俄汉语义范畴的多维研究——空间和时间范畴之对比
著作责任者：姜　宏　著
责任编辑：刘　爽
标准书号：ISBN 978-7-301-22592-9/H·3312
出版发行：北京大学出版社
地　　　址：北京市海淀区成府路 205 号　100871
网　　　址：http://www.pup.cn　新浪官方微博:@北京大学出版社
电子信箱：nkliushuang@hotmail.com
电　　　话：邮购部 62752015　发行部 62750672　编辑部 62759634
　　　　　　出版部 62754962
印　刷　者：三河市博文印刷厂
经　销　者：新华书店
　　　　　　650 毫米×980 毫米　16 开本　19.25 印张　300 千字
　　　　　　2013 年 6 月第 1 版　2013 年 6 月第 1 次印刷
定　　　价：45.00 元

未经许可,不得以任何方式复制或抄袭本书之部分或全部内容。
版权所有,侵权必究
举报电话：010－62752024　电子信箱：fd@pup.pku.edu.cn

目 录

前 言 ··· 1
第一章　俄汉语义范畴多维对比研究的理论依据和研究思路 ········ 1
　　第一节　关于功能语法理论 ·· 3
　　第二节　关于功能语法理论研究及俄汉语义范畴对比研究 ······ 9
　　第三节　关于功能语法理论的多维思考及设想 ······················ 13
　　本章小结 ··· 27

第二章　语言空间和时间范畴的对立统一及其多维研究构架 ······ 29
　　第一节　语言空间和时间的概念和特征 ······························· 29
　　第二节　语言空间和时间的统一性 ······································ 32
　　第三节　语言空间和时间的对立性 ······································ 39
　　第四节　语言空间与时间范畴的多维研究构架 ····················· 44
　　本章小结 ··· 53

第三章　俄汉语空间范畴的语义系统 ·· 54
　　第一节　一般空间关系 ·· 54
　　第二节　局部空间关系 ·· 58
　　第三节　空间指示 ··· 61
　　本章小结 ··· 63

第四章　俄汉语空间范畴的形式系统 ·· 64
　　第一节　空间关系基本要素的表达 ······································ 64
　　第二节　空间关系的典型表达模式及其变异 ······················· 67
　　第三节　空间语义类型的表达 ·· 76
　　第四节　空间指示的表达 ··· 94

第五节　空间关系的边缘表达手段……………………… 100
　　本章小结………………………………………………………… 103

第五章　俄汉语时间范畴的语义系统…………………………… 105
　　第一节　俄汉语时间范畴的语义系统研究综述……………… 105
　　第二节　俄汉语时间范畴语义系统的对比…………………… 116
　　本章小结………………………………………………………… 120

第六章　俄汉语时间范畴的形式系统…………………………… 123
　　第一节　俄汉语中的时序对比研究…………………………… 123
　　第二节　俄汉语中的时位对比研究…………………………… 138
　　本章小结………………………………………………………… 170

第七章　俄汉语空间和时间范畴的语法学研究………………… 172
　　第一节　语法学视域的空间和时间范畴研究………………… 172
　　第二节　空间和时间形式的句法功能………………………… 175
　　第三节　空间和时间形式的句法分布………………………… 185
　　本章小结………………………………………………………… 195

第八章　俄汉语空间和时间范畴的篇章学和语用学研究……… 196
　　第一节　空间和时间形式在篇章中的功能…………………… 197
　　第二节　时间信息在篇章中的间接表现（或隐性手段）……… 214
　　本章小结………………………………………………………… 220

第九章　俄汉语言时间范畴的文化认知研究…………………… 221
　　第一节　俄汉语言时间范畴的文化认知研究构架…………… 222
　　第二节　俄汉主观时间研究…………………………………… 228
　　本章小结………………………………………………………… 260

第十章　俄汉成语中的时间范畴研究…………………………… 261
　　第一节　俄汉时间成语的不同类型及主要来源……………… 262

第二节　时间意义在俄汉成语中的体现方式·························· 266
本章小结·· 274

结　语 ·· 275
参考文献 ·· 280

前 言

本著作系上海市哲学社会科学"十一五"规划课题"俄汉语义范畴的多维研究——二元对立视角的空间和时间范畴之对比"的结项成果。

本著作从申报课题时的论证到结项,再到成书跨越了5年的时间,其间的创作过程经历了诸多的困惑和磨难。

困惑主要来自于理论的建构。尽管笔者已经在课题论证时充分认识到,从语义范畴入手去探索语言表现形式是当代语言学研究中的一种新思路或新趋势,且这种思路对两种语言的对比研究比较合适,但真正要把一纸理论构想变为洋洋数十万字的著作成稿,却有相当大的难度。原因很简单:迄今为止,国内外学界尚缺乏系统的功能语法学视角的俄汉语对比研究的成果可以借鉴。因此,从最初的理论构想出发,构建起比较完整的俄汉语义范畴对比研究的理论框架,就成为了本著作首先要完成的任务。这也是为什么本著作要专门辟出第一章的缘由所在,它是本著作理论构建不可或缺的部分。

磨难主要源自操作程序的确立。本著作以俄罗斯功能语法理论为基础,吸收俄罗斯及西方各个功能语法流派的精华,融合当代语言学中的一些新元素(包括语用学、系统功能语言学、语言文化学、认知语言学等),旨在建立一个新的、符合当代语言学发展方向的俄汉语义范畴对比研究的框架和体系。但该框架和体系的建构说到底还只属于理论思维部分,而要把该理论思维现实地转为对俄汉语中最基本的空间和时间范畴进行对比研究,还需要有一套切实可行的、具体的方法或视角。经过反复论证和实践,笔者选择了"多维"研究的视域——既有语义类型和形式表达的对比,也有认知文化的阐释;既有篇章和语用分析,也有语法的功能性描写等。

经历了上述困惑和磨难后,笔者终于渐渐拨开了迷雾,见到了抵达彼岸的曙光,许多原本模糊的理论和实践问题得到了梳理和澄清,并收获了些许实实在在的理论成果（详见"结语"部分）。

  本著作的目的和意义是显而易见的。目的为：欲通过对俄罗斯功能语法理论的评述及其与当代语言学一些新理论的对比分析，建立起一个多维的俄汉语义范畴对比研究的框架和体系，由此为语言的对比研究提供较科学和系统的方法论；通过对俄汉语空间和时间范畴的多维视角的审视，寻找出两种语言的本质特征及其个性和共性，进而为我国的汉语研究提供新的方法。意义有：空间和时间作为自然语言中最基本的范畴，其研究成果无不具有普通语言学的性质，因为从意义到形式的研究是从人类认知和交际的共性为出发点的，所以其成果可以比较容易地为其他语言研究所借用。换句话说，该著作的学术价值集中体现在其研究方法的独特性及实践的普适性两个方面。

  本著作由10章28节构成，其研究的内容大致包括两大部分，一是建构语义范畴多维对比的研究框架和体系；二是根据这一框架对俄汉语空间和时间范畴进行多维对比研究。

  本著作的完成是建立在较为丰富的前期成果基础之上的。迄今为止，笔者就该问题共完成25篇论文，其中有18篇发表在外语类核心刊物上。这主要包括：《功能语法理论研究的多维思考——谈当代语言学新元素对功能语法理论的修补和完善》、《二元对立视角的俄汉语义范畴对比研究之思考——兼谈空间和时间的二元对立统一关系》、《汉俄语功能语法对比研究：评述与展望》、《俄语篇章中的时间范畴问题》、《俄汉语中的时序：概念、语义类型及表达手段》、《功能语法视域下俄语表情句法的整合研究》、《俄汉语时间范畴语义系统对比研究》、《主观时间及其表达手段和文学篇章功能》、《俄汉功能语法对比研究的多维思考及设想》、《语言中的空间范畴及其俄汉多维对比研究框架》、《当代语言学样式对功能语法理论的修补作用》、《汉俄语空间关系对比分析》、《俄汉语中强烈程度意义的表达手段》、《俄汉语中的约量：概念和定位、语义类型和表达手段》、《现代俄语副词的新角度观察——语法特征、句法分布、篇章和信息功能》、《汉俄语中可能性范畴的语义类型及基本表达手段》、《汉俄语被动句语用功能和特征的对比分析》、《汉俄语中的空间关系：语义类型、表达手段及言语功能》等。也就是说，该著作有一半以上的内容已经在外语类核心期刊或重要的文集上刊出，在学界产生了比较大的影响。

当然，受作者能力和学识所限，以及 2007 年以来身体欠佳等原因，本著作的结构和内容较之原构想还有不尽完善之处。譬如，对空间和时间范畴的个别问题没有做到均衡的描写，像文化认知的阐释就主要局限于时间范畴，还有待在空间范畴方面做必要补充。这也为本人今后的科研活动留下了足够大的空间。真诚希望学界同仁能对拙著的立意构思、研究方法和内容等提出批评意见。

最后，真心感谢一直给予我关怀、鼓励和扶持的复旦大学外文学院，还要特别感谢北京大学出版社的领导、张冰教授和刘爽编辑。本著作得以顺利出版，是他们给予了莫大的支持，并付出了辛勤的劳动。

姜 宏

2012 年 11 月于莫斯科大学

第一章 俄汉语义范畴多维对比研究的理论依据和研究思路

语言研究既可以从形式入手去描写其表现的意义,也可以从意义入手来寻找其得以表现的形式。从语义范畴入手去寻找语言表现形式无疑是当代语言学研究范式的新思路和新趋势。从某种程度上来说,这种研究范式对于对比语言学研究尤为合适,因为有些问题从形式出发是很难进行对比研究的,这是由人类思维的共性以及语言表达的个性所决定的。譬如,我们很难把俄语名词的格范畴或者动词的体范畴与汉语的某个语法范畴进行对比研究,但我们可以从空间、时间、性质、数量、主动、被动、可能性、或然性、必要性、确定性和不确定性等语义范畴和原因、条件、结果、目的等语义关系出发对两种语言进行对比分析,因为这些语义范畴和语义关系无论在俄国人还是在中国人的思维中都存在,只是表达的方式不同。此外,较之传统的从形式到意义的研究路子,这种研究范式更符合人类思维表达的正常次序,也更适合外语教学,因为外语教学的目的不只在于认知和领会外语现象,更多地是为了能动和积极地表达思想和感情,而这对外语教学和学习来说是最困难的。

从语义范畴出发的对比研究不仅可以更有效地解释所对比的语言事实、描写其语言规律,而且可以更广泛地拓宽理论思路、挖掘语法研究的独特方法。这种研究的对象是有限的,但它的研究成果却无不具有普通语言学的意义,因为从意义到形式的研究是从人类认知和交际的共性出发的,其成果可以比较容易地被其他语言所借用。

俄汉语义范畴研究的源流长短不一,所取得的理论和实践成果也各有所长,因此,可以彼此交融、相互借鉴和取长补短。

在俄罗斯,真正采用"从意义到形式"的方式来对语言进行研究的且具备比较完善和科学理论框架的,当属功能语法理论(Теория функциональной грамматики)。功能语法理论由前苏联科学院院士邦达尔科(А. В. Бондарко)创建于 20 世纪 70 年代末。功能语法理论对各种语义范畴、语义关系和功能语义场的研究、对各种语法单位的功能规律和规则的分析,加深了人们对语言性质、规律和功能的认识和理解,在各种功能语法学派中独树一帜。它勾画了俄语功能语义场及其语义范畴和语义关系的基本体系和组成,涉及的语义范畴和语义关系主要有时间(время)和空间(пространство)、情态(модальность)、语态(залоговость)、人称(персональность)、所属(посессивность)、性质(качественность)、数量(количественность)、确定性和不确定性(определенность/ неопределенность)、主体和客体(субъектность/объектность)和限制—疏状意义(обусловленность)等。

在汉语界,早在 20 世纪 40 年代,吕叔湘先生(1942)[①]在《中国文法要略》的后半部分就抛开语言形式的束缚,从语法意义入手,开创性地建立了汉语的语义范畴和语义关系体系。但是,随后吕先生的思路一直没有得到继承和发展。直到上个世纪末,特别是近年来才有越来越多的汉语研究者陆续对语言中的一些语义范畴及其它们在汉语中的表现方式和规律进行了深入探讨,包括时间、方所、数量、肯定、否定等语义范畴和因果、比较、选择等语义关系的研究。如储泽详(1997)的方所范畴研究、李明宇(2000)的量范畴研究、齐沪扬(1998)的空间范畴研究、李向农(1997)的时间范畴研究、刘焱(2002)的比较范畴研究、吴继光(2003)和徐默凡(2004)的工具范畴研究、周有斌(2004)的选择范畴研究等等。当今的汉语语义范畴研究思路和模式深受西方功能主义语言观的影响,注重演绎分析,力图寻找语言表现背后的功能动因,即在描写语言现象的基础上进行交际和认知的解释说明。

可见,从语义范畴出发的研究思路在当今的俄汉语界都正是方兴未艾。尽管两种语言所沿袭的并不是同一理论,但二者却有许多不谋而合的观点,其中非常重要的一点是:二者都强调语言的对比研究。二者另一个共同之处在于:它们所确立和涉及的语义范畴和语义关系大多是以语法为基础的,是在相关语法范畴的基础上提取的相关概念。这为我们实行俄汉语义范畴和语义关系的对比研究提供了理论和物质基础。

---

① 本书引用的是该著作的 1990 年版。

第一节　关于功能语法理论

目前，在众多语义范畴的研究理论中，功能语法理论可以称得上是最为系统的理论之一，因为该理论是专为语义范畴研究而创建的。本章节就功能语法理论的主要观点、基本概念和独特之处做简要介绍。

1.1 主要观点

长期以来，语言学家们对语言的研究主要采用典型的传统语法描写方式，即由形式到意义。这种方式原本是为描写本族语语法构造而建立起来的，它的主要任务在于描写和分析一种语言中有哪些语法现象、有哪些形式系统，哪些形式有哪些功能、相互关系如何等。譬如词类划分以及各大词类的语法形式及其语法意义、句子的分类以及各类句子的形式和语义特征。例如名词具有什么功能和意义，名词第五格表达什么意义，动词具有什么句法功能，动词完成体和未完成体表达什么意义，无人称句主要表达什么意义等等。这种语法常常被称为"消极语法"（пассивная грамматика），因为它本质上是听（读）者的语法，是一种领会式语法。然而，学习外语的目的不能仅仅局限于理解和领会外语，应该还包括自如积极地表达思想和感情。这便要求人们遵循由意义到形式的原则对语法现象做出描写。被称为"积极语法"（активная грамматика）的功能语法就是这样一种语法。功能语法在俄罗斯语言学界有着不同的流派，但具备完整理论框架的并不多见。我们在这里指的是其中的彼得堡流派，即功能语法理论（Теория функциональной грамматики，简称 ТФГ）。

功能语法理论的奠基人 А. В. Бондарко 对功能语法是这样解释的：功能语法旨在描写参与（与语言系统不同层面的单位相互作用）表达话语内容的语法单位的功能规律和规则，它不仅从形式到意义，而且从意义到形式来描写语言手段的功能（Бондарко 2003：3）。他同时指出，功能语法理论从形式到意义的传统研究方法是由语法的系统性决定的，因为语法研究的是语法单位、语法范畴、语法类别及其与词汇和上下文相互作用的功能规则，而语法单位、语法范畴和语法类别乃是范畴意义及其表达形式的统一体。因此，语法研究对象本身的确立就不可能不依靠形式，语法形式及其意义是挖掘语法所研究的语义的基础。也就是说,语义范畴来自语言形式,然后它们才有可能成为研究其所有表达手段的出发点(Бондарко 2003:33—34)。由此可见,功能语法理论既包括积极语法,也包括了消极语法的观点。

不过,功能语法理论主要采用从意义到形式的描写方式,即使在采用从形式到意义这一传统的方式时,它也有着自己的特点:它描述的是语法单位和其他语言手段在话语中相互作用所产生的功能。"功能语法研究试图开拓的是一个语法形式、词汇和上下文相互作用的系统,这一系统包括表达话语意义的各种语言手段的各种功能规律和规则"(Бондарко 2003:3)。因此,功能语法理论研究的内容不仅仅是那些已知的形式和结构(即纯语法手段),还包括大量混合的语法—词汇手段以及一些隐藏在词汇—上下文和语法—上下文中的隐性手段。

可见,功能语法理论既不同于传统的形式描写语法,也与俄罗斯另一著名语法学家 Г. А. Золотова 所创建的功能—交际语法(функционально-коммуникативная грамматика)和其他的功能语法观点有所区别。А. В. Бондарко 对此做了如下说明:如果说传统语法首先回答的问题是"语言系统是怎样构造的?",那么,功能语法理论在考虑到这一系统及其成分构造的同时,试图回答的问题是"它是怎样起作用的?"如果说传统语法在分析和描写语言事实时,主要采用从形式到意义的路线,那么,功能语法理论采用的则主要是从意义到形式、从功能到表达手段的方式。至于功能语法理论与功能—交际语法的区别,可以说,功能语法理论是以系统语言为主的模式,功能—交际语法则是以交际言语为主的模式。也就是说,前者是系统描写性的语法,后者是系统解释性的语法;前者采用从语法(范畴)意义到其表达手段的方式来描写俄语语法系统,后者则把俄语语法看成是在意义、功能和形式相互作用下言语(口头的和书面的)产生的机制(Под ред. Костомарова и Максимова 2003:679)。每一种语法理论都包含一定的功能观点,但是,如果是从传统语法的基础上,从语法本质出发,把语法单位的功能及其与不同语言层面的成分之间的相互作用当做专门分析的对象,那么,这则是功能语法理论的本质特征,也是它与其他功能语法观点的区别所在。

1.2 基本概念

功能语法理论不仅有着自己独特的研究内容和研究方法,而且对自己理论体系中的几个基本概念及其相互关系也做了比较详尽而科学的阐释,这主要包括"功能"(функция)、"意义"(значение)、"语义范畴"(семантическая категория)、"功能—语义场"(функционально-семантическое поле)、"范畴情境意义"①(категориальная ситуация)和"语言环境"(языковая среда)。

功能语法理论把"功能"看成是表达一定(语法)意义的某一种或某一组语言手段的使用目的,如单数第二人称动词形式的功能即表达与言语对象的关系或泛指人称。至于"功能"与传统的"意义"(значение)之间的关系,功能不一定与系统—语言意义有关,如动词现在时形式的功能包括舞台现在时、描写现在时、叙述现在时、称名现在时等。功能语法理论虽然强调的是语义功能(семантическая функция),但这不应该与意义混淆起来,意义是形式的内部特性,任何意义都可以看做是一定手段或语言手段的功能,但不是所有的功能都是意义,功能还可以是语用功能、修辞功能和结构功能等(Бондарко 2003:37—38,Отв. ред. Бондарко 2003:21—22)。在功能语法理论看来,语言手段的功能可以分为"潜在的功能"(функция в потенциальном аспекте)和"实现的功能"(функция в результативном аспекте)。前者指语言单位在语言体系中固有的完成某项任务或发挥相应作用的能力,这是语言层面上的概念;后者则指语言单位在具体语言环境中所发挥作用的结果,即在言语中实现了的作用,这属于言语层面的内容。

然而,功能语法理论中的"意义"实际上指的是"内容"(содержание),它包含了传统的"意义"(значение)和"意思"(смысл)两方面的内容。传统的"意义"(значение)指语言符号固有的内容,"意思"(смысл)指的是言语中被表达和被理解的内容。这体现在功能语法理论"从意义到形式"与"从形式到意义"相结合的研究方法中:在"意义到形式"的过程中包括两个方面,一是语言单位固有的意义(значение)→表达该意义的形式

---

① 赵顺仁(1989:14)把这一术语译为"范畴语境"。为了避免与当今语用学中的"语境"混淆,也为了使译文能够更加贴近原文意思,我们采用了不同的译法。

（форма）；二是所要表达的话语意思（смысл）→带有特定意义的语言表达手段（формы со значениями）。在"形式到意义"的过程中也包括两个方面，一是形式标记（форма）→这些形式标记所固有的意义（значение）；二是形式标记和意义的统一体（语言单位）（формы со значениями）→这些语言单位所能表达的话语意思（смыслы）。因此，在功能语法理论中常常采用"содержание"这一术语，以区分它与значение之间的不同。

语义范畴在语法领域中指的是基本的综合语义恒体，它们通过各种手段（词法的、词汇的、句法的、构词的、混合的）表现为各种意义变体。如时间、空间、性质、数量等范畴。

功能语义场①是一种语言不同层面表达手段的集合体，这些手段有着共同的语义功能，它们相互作用，表达一定语义范畴的不同意义变体。换句话说，功能语义场是一种语言中某个语义范畴的不同意义变体及其所有表达手段的统一体，这些意义有着核心的（首要的）和边缘的（次要的）表达手段之分，同时，这些表达手段也有着核心的（首要的）和边缘的（次要的）的功能之分。也就是说，每个语义范畴及其各种表达手段可以形成一个圆心场，即功能语义场，而各种功能语义场之间呈现出相互联系、相互交叉的特点。由此可以分出单中心场（моно-ФСП）和多中心场（поли-ФСП）。以空间范畴为例，其语义变体的组成是：动态空间关系（Завтра Нина уезжает в Москву）和静态空间关系（Вокруг дома стояли высокие сосны）、独立空间关系（Он переходит улицу）和从属空间关系（Он перевёл её через улицу）以及"远、近"的空间指示关系（Я учусь вот в этой школе；Он живёт вон в том доме）等。这些空间关系既有核心的表达手段，即具有空间意义的前置词（в，на，к，над，под）、格形式（стоять рядами，идти лесом）、动词（быть，находиться，идти，ехать）、副词（здесь，туда，везде）以及各种句型（Петр живет в Москве；Петр едет в Москву），也有着次要的表达手段，如 Стол занимает угол ＝ Стол стоит в углу；Я посетил этот город ＝ Я приехал в этот город；Он часто принимает гостей ＝ К нему часто приходят гости。同时，这些表达手段既

---

① 在20世纪60—70年代的早期成果中，А. В. Бондарко 采用的相应术语是"функционально-семантическая котегория"，指用于表达特定语义范畴的不同语言手段的体系，此处 категория 指"组合，联合"之意。

有主要的功能,即表达空间意义,也有着次要的功能,如大部分空间前置词可以表达时间、原因、目的等其他意义:Это было в прошлом году; Он пришел просто из уважения к ней; Она только улыбнулась в ответ. 所有这些意义及其所有表达手段可以形成一个圆心场,这个圆心场有中心和边缘之分。与此同时,这个场与时间场、原因和目的场相互联系、相互交叉。在空间场位于中心位置的手段,在时间和原因及目的场中很可能处于边缘位置。反之亦然。

而就功能语义场与语义范畴的关系来说,语义范畴是功能语义场的内容根基。

范畴情景指的是由不同语言手段表达的某个语义范畴的典型意义结构,它在话语中体现着某个语义范畴的具体意义并对应着相应的功能语义场,它是功能语义场在话语中的映射。如果说功能语义场研究的是一种语言中某个语义范畴的所有语言表达手段,集中了同一个语义范畴周围不同层面所有的语言手段,它代表的是一种描写语法手段,那么范畴情景则研究话语中这一语义范畴的功能变体及其表达手段,是功能语义场在言语中的表现,是语义范畴在话语中表现的功能形式,即意义变体。功能语义场属于语言层面,而范畴情景属于言语层面。范畴情景不局限于某一个语法形式,而是由不同话语手段表达的典型意义结构,其占主导地位的话语手段常常与一些句子类型的名称相关,如存在句、所有格句、比较句等。范畴情境意义是用来解释语言范畴与其在言语中表达条件之间的关系的,也就是解释语言系统及其言语环境之间的关系(Отв. ред. Бондарко 2003:11—14)。

而就范畴情境意义和语义范畴的关系来说,语义范畴是典型的意义结构,是语义恒体,它是类概念,而范畴情境意义则是种概念,它更为具体。就语义范畴、功能语义场和范畴情景三者的层级关系而言,可以说语义范畴位于最高层级,是普遍语义常项,在不同语言的语言体系和言语交际中有着不同的体现。从语义范畴出发,功能语义场是语义范畴在语言体系中的体现,而范畴情景则是语义范畴在言语中的体现。

功能语法理论历来强调语境在语言单位功能实现过程中的重要性。在功能语法理论看来,语境(языковая среда)指的是对语言单位意义和功能的实现产生作用的语言内或语言外环境,这包括两个方面,一是系统语言环境(системно-языковая среда),二是言语环境(речевая среда)。系统语言环境与词法范畴和词汇—语法类别紧密相关,譬如形容词能否构成比较级取决于它是属于性质形容词还是关系形容词,而在名词数范畴的功能中,名词的词汇类别(具体名词/抽象名词、物质名词、集合名词等)起着重要作用。言语环境则包括上下文(контекст)和言语情境(речевая ситуация)。上下文属于语言内环境,它属于语篇范畴,指对话语意义的表达产生重要影响的信息,譬如词汇意义、与某一语法范畴相互作用的其他语法范畴。上下文语境主要通过语言手段来体现。言语情境属于语言外环境,包括社会因素、文化因素、人的因素等等非语言因素。不过,功能语法理论对语境的分析基本限定在上下文,对其他类型语境的分析并不深入。

1.3 独特之处

А. В. Бондарко 的功能语法理论有着自己的独特之处。我们认为,这主要包括:其一,它主要采用积极语法的"从意义到形式"的描写方式,但并不局限于此,而是同时坚持传统的"从形式到意义"的原则,强调从形式到意义的方向是任何一部语法(其中包括功能语法)所必要的,语法的系统性统一是靠它来维持的。因此说,А. В. Бондарко 的功能语法理论既包括积极语法,也包括了消极语法的观点,它与传统的描写语法是相互联系,相辅相成的。这种研究方法无疑是较为科学的,因为它反映了理解和表达两种言语活动的本质(Бондарко 2003:33—34)。其二,功能语法理论的一个重要方法原则是把传统语法中被分离的语法学和词汇学紧密地结合在一起。毋庸置疑,相同的意义在语言中可以用不同层面的手段表达,然而,只有功能语法理论消除了形式上的局限性,它把属于不同语言层面(包括词法、句法、构词、词汇等),但统一于相同语义功能的手段看作一个整体。其三,功能语法理论同时坚持系统语言观点和言语交际观点。它认为,功能语义场与思想—言语行为的表达过程紧密相关。结合言语表达系统,综合研究语言系统——这是功能语法理论在阐述语法单位的功能及其与范畴意义关系方面的主要原则之一,即在分析语言材料时,尽量考虑到语法意义与说话人意图之间的联系,它描写的是不同层面语言单位与周围环境相互作用所产生的功能及其规律。因此,功能语法理论研究的不仅仅是那些显性的纯语法或词汇手段,还有大量复杂的、混合的、隐藏在上下文中的未知的隐性手段。从这一点来说,功能语法理论有着语用学和篇章学的内容。其四,功能语义场是功能语法理论研究的主要内容,但并不是全部,语法范畴(体、时、态等)、语法范畴的不同类型(动词范畴系统、静词范畴系统等)、词形、词类、句子以及句子成分也在它的研究范围之内。不过,功能语法理论始终是依靠语法属性的,同时也是受它的限制的,否则无从确定语法研究的对象了。

综上所述,功能语法理论最大的特点,也是最为学界推崇的是其研究范式的整体性。既坚持从意义到形式又不摒弃从形式到意义的方法原则,既坚持系统语言观点又注重言语交际观点,同时把语言各个层面(包括语法、词汇和上下文等)的内容结合成为一个整体。

通过对功能语法理论的主要观点、独特之处和基本概念的介绍,我们完全可以说,功能语法理论有着比较完整和科学的理论框架,它不仅有着自己独特的思想内容和方法原则,而且它的研究是符合当今语言学的发展方向的。

第二节 关于功能语法理论研究及俄汉语义范畴对比研究

功能语法理论是语义范畴研究的指导理论,功能语法理论研究取得了令人瞩目的成就,然而俄汉语义范畴的对比研究还处在薄弱的起步阶段。下面我们主要就这两方面的研究现状做一番介绍。

2.1 关于功能语法理论研究

在功能语法理论正式形成之前,А. В. Бондарко 就做了大量的工作,尤其是他对语法范畴及其功能的阐释以及对动词体和时体范畴的研究(Бондарко 1967,1971,1976a,1976b,1978)为功能语法理论的建构打下了坚实的基础。而功能语法理论的形成标志应该是 А. В. Бондарко 的两部著作的正式出版,一是 1983 年出版的《Принципы функциональной грамматики и вопросы аспектологии》(Бондарко 2003[①]),二是 1984 年出

[①] 本书中引用的是该书的 2003 年版。

版的《Функциональная грамматика》(Бондарко 1984)。近半个世纪来,功能语法理论研究取得了令人瞩目的成就,其学术流传广泛,影响深远,不仅在俄罗斯追随者众多,且在世界语言学界也成为功能语义研究有代表性的俄罗斯学派之一。А. В. Бондарко 与他的弟子和其他学者们不仅发表了大量的论文,而且出版了数十部专著。其中最著名的应数它的六卷系列专著《功能语法理论》(Теория функциональной грамматики,即ТФГ),包括《Теория функциональной грамматики: Введение. Аспектуальность. Временная локализованность. Таксис》,《Теория функциональной грамматики: Темпоральность. Модальность》,《Теория функциональной грамматики: Персональность. Залоговость》,《Теория функциональной грамматики: Субъектность. Объектность. Определенность и неопределенность》,《Теория функциональной грамматики: Локативность. Бытийность. Посессивность. Обусловленность》,《Теория функциональной грамматики: Качественность. Количесвенность》,(见 Отв. ред. Бондарко 2003①,1990,1991,1992,1996a,1996b)。这六部著作产生在 1987 年到 1996 年近十年期间,主要研究俄语中各种语义范畴和语义关系及其相关的功能语义场,所讨论的问题包括:动词的时体范畴(аспектуальность)、时间范畴(包括时位、时制、时序、时列意义等等)、情态范畴(модальность,包括可能性、必要性、或然性等)、人称范畴(персональность)、语态范畴(залоговость)、主体范畴(субъектность)、客体范畴(объектность)、确定性和不确定性范畴(определенность/неопределенность)、性质范畴(качественность)、数量范畴(количественность)、方位范畴(локативность)、存在范畴(бытийность)、所属范畴(посессивность)、限制—疏状意义(обусловленность,包括原因、条件、目的、结果意义等)。前面四个语义范畴涉及的都是动词范畴:体、时、体时关系、式、人称、态。接下来的四个语义范畴(主体、客体、确定性和不定性)属于句子层面的内容,它们阐述的是静词词形在句子中的功能。紧接着的两个语义范畴是以一定的词类为中心的,"性质"——形容词,"数量"——数词。再后面的四个语义范畴(方位、存在、所属和限制—疏状意义)指的是一定类型的句法结构,即带有处所、存在、所属和限制—疏

---

① 该书 1987 年第一次出版,我们所列为 2003 年出版的第三版。

状意义的句子。

2000年,功能语法理论的另一个系列专著《功能语法问题》(Проблемы функциональной грамматики,即 ПФГ)开始问世,至今已有四部出版,包括《Проблемы функциональной грамматики: Категории морфологии и синтаксиса в высказывании》,《Проблемы функциональной грамматики: Семантическая инвариантность/вариативность》,《Проблемы функциональной грамматики: полевые структуры》,《Проблемы функциональной грамматики: категоризация семантики》(见 Отв. ред. Бондарко,Шубик 2000,2003,2005,2008)。与前一个系列作品不同,这一系列找到了通向语言系统的另一个入口:它采用的不是从语法意义到语法形式的途径,而是从个别的语言学问题(如词法和句法范畴的语言和言语系统之间的联系)出发到语言系统的模式,更加靠近当今世界语言学研究的主流思想,包括语篇、语境和文化因素的分析等。

尽管这类系列作品的工作还没有结束,但可以说,摆在我们面前的是一个无论在材料广度和内容多样性上,还是在基本研究方法及其循序程度上来说都没有类同的成果,至少在俄语语言学界如此。

应该承认,功能语法理论已经具备比较完善的理论框架和体系,并取得了显著的成绩。要继续发展和壮大,功能语法理论必然面临着新的课题和挑战。关于这一点,Бондарко(2001:8)明确提出,功能语法理论未来的一个重要发展方向是对比研究,因为建立在一定语义范畴上的功能语义场在不同语言中可能在结构上有着本质的差别。也就是说,与其他语言进行对比研究,这是功能语法理论目前及今后面临的最长远、最艰巨和最宏观任务。

2.2 关于俄汉语义范畴对比研究

对比分析是语言研究的一种重要手段,这种手段很早就被人们运用于语言学研究中。但作为一门学科的对比语言学,其形成的时间并不长。我国的俄汉语对比研究是在新中国成立之后才开始的,这方面的研究在国内外语言学界还是一个较为薄弱的环节。首先,从事这方面研究的人很少;另外,即使有些学者在这方面进行了一定的探索和研究,但主要集中在有限的几个传统领域,如语音、语调对比,语法对比,词汇、词义和成语对比、修辞手段对比(姜宏 2000),所探讨的问题也比较零散。再者,采用的基本是传统的语法研究方法,即从形式到意义的方法。

就俄汉语义范畴对比研究来说,这几乎还是一个崭新的课题。如前所说,功能语法理论已经提出了新的课题——对比研究,而俄汉语言对比则是摆在我们中国俄语工作者面前的任务。应该说,功能语法理论在俄罗斯诞生不久,就有学者把它介绍到了中国,如张会森(《功能语法问题——А. В. Бондарко 功能语法观述评》、《苏联的功能语法研究》)(1989)、许高渝(《А. В. 邦达尔科功能语法理论初探》)(1989)等。后来,在20世纪90年代初又曾掀起过功能语法理论的短暂热潮,如何荣昌(《俄语功能语法纵横谈》)(1990)、华劭(《对几种功能主义的简介和浅评》)(1991)、李尚谦(《俄语语法学的新成果——评介〈俄语功能语法〉》)(1993)、张会森(《关于功能语法》)(1994)等。但遗憾的是,这些理论的引入并没有给我国俄语界带来很大的变化,人们对它的了解只是停留在最基本且零碎的理论介绍上,而在实际研究中主要还是采用传统的研究方法。不过,还是有个别学者采用功能语法理论的方法做了一些工作,如归定康(《俄语时间关系表示法的体系》)(1982)、孙立成(《俄语的时间体系及有关问题》)(1989)、田文琪(《汉俄语言的形式对比与表达对比》、《逻辑关系表达方式的汉俄对比》)(1994)、李勤(《俄语不确定/确定范畴:语言手段及其言语功能》)(1998)、姜宏(《汉俄语中的空间关系:语义类型、表达手段及言语功能》[2004]、《汉俄语中可能性范畴的语义类型及基本表达手段》[2005]、《汉俄语被动句语用功能和特征的对比分析》[2006]、《俄汉语中的约量:概念和定位、语义类型和表达手段》[2007]、《俄汉语中强烈程度意义的表达手段》[2008]、《俄汉语中的时序:概念、语义类型及表达手段》[2010]、《主观时间及其表达手段和文学篇章功能》[2012]、《俄汉时间范畴的语义系统对比研究》[2012])等。其中最为可观的应数吴贻翼教授的专著《现代俄语功能语法概要》(1991)。近几年来,一些学者开始较深入地探讨功能语法理论以及它与当代语言学研究范式之间的关系问题,如杜桂枝(《简述А. В. Бондарко 的功能语义场理论》)(2000)、王铭玉、于鑫(《功能语言学》)(2007)、姜宏(《汉俄语功能语法对比研究:评述与展望》[2005a]、《功能语法理论研究的多维思考——谈当代语言学新元素对功能语法理论的修补和完善》[2007a]、《二元对立视角的俄汉语义范畴对比研究之思考——兼谈空间和时间的二元对立统一关系》[2009a])等。这些成果为我们今后的工作奠定了坚实的基础,但它们涉及的主要是一些零碎而具体的问题,而系统的理论性研究的很少,还不能说已经全方位地采用了功能语法理论的研究方法,而且大都只是针对俄语单方面的,涉及与汉语的对比研究不多。因此说,目前俄汉语义范畴对比研究的研究方法和方式是不够完善和科学的,层面和角度也不够全面和系统。这将是俄汉语义范畴对比研究者今后的工作和任务。

俄语在语义范畴研究方面已经具备比较完善的理论框架和体系,并取得了显著的成绩,相比之下,汉语在这一方面还没有形成完整的理论体系,这就决定了俄汉语义范畴的对比研究是以俄语功能语法理论为理论依据的。

第三节 关于功能语法理论的多维思考及设想

作为语义范畴对比研究的指导理论,功能语法理论还有待进一步完善,这既包括研究的框架或者说研究角度,也包括研究的内容。下文主要就该问题谈谈我们的设想。

3.1 研究框架之思考及设想

功能语法理论如今已经发展到了一定的阶段,并且获得了较强的生命力。然而,任何语言学理论都会随着时间的推移和科学的发展而显现出其本身的缺陷和不足,都有值得进一步修补和完善的方面,功能语法理论也不例外。譬如,功能语法理论的研究主要集中在语言形式及其言语功能方面,而对语用、认知、文化和心理等方面的关注还不够。另外,其主要研究内容——功能语义场体系——也需要做进一步的补充和完善。尽管功能语法理论已经对此做了比较详尽的概括和分类,但并不是说这就是一成不变的。现代科学证明,学科之间的横向联系和相互借鉴是推动各个学科发展的一个重要手段。以我们所见,对功能语法理论进行修补和完善的方法之一便是从语言学其他理论中吸取新的血液和营养。功能语法理论要获得更加完善和先进的理论体系和研究方法,要适应新课题、新时代的挑战,就需要吸收当今其他语言学理论中的精华,融合当代语言学中的一些新元素，以使自身的学理基础和理论体系得到补充和丰满。因此，将功能语法理论与其他语言理论进行比较，从这些理论尤其是 20 世纪 90 年代以来已经成型的新的语言学研究范式中寻求能够进一步丰富功能语法理论的养分——这是功能语法理论研究者和遵循者应该考虑到的问题，是功能语法理论研究者应具有的学术视野，同时也是我们提出的第一个设想，即关于功能语法理论多维研究框架的思考。

任何两种不同的理论要相互补充和吸收，都必须有一定的基础。这个基础中不可缺少的一点是：两种理论之间有某些相通之处或互利之处。我们认为，功能语法理论不仅与俄罗斯的其他功能语法流派以及西方的系统功能语言学有着千丝万缕的联系，而且与以下语言学理论也有着一些共同之处：语用学、认知心理语言学、社会语言学、文化语言学等。其理由如下：

首先，功能语法理论的一个独特之处是同时坚持系统语言观点和言语交际观点。它认为，功能语义场与思想—言语行为的表达过程紧密相关，语法意义与说话人意图之间有着紧密的联系，不同层面语言单位的功能及其规律是与上下文和周围环境相互作用所产生的结果。功能语法理论虽然强调的是语义功能，但同时认为，不是所有的功能都是意义，功能还可以是语用功能、修辞功能和结构功能等（Бондарко 2003：37－38，Отв. ред. Бондарко 2003：21－22）。功能语法理论的一个重要的概念——范畴情境意义（категориальная ситуация）——是用来解释语言范畴与之在言语中的表达条件之间的关系，即用来解释语言系统及其言语环境之间关系。更值得注意的是，后期的功能语法理论开始把话语、语篇、不同体裁作为自己的重点分析对象，并开始注重人的因素、文化因素、交际因素以及语言世界图景等语言外因素问题的研究。这一切都说明，功能语法理论中包含着语用学、认知语言学、语言文化学和系统功能语言学（特别是它的语篇研究）的内容。或者说，功能语法理论与上述语言学研究样式有着许多共同之处，都强调研究语言的功能，都重视语义，都注重语境的因素，都倾向对话语和语篇的分析，都在描写语言现象的同时，不忽略对其进行解释说明。

不但如此，更需要强调的是，上述内容在功能语法理论中通常只是被看做边缘问题予以关注的，并不是研究的重点。而且它与其他理论流派的研究着重点和方法又不尽相同。或者说,功能语法理论在这些问题上还没有完善和系统的研究方法,而语用学、认知语言学、语言文化学和系统功能语言学所取得的理论成果,恰恰可以为其提供比较科学的学理基础和方法论基础,这也就使得我们有关功能语法理论的多维思考有据可依,其研究的可行性是显而易见的。下面我们分别就语用学、系统功能语言学、认知语言学和语言文化学对功能语法理论的补充完善作用做简要阐述。

3.1.1 语用学对功能语法理论的补充作用

语用学是语言学领域中的一门新兴学科,尽管它有着各种各样的定义,"但不同的定义只是反映了研究语用学的不同角度罢了,归根结底语用学是一门研究如何理解和使用语言,如何使语言合适、得体的学问"(何自然、陈新仁 2004:6)。如今,语用学已取得很大成就,它的许多现有的成果,尤其是在会话含义、话语关联和认知语境等方面的研究成果,可以对功能语法理论的进一步发展和完善产生积极的影响。下面我们分别来审视一下上述几个问题:

一是会话含义理论。功能语法理论和语用学都研究语言的功能,但侧重点不同。如前所说,功能语法理论把语法单位的功能及其与不同语言层面的成分之间的相互作用当做主要的分析对象,这是它的本质特征,也是它与其他功能语法观点的区别所在,也就是说,功能语法理论所研究的不只是那些已知的形式和结构(即纯语法手段)及其言语功能,还研究词汇、语法—词汇、上下文等语言形式的言语功能,而且这种功能的产生是各种语言手段在话语中相互作用的结果,其中有可能是一些隐藏在词汇—上下文和语法—上下文中的未知手段,尤其是发展到后期的功能语法理论更加关注对话语和篇章以及语用的分析。然而,在实际研究过程中,以功能语法理论的研究方法却很难对那些表面上是一种意思(字面意义或概念意义)但实际上却是另一种意思(隐含意义或语用含义)的语言现象做出合理的解释。这与功能语法理论本身缺乏这方面的完善理论和科学方法不无关系。而语用学研究的则是某一句话或某一段话在某个具体的交际场合发挥何种功能,其研究的重点恰恰是那些有隐含之意的间接言语行为所发挥的功能。它通过对合作原则和礼貌原则等语用规则的建立,尤其是通过对这些规则被破坏的现象的分析,对会话含义做出了比较深入的研究,对那些表面形式和内在功能不相符合的语言现象做出了比较令人信服的解释。如此说,语用学着力描写和阐释的功能语义,正是功能语法理论所研究不够,却又十分关心的部分,因此无论从理论上还是在方法上看,语用学都可以填补功能语法理论这方面的不足。

二是认知语境理论。功能语法理论历来强调语境因素对语言使用和语言意义的影响,其言语交际观点就是对此而言的。但功能语法理论对语境的理解和研究是十分有限的,基本上把语境的分析限定在上下文(контекст)之内,对其他语境因素尤其是"大语境"(конситуация)的探究并不深入。而重视语境因素的研究,正是语用学这门学科从诞生之日起就具备的一个重要特点。可以说,"任何一种语用学,无论是普通的语用学理论研究还是具体的语言使用研究,离开了语境研究就再也称不上语用学"(朱永生、严世清 2002:183)。语境有广义的文化语境和具体的情景语境,而语用学重视的是认知语境。认知语境是将各种语用因素通过人的大脑内在化、认知化的结果,它由许多可以显示的事实或假设集合而成的。人们在使用语言进行交际时,只是从这些事实或假设中选择某些他们认为比较相关的内容。如果双方所做的选择相同或相似,便会产生重叠或交叉,而正是这些重叠和交叉形成了交际双方共有的认知语境。认知语境对言语交际的顺利进行提供了重要的条件。如果缺乏共同的认知语境,类似"Do you know her?"这样的话语是难以被交际对方理解的,因为他无法确定句中的"her"是指谁(朱永生、严世清 2002:191)。显而易见,语用学对认知语境的研究方法和成果对功能语法理论在这方面的缺陷无疑是能起到修补作用的。

三是关联理论。如前所说,功能语法理论不仅坚持"从意义到形式",而且同时坚持"从形式到意义"的描写原则,它既包括积极语法,也包括了消极语法的观点,它与传统的描写语法是相互联系,相辅相成的。这种"双向"的研究视角和方法较之传统的"单向"研究无疑是较为科学的,因为它反映了理解和表达两种言语活动的本质。但实际上,功能语法理论研究的重点是言语的表达活动,对言语的理解活动的研究并不充分。研究表明,言语产生和言语理解虽然有着不少共同之处,但作为过程它们其实是很不相同的,不能简单地把言语产生看做是言语理解的相反过程。语用学中的关联理论对言语交际过程做出了全新的解释,指出言语交际的过程不是人们通常认为的交际双方"互知"的过程,而是交际双方"互明"的过程。在这种过程中,交际者依靠关联这一认知模式相互理解,从而推动言语交际活动本身一步一步地向前发展(朱永生、严世清 2002:190)。关联理论主要研究听话人意义,即听话人如何对说话人发出的话语进行理解。这个研究面的重点放在研究说话人的话语特征、听话人利用语境因素理解说话人所表达的信息意图;导致听话人对说话人所说话语产生误解的因素和这些话语对听话人所产生的不同程度的影响(何自然、陈新仁 2004:8)。毫无疑问,关联理论对并重表达和理解、自身却缺乏科学方法来解释理解过程的功能语法理论来说有着较大的借鉴意义。

我们以最简单的例子来说明以上三个语用学原理对功能语法理论的修补作用:

(1) —Где мама？(妈妈在哪儿？)
    —Уже шесть часов.(已经六点了。)

这一轮对话在形式上似乎答非所问,破坏了合作原则,而实际上交际双方依靠共同的认知语境知识(即妈妈每天六点之前已经回家)进行逻辑推理实现了交际目的,答话的真实含义是"Она уже дома(妈妈已经在家里了)"。而缺乏共同认知语境知识的听话人是无法理解答话人的真实含义的。说话人和听话人能够用这样一轮答非所问的对话顺利完成交际任务,恰恰是上述语用学原理起了关键作用。功能语法理论在对各种语义范畴的研究中,虽然强调各种关系的首要和次要表达手段及其这些手段的首要和次要功能,但基本上是以有形式标志的语义关系为主的。类似上述例子(这应该被纳入空间范畴的研究中)的现象是被排除在研究范围之外的。这不能不说是功能语法理论的一个缺陷,因为它的研究目的就是描写各种语义范畴的各种表达手段及其功能。这样的现象需要用语用学来解释。

3.1.2 系统功能语言学对功能语法理论的补充作用

系统功能语言学是当代主要的语言学派之一。它从社会学角度出发,用语言的概念、人际和语篇三大纯理功能来归纳或分析人类是如何运用语言的意义潜势来实现传递信息、构建社会现实、维系或建立社会关系等交际意图的(朱永生、严世清 2002:193)。系统功能语言学具有许多著名的思想观点和研究方向及成果,其核心思想主要包括六点:纯理功能思想、系统思想、层次思想、功能思想、语境思想和近似的或盖然率的思想。我们认为,这些思想和研究成果对任何一种功能主义学派来说或多或少都有一定的启发作用,而其中的纯理功能思想、语境思想对功能语法理论的丰富尤其具有积极的意义。对此我们将分别予以简要的论述。

一是纯理功能思想。系统功能语言学认为语言的功能是千变万化的,具有无限性,但人们可以把这些功能归纳为若干个有限的、抽象的、更具有概括性的功能,即纯理功能。纯理功能包括概念、人际和语篇三大功能。概念功能是建立于说话人对外部世界和内心世界的经验,它包括经验功能和逻辑功能。前者指语言对人们存在于主客观世界的各种经历的反映,是关于所说内容的功能。后者指语言对两个或两个以上的意义单位之间的逻辑关系的表达。人际功能指语言表达说话人的身份、地位、态度、动机和他对事物的推断、判断和评价的功能。在实际运用中,语言把各种语法单位组织成为表达相对完整思想的语篇的功能,即语篇功能(胡壮麟、朱永生、张德禄、李战子 2005:12—14)。

系统功能语言学对功能的研究是从社会因素出发,把语篇作为分析的对象,采用的主要是功能切分法,从不同的层面分析句子成分和语篇成分表达的各种功能。它对三大功能在言语中的具体体现形式,尤其是对各种逻辑功能的表现形式和语篇衔接手段以及对主位结构和信息结构的研究成果是有目共睹的。

这与功能语法理论中对话语的阐述有着许多不谋而合的思想。功能语法理论也重视逻辑语义关系的表达、对主位结构和信息结构及语篇问题的分析,但缺乏系统的理论和专门的方法论基础。譬如在被动态范畴的研究中,功能语法理论指出,被动句可以反映句子的信息结构,把受事者当做主题,即客体主题化(Темантизация объекта)(Отв. Ред. Бондарко 1991:170)。如:

(2) Я сидел, уши растопыря, слушал их байки, начиная с наполеоновских времен. Все это было ими пережито. (Д. Гранин)

在例(2)中,代词 ими 表达施事主体并占据述题补语位置,而 Все это 表达客体并占据主题主语位置,它是对上文中占据述题补语位置的 их байки 的复指。功能语法理论同时承认,被动句可以参与并列结构组合的缩减(Отв. Ред. Бондарко 1991:172)。并列结构组合指的是带有复指主语或补语的两个或者两个以上句法结构的组合,这时,所有的复指成分(除了一个以外)都可以省略。如:

(3) Степан Аркадьич уже был умыт и расчесан и собирался одеваться...（Л. Толстой）

(4) В имени деда жили при старика: повар, садовник и звонарь, они еще дедом были переведены на пенсию, построили себе три избы и доживали там.（Д. Гранин）

由于这一特殊的语用功能,被动句常常与主动句同时使用,这不仅没有破坏句法结构的整齐,反而能够作为修辞手段(对照或排比)起到简洁流畅的作用。汉语和俄语都是如此。如:

(5) 人生在某种文化下,不是被它——文化——管辖死,便是因反抗它而死。(老舍)

(6) 他站起来正要告辞,突然被曾沧海阻止。(茅盾)

(7) Портрет поэтичен и писан не стариком.（М. Нестеров）

(8) Дверь к прокурору прикрыта и безмолвна.（В. Распутин）

然而,功能语法理论却没有把这一问题提升到语篇衔接的层面上来。事实上,被动句的这一特征让它能够起到促进上下文的衔接、维持主题的统一的功能。而系统功能语言学恰恰在这方面可以提供非常有价值的参考(姜宏 2006b)。

二是语境思想。系统功能语言学研究语境时,不仅注意与言语活动直接相关的情景语境,而且注意更大范围的文化语境,同时研究文化语境对语言应用产生的影响,以及文化语境与情景语境之间的相互关系。文化语境主要指人类在特定文化背景中的行为模式,这种模式制约语篇的语类结构(generic structure)等带有宏观意义的语义结构。情景语境指的是与语言交际行为直接相关的话语范围、话语基调和话语方式三种因素(朱永生、严世清 2002:165)。

相比之下,尽管功能语法理论也十分重视语境因素研究,却缺乏自己系统的语境思想。如果说语用学在很大程度上受心理学有关认知模式和认知规律研究成果的影响,它对功能语法理论语境研究的完善主要依靠的是认知语境理论的话,那么,系统功能语言学重视的则是广义的文化语境和情景语境,这些思想可以从另一个角度来对功能语法理论的语境研究提供更为完善和成熟并具有实用性和操作性的理论框架。请看例句:

(9) ——Сними с меня это. Я хочу идти в одних штанах.
——Не выдумывай, ——сказала тётя Паша. ——Кто это тебя пустит на похороны в одних штанах?(В. Панова)

根据一定的文化语境知识(参加葬礼是不能光穿裤子的),可以推断答话人的实际意义是:Никто не пустит на по0хороны в одних штанах. 再例如:

(10) Дался вам этот сват! От него пользы было какк от козла молока, а вреда много.(М. Шолохов)

众所周知,公山羊是不产奶的,这一文化语境知识告诉我们答话人的意思是:От него никакой пользы не было.

这样的现象属于否定范畴或可能性/不可能性范畴,然而并没有被纳入目前重点研究语义范畴的功能语法理论的研究范围中。

3.1.3 认知语言学对功能语法理论的补充作用

认知语言学是采用语言学的方法来研究人的认知的一门新兴学科,它研究的是语言作为普遍的认知机制、作为认知工具在表征中所起的作用,如理解的精神基础、言语的生成、语言知识如何参与信息加工,特别是人掌握语言的机制以及结构化这些机制的方法等。认知语言学的研究结果展示了人类认知的机制,特别是范畴和概念化的机制(杨明天 2004:2)。认知语言学侧重语言的心理方面,强调认知方式在语义形成中的作用,重点强调人的认知的参与作用,认为语言不能直接反映客观世界,人对客观世界的认知介于其间。另外,认知语言学认为,语言的共性说明语言不完全是任意的创造,它受到认知语境(包括人的生理环境、人的认知能力等)和社会环境的制约,在很大程度上是有理据的。语言是客观世界、认知、社会文化及其语用因素促动的象征符合系统。再者,认知语言学强调,语言的意义不限于语言内部,而是根植于和客观世界的互动的认知,根植于使用者对世界的理解和信念。因此,语言形式是认知、语义、语用等形式之外的因素促动的结果(杨明天 2004:12—13)。

可见,认知语言学对语言基本问题进行了重新解释,强调其心理、精神的层面。这对整个语言学研究的方法和方向都产生了非常重要的影响。可以说,认知语言学对语言意义的认识,尤其是它对范畴化的解释,对功能语法理论的语义范畴研究有着直接的指导意义。

在认知语言学中,范畴化是一个中心议题。它指根据经验对复杂的事物进行分类,建立某个范畴。范畴化能力是人类的基本认知能力,即对事物进行分辨、归类,从而形成概念的过程和能力。语言研究的范畴化是指对世界的概括、归类,并赋予其语言符号的过程。认知语言学提出了一系列对范畴重新定义、重新分类的新理论,如类典型论、家族相似论等。把语义范畴及其表达手段当做主要研究内容的功能语法理论可以借鉴这些理论,深化对语义范畴的认识,从语义范畴的认知特点出发,比较全面地研究语义范畴的内涵和特性以及语义范畴在句子中的语言表现,解释一些以往无法解释的语言现象,得出一些更有说服力的结论。这不仅指对功能语法理论原有的语义范畴进行更深入的研究,同时也指继续寻找和探索新的语义范畴,因为功能语法目前所涉及的语义范畴(主要包括时间、空间、数量、性质、主体、客体、态性、确定性/不确定性、所属性、限定性等)是远远不能满足人类交际需要的,人类的认知能力所能挖掘的也远不止这些语义范畴,还有许多的形式语义统一体也可能范畴化而成为功能语法理论的研究对象。譬如类似评价(оценка)、礼貌(вежливость)、性别(пол)、对比(сопоставление)、比喻(сравнение)等语义是否可以范畴化而被纳入功能语法理论的研究范围呢?

3.1.4 语言文化学对功能语法理论的补充作用

俄语的语言文化学(лингвокультурология)是由前苏联的语言国情学(лингво-страноведение)发展而来的,用以研究语言与文化相互关系的交叉科学(赵爱国 2006:12—18)。

语言文化学认为,语言与文化之间是一种相互影响、相互作用和相互制约的双向关系。语言在一定条件下能够对文化的形成、发展产生一定的作用,而文化对语言的生成、发展及运用也可以产生很大影响。

文化对语言的影响是全方位的,包括对语言符号系统本身的影响,对语言观念、语言思维与表达的影响以及对语言习得的影响等。文化对语言系统的影响首先集中体现在对语音、词汇、语法等语言要素的形成与发展的制约作用上,文化同时还决定着语言的指称内容与方式,并反映在人的语言思维与表达的方式上。语言作为思维的物质载体和表达工具,在组织与表达上会受到民族思维方式与习惯的影响。例如,在表达同一种事物时,不同的民族往往采用不同的思路与逻辑来安排语言结构。

因此,语言文化学认为,文化性是语言的基本属性之一。揭示语言的基本功能及属性,就必须重视语言的文化性。

从方法论层面看,对于把各种语义范畴的表达手段作为主要研究内容,尤其是把对比研究定为今后主要方向的当代功能语法理论来说,语言文化学有关语言与文化关系的思想无不有着非常积极的影响,因为不同民族的思维方式在很大程度上决定着语言的形式,从而使得建立在一定语义范畴上的功能语义场在不同语言中会有着结构上的本质的差别。

此外,现阶段语言文化学着力研究的语言世界图景理论、语言个性理论等也无不都对功能语法理论有积极的借鉴意义。

语言世界图景理论是以揭示客观世界的主观形象或原始整体想象为哲学取向的,而这样的揭示又与语言的功能和作用有关。该理论以语言、思维\认知、现实三者关系为对象,以"人的因素"尤其是人的认知和心理因素为重点,来阐释语言生成和语言使用和语言理解的机理。相比较功能语法理论,语言世界图景理论更加关注语言形式和意义对人的知识获得的作用,这种方法论有益于拓展功能语法理论的研究视域,即把人的思维和认知因素与本学科的意义和形式研究有机地结合起来,以使其本身的研究更具有解释力。

语言个性理论包含言语个性、交际个性等内容。它注重把语言与语义、语汇和语用三者等结合起来进行静、动态综合的审视。该理论认为,任何一种语言个性都是多层级和多成分的言语个性的聚合体。语言个性分别呈现在掌握语言、理解语言和使用语言三个不同的层面,这就是语构文化信息、认知文化信息和语用文化信息(赵爱国 2006:113—119)。应该说,该三个层面相互关系以及所呈现的不同文化信息对功能语法理论研究中的形式和意义的问题是有相当的作用和意义的,即如何在形式和意义的关系中更加关注语汇(认知)和语用(动机)对话语和语篇的影响因素,如何更加关注交际中不同言语个性的语言表达和理解方面的特点等,应该值得功能语法理论研究者加以认真的思考。譬如性质范畴

(качественность)中的强烈程度意义(значение интенсивности)常常用比喻来表示,这种表达方式既生动又形象,在俄汉语中都很常见,二者在喻体上可能接近,如:"белый как снег, блестящий как зеркало, голодный как волк, твердый как камень;白似雪,黑似碳,饿如狼,坚如磐石"。但也有喻体不同的情况:"трусливый как заяц——胆小如鼠;лить как из ведра——倾盆大雨;расти как грибы после дождя——如雨后春笋般快速生长"。这种因文化差异造成的功能语义范畴表达上的不同,理应成为功能语法理论审视的对象。

3.2 研究内容之思考及设想

功能语法理论研究框架的确立,还只是一种纯理性思维,而把该理性思维付诸实践,还必须对研究内容进行必要的修补。

3.2.1 二元对立视角的俄汉语义范畴对比研究

功能语法理论不仅具备比较完整而科学的理论框架和方法论基础,有着明确的研究重点和既定的奋斗目标,而且勾画了功能语义场的基本体系和组成,是一个比较独立的语言学派。但是,它关于语义范畴以及相关功能语义场体系的建构只是局限在语法体系内,它涉及的语义范畴主要是那些与语法相关的范畴,如时间范畴、空间范畴、性质范畴、数量范畴、确定性和不确定性范畴、情态范畴、语态范畴、所属范畴、人称范畴、主体和客体范畴等。功能语法理论甚至明确了它所涉及的语义范畴的基本数量,确定为三十多个,而某些在人类交际中是必需的语义范畴却没有被纳入进来。从这一点来说,功能语法理论显示出一定的封闭性,这并不有利于其自身的发展。事实上,功能语法理论发现了自己的这一缺陷,在其理论阐述的多处都强调了一些其他语义范畴的重要性,如礼貌范畴等等(Бондарко 2003:35—36)。另外,它在后期的研究中提出了挖掘新的功能语义场的任务。但不得不承认,功能语法理论基本上是局限在语法领域的。这是由功能语法理论本身的缺陷所造成的,或者说,它还没有给自己提出研究人类交际所需要的所有语义范畴的任务来。

因此,我们在对俄语功能语法理论有一个比较全面而深刻的认识和了解之后,应该抓住它的精髓,修正它的不足,在吸收其他功能语法流派和当代语言学中新元素的基础上,建立俄汉语义范畴对比研究比较完善的理论基础、发掘比较科学的研究思路和方法,由此获得一个集意义和形式、静态分析和动态分析、描写和解释于一体、对外语教学有着直接影响和作用的研究框架和方式方法。接下来,应该是找到俄汉语义范畴对比研究的主要内容,或者说,对比点。这可以分为两个步骤。

第一,补充和完善功能语法理论的研究内容。这与功能语义场紧密相关,因为功能语义场既是功能语法理论的核心概念,也是它研究的主要内容。功能语法理论把功能语义场分为了以下几个类型(Отв. ред. Бондарко 2003:31—32):(1)带有述谓核心的功能语义场。这既包括动词的体和时,也包括情态、存在、人称、语态(指主动态和被动态、反身态、相互态、及物态和非及物态)等功能语义场;(2)带有主体和客体核心的功能语义场。这包括主体、客体、确定性和不定性;(3)带有性质—数量核心的功能语义场,这包括性质、数量、比较、所属;(4)带有状语核心的功能语义场,这包括方位、限制—疏状(指原因、目的、条件、让步、结果等关系)。毫无疑问,这种分类为我们的工作指出了基本范围和方向,但并不是说这种范围和方向就是一成不变的,它是值得继续补充和完善的。此项工作首先包括功能语义场体系的完善和发展,因为语言系统处在不断发展和变化中,既有新的现象和有效现象,也有正在老化和正在消失的现象。功能语义场同样既有相对固定的内容和形式结构,也有相对的发展和变化。要做到这一点,不仅要研究各个功能语义场的核心结构及其功能潜力,而且还应该注意观察场核心与场边沿之间的关系、边沿成分的语义、修辞和语用特征以及所研究的功能语义场与其他功能语义场之间的相互关系和相互作用。另外,应该全面对功能语义场的各个独立部分进行研究,即下位场及其联系环节。这一项工作的重心是观察在每个下位场结构的形成过程中,不同语言层面单位的参与程度,即它们之间的同义竞争关系,由此来发现不同单位的产生和消失、词汇—句法组合的词法化和成语化、词汇单位的语法化、词法形式和句法结构以及构词模式的扩展和缩小。

第二,挖掘俄汉语共同的功能语义范畴。对比研究的前提是要有相对一致的功能语义范畴,同时,还要找到和发现各自独特的功能语义范畴,如汉语的量范畴和俄语的体范畴等。功能语义场是功能语法理论研究的主要内容,但并不是全部,语法范畴(体、时、态等)、语法范畴的不同类型(动词范畴系统、静词范畴系统等)、词形、词类、句子以及句子成分也在它的研究范围之内。因此,俄汉语义范畴对比研究也应该包括这些方面。不过,功能语法理论始终是依靠语法属性的,同时也是受它的限制的,否则无从确定语法研究的对象了。因此,类似有关"颜色"或"声响"的语义研究是不在功能语法理论研究范围之内的,其关键在于它们的表达手段缺乏基本的语法属性(Бондарко 2003:35—36)。

然而,实际上仅仅这些语义范畴和语义关系是远远不能满足人类交际需要的,人类的认知能力所能挖掘的也远不止这些语义范畴,同时,人类目前的认知能力却又无法确定交际需要的所有语义范畴。换句话说,目前人类还不能确立一个完整的语义范畴体系,因为这需要心理学和认知科学理论的支撑,而目前心理学和认知科学的研究远未做到这一步。事实上,目前还没有任何一种理论可以覆盖所有的语义范畴。

但是,挖掘人类认知和交际的所有语义范畴并描写其语言表现形式——这是语言学研究的最终目的。这样一个庞大的工程不仅需要系统性,而且需要选择性,在对比研究的初期尤为如此。我们认为,在目前的情况下,要进行俄汉语义范畴的对比研究,第一步要做的就是选择。遵循俄汉语所采取的思路是基本正确的,即紧密结合语法,因为语法是语言研究的基础,而且这在两种语言中都已经有了一定的研究基础。因此,我们可以首先选择那些已有定论的、在人类认知和交际活动中不可或缺的、在语法形式上获得充分表现的语义范畴进行个案研究,进而不断扩大研究的新领域,提炼研究的新方法。但是,不能不承认,这还是一个非常庞大的工程,还有筛选的必要。我们觉得,那些能够形成二元对立统一关系的语义范畴不失为一个好的选择。

我们所说的二元关系的语义范畴是指两个有着既对立又统一关系的语义范畴,它们不仅在语义上而且在形式上各自独立或者相互对立,同时相互关联、相互依存,二者构成一个对立统一体。也就是说,它们表现的并不一定是逻辑概念上的对立关系,有可能只是各自独立又紧密相关的关系。具有典型的二元对立统一关系的语义范畴包括空间和时间、肯定和否定、主动和被动、确定性和不确定性、数量和性质、可能性和必要性等。如果说肯定和否定、主动和被动、确定性和不确定性表现出来的对立关系是逻辑概念上的,那么空间和时间、数量和性质、可能性和必要性表现出来的对立关系则指的是它们各自的独立性。当然,其他具有二元对立统一关系的语义范畴还有待我们去挖掘。这些二元对立统一关系的语义范畴相辅相成,其研究方法和研究成果既相互联系,又相互促进,由此使整个研究过程变得更为简约而流畅,得出的结论也将更为客观和科学。如此一来,这些个别范畴和个别关系研究成果的汇集综合,将逐渐勾勒出俄汉语的"意义—表达系统",在这个体系中,词汇、词法和句法等各种表达手段的鸿沟将被填平,俄汉语的语法系统及其运作原理将得到充分的功能解释和认知解释,俄汉语语法体系的面貌将更加地清晰起来,同时可以为普通语言学提供理论和方法上的借鉴。这样,我们将逐步草创一个语义范畴(和语义关系)体系,在此基础上对语义范畴(和语义关系)的认知特点、语义内涵和语言表现进行全面深入的研究。沿着这一目标走下去,走到逻辑的尽头,我们获得的将是一个全面的语义范畴和语义关系体系,它将集中了表达各种意义的所有语言的所有手段。这应该是语法尤其是功能语法理论研究的最终目的,它将是不断发展、不断丰富、不断扩大和不断深入的一个过程。

3.2.2 俄汉语义范畴对比研究与外语教学

需强调的是,俄汉语义范畴的对比研究应该与外语教学建立紧密的联系,才能获得其实在意义和价值,因为,对比研究主要是为了有助于外语教学和学习才进行的,而作为积极语法的功能语法的对比研究更是如此,其研究的宗旨就在于让语言学习者能够更加能动地、积极地表达思想和感情。通过对这一问题的研究来观察我国外语(主要是俄语和对外汉语)教学中存在的问题,并提出较科学的改进方法——这则是我们对俄汉语义范畴对比研究内容的又一个设想。在整个研究过程中,理论与实践相结合、宏观问题和具体问题研究的有机结合、不断改进研究方法等等问题都是我们应该时刻注意的问题。此外,语言对比不是对历史的追溯,也不是事实的罗列,而应该是在找出对比语言各自特点和研究成果的同时,进行相互取长补短的过程,同时应该善于利用研究成果,特别是俄汉语义范畴对比研究的成果在外语教学中的利用。

对两种语言进行对比研究既有理论上的价值,又有实用上的价值。在理论上,它可以帮助我们更好地认识语言的结构,进一步认识语言的本质,给语言结构分析提供新的方法和途经,也可为揭示世界语言普通特征提供重要参考价值。而在实用上,可以说对比研究主要是为了有助于外语教学和学习才进行的。

在我国有俄语专业的高校中,开设俄汉语对比研究这一课程的并不多见,即使有些学校开设了这门课程,但在教学思想、教材内容和教学方法等方面都尚未形成比较完善的体系,甚至连专门的教材也几乎没有,而以功能语法理论为基础的俄汉语对比研究教材则是零。也就是说,俄汉语对比研究不仅层面和角度不够全面、缺乏系统性、方法和角度较为单一,而且理论研究与教学实践一直处于脱钩的状态。可见,这一问题的研究是十分必要和迫切的。作为积极语法的功能语法的对比研究更是如此。

因此,进行俄汉语义范畴的对比研究,一方面,应该对功能语法理论研究中的一些问题进行较深入的探讨,为俄汉语义范畴对比研究中的具体问题提供理论依据和方法论基础,同时对俄汉语的所有功能语义范畴做一个尽可能全面、系统的对比研究;另一方面,应该在功能语法理论的指导下,结合汉语以及我国俄语教学的特点,对我国外语(主要是俄语和对外汉语)教学中存在的一些问题进行探讨,如教学大纲、教材编写、教学内容和方式以及课程开设等等。在具体的操作过程中,找出我国外语(主要是俄语和对外汉语)教学中存在的问题,提出较科学的改进方法,并通过对俄汉语义范畴的对比分析来寻找两种语言的本质特征及其相互之间的差异和共同点,由此来探讨和解释语言的共性和差异问题。毋庸置疑,这样的研究既可以完善功能语法理论,也有利于俄语教学和对外汉语教学。

虽然这样的研究是以俄汉语义范畴为主要研究对象的,但它的研究成果却是普通语言学意义上的。可以预见,这方面的研究无论对语言学及外语的教学和研究,还是对新兴的信息科学、计算机辅助翻译等等,都将有一定的价值。换句话说,俄汉语义范畴对比研究的空白性及其重要性决定了其前景的迫切性和广阔性。

本章小结

综上所述,功能语法理论有值得进一步完善的地方,而完善的途径之一是从其他语言学流派中汲取营养。这不仅是有理有据的,而且是完全可行的。这就是我们有关功能语法理论的多维思考,其目的是为功能语法理论找到一个继续发展的突破口,让它更加丰满和完善,更具生命力,更符合当代语言学发展的趋势,也为我们的俄汉语义范畴对比研究提供更科学的理论框架和方法论基础。当然,还有其他一些理论也可以对功能语法理论起到修补和完善的作用,如俄罗斯的其他功能语法流派等,包括卓洛托娃(Г. А. Золотова)的功能—交际语法、符谢沃洛多娃(М. В. Всеволодова)的功能—交际句法理论等。同时,功能语法理论对以上语言学理论和流派也有着积极的影响。如此一来,在采用功能语法理论的同时,吸收俄罗斯及西方各个功能语法流派的精华,融合当代语言学中的一些新元素,可以建立一个新的、多维的、符合当代语言学发展方向的俄汉语义范畴对比研究的框架和体系。在这个框架和体系下,我们可以对功能语法理论的研究以及俄汉语义范畴对比研究的前景再做进一步的设想。

第二章 语言空间和时间范畴的对立统一及其多维研究构架

空间和时间是人类认知的最基本范畴,空间—时间坐标是世间任何物质都具有的特征。它们几乎是所有学科理论中最基本、最重要的范畴之一,这在语言学中更是如此,它们是全人类语言都具有的共性之一。其本身特征及相互之间的关系是一个既普遍又复杂、既古老又永恒的问题。

一切物质和事件的运动过程,包括人类的历史和文化,其存在的最基本的形式便是"时空",世间一切都在空间维和时间流中生成、发展和延续。时间和空间具有不可分割性,一定状态的空间总是伴随着一定的时间状态。反之亦然。几乎在所有的语言中,空间和时间都有着许多共同的表达手段。但是,空间和时间是两个独立的语义范畴,它们同时有着各自的语义系统和表达系统。它们既相互联系又相互区别,既统一又各自独立或相互对立。空间和时间构成我们所说的最典型的二元对立统一关系,二者相辅相成,其研究方法和研究成果既相互联系,又相互促进。

本章旨在阐明空间和时间的二元对立统一关系并且建构俄汉空间和时间范畴对比研究的多维框架,描述其研究现状和趋势以及存在的问题,指出研究的基本内容和方向,探讨研究的思路和方案。

第一节 语言空间和时间的概念和特征

在进行语言空间和时间研究之前,首先要解决的是其本质特征问题。我们分别来看语言空间和语言时间的概念和特征。

1.1 语言空间的概念和特征

人类共有的认知和思维方式及人类思维发展的顺序特点是:先有表示具体意义的概念,后有表示抽象意义的概念,再有表示关系意义的概念。为了生存的需要,人类首先要让自己与空间的变迁和时间的节奏相适应,进而产生了认识时空特性的需要。认知语言学认为,空间概念是最基本、最具体的概念,时间概念和其他的语义关系都是派生概念。在许多语言中空间范畴起着首要的作用,空间意义的表达手段常常可以表达时间和其他的关系。因此,空间范畴几乎是所有学科理论中最基本的范畴。物理学家、天文学家、认知心理学家和语言学家们都研究空间问题,但他们所研究的是不同的空间概念。物理学家和天文学家们研究的是物理空间(физическое пространство),也被称为"客观空间"(объективное пространство)。它是客观存在的,不受人的意志和认知活动的影响。物理空间都是三维的,包括长、宽、高三个维度,而且这种三维特征是唯一且不变的。认知心理学家们探讨的是认知空间(когнитивное пространство),它是人们通过各种感知器官对物理空间能动认知的结果,"跟客观存在的物理空间的三维场景不一样,它是映射到人们所感知器官的主观三维空间世界场景"(方经民 1999:33)。认知空间具有客观性和主观性双重性质,其客观性在于它是以物理空间为基础的,主观性在于:由于观察的角度不同,同一物理空间映射到人的头脑中的场景可能不同。最简单的例证如"尼娜坐在教室中间"。这是空间所展示的客观事实,然而,坐在尼娜前后左右的四个人对这个空间关系的认识却是不同的:在尼娜前面的人对这个空间的认识是"尼娜在后面",在尼娜后面的人的认识是"尼娜在前面",在尼娜左边的人得出的结论是"尼娜在右边",而在尼娜右边的人的结论是"尼娜在左边"。语言学家研究的则是语言空间(языковое пространство),它指人们通过语言形式表达出来的认知空间。譬如前面这个空间关系就可能通过"中间"、"前面"、"后面"、"左边"和"右边"等语言形式来表达。因此,语言空间本质上是认知空间,它与物理空间可能一致,也可能不一致,因为二者之间隔着认知空间。语言空间既反映客观的物理空间,又体现人们对空间的主观认识。与物理和认知空间不同,语言空间具有意义和形式两个方面的特征,是意义和表达形式的统一体。

语言学家所关心的主要是空间概念的语言表达形式。人类思维的一致性会使不同语言中的空间范畴表现出相同的一面,但语言表达的民族性、语言系统的个性则使不同语言中空间范畴的表达又显现出不同的一面。事实上,语言意识中所存在的不是客观的世界,而是主观的世界。操不同语言的人对其周围世界的理解是不完全相同的,因为如此,他们在语言表达上产生了差异,不同语言对空间认识和理解的不同最为直观的表现就是不同语言中表达空间特征和空间关系的语言结构不同。也就是说,不同的语言可以采用不同的方式表达同一所指,其区别的实质在于说话者看待同一事物或现象的视点不同,而这是因为说话者所处的社会背景、文化背景以及思维定式和对周围世界接受、理解上都存在着差异(任雪梅 2004:106－108)。

2.1 语言时间的概念和特征

与语言空间一样,语言时间也有着与物理客观时间不同的地方。人类主要是从两个方面来对时间进行认识的,一方面是科学上的认识,这指的是自然时间或者客观时间,是物理学概念;另一方面是哲学上的认识,这指的是哲学时间,是哲学概念。自然时间是一切运动着的物质的存在形式,是物质运动过程的持续性和顺序性,它表明事物或过程一次出现的先后顺序,表明事物和运动过程维持的长久和短暂。如昼夜交替、季节变换、星辰运转、自然事物的运动变化,乃至自然生物的兴衰生灭等等。自然时间是不依赖于人的意识而存在的客观事实,它是单维的,具有不可逆性,总是朝着由过去、现在和将来的一个方向流逝,是永恒的。而哲学家们认为,时间的本质与神的本质、人的本质、宇宙的本质密切相关。由于对人本身和宇宙本身的认识不同,由于宗教信仰的差异,各个哲学流派对于时间的哲学认识也不尽相同。

然而,人们对于时间除了科学、客观的认识之外,还有日常的理解或者说主观感受,这与人对时间的主观感知密不可分。而且,不同的文明程度,不同的社会发展阶段,同一个社会的不同阶层,甚至不同的单独个体等,对时间范畴的认知和运用方式都不可能完全相同。时间有时让人感觉流逝得很慢,有时则飞逝得很快,有时感觉像波浪一样均匀平缓,有时则呈跳跃间歇断续状态,有时甚至给人以停止的感觉。

无论是哲学时间还是自然时间或是主观时间,都是通过语言来表达的。语言时间是人类对自然时间认知的表现形式,它包含两方面的内容,一是人类所认知的时间意义,二是人类表达这些时间意义的形式,二者各自成为系统:语义系统和形式系统。自然时间作为人类的认知对象,客观地存在于任何语言中。然而,语言的世界图景并不能完全真实地反映客观世界,同样,语言的时间图景也不能完全真实地反映客观时间。因此,语言时间一方面反映了客观世界的时间,具有客观性;另一方面受不同民族的文化、历史、宗教信仰、地理条件以及个人因素等各方面的影响,又具有主观性。因此说,语言时间是主观和客观的对立和统一。不同的语言中时间范畴的表现既有相同之处,也有不同之处。

第二节 语言空间和时间的统一性

空间和时间的二元关系首先表现在它们之间具有统一性,这具体表现为时空对应关系及其语言表现。

2.1 时空对应关系

大量研究表明,空间和时间无论在人的认知过程中还是在语言表达中,都具有相对的统一性。

当代语言学对空间和时间范畴的研究主要集中在它们的语义特征及类型、这些语义类型在语言中的表达形式等方面。近年来,空间认知映射问题吸引了人们越来越多的注意力,而在研究空间映射的语言表征过程中,语言学家们将重点放在讨论时空对应问题上,认为时空对应现象为时空映射分析提供了语言实证。

认知语言学认为(Lee 2001,转引自魏本力 2006:34),空间关系源于物质世界的物体方所位置。空间关系不仅是方所认知基础,而且自身具有多维性特点,主要表现在纵向、横向以及中心边缘的空间识解之中。空间经验是人类经验识解的认知基础,空间域使得各种抽象经验得以概念化,透过空间概念的认知,人类逐步发展了关于其他事物的认识。也就是说,空间是最基本、最朴素的范畴,时间概念和其他的语义关系都是派生概念。这是由人类共有的认知和思维方式所决定的。此外,空间关系具有认知映射特征,即空间域映射其他关系域可使空间关系得以延伸。在语义—形式层面,这指的是将空间概念的某种特征应用到其他概念的语义表达之中。就时间来说,空间概念是基本概念,时间概念则是派生概念,时间概念是对空间概念的隐喻,时间概念的表达要借助说话人头脑中的空间概念来实现,因此,在许多语言中空间关系起着首要的作用,空间关系的表达手段常常可以表达时间关系。在词汇—语法体系中,时空映射表现在地点介词短语表达时间意义。这就是时空对应关系。

2.2 时空对应的语言表现

时空对应是空间和时间二元关系中统一性的最典型表现。这在各种语言中都有体现。语言学界对这一问题的研究及其成果主要集中在词汇层面,结论是:不少表示时间意义的词是由表示空间意义的词构成或引申而来的,其中最普遍的是表示空间意义的虚词。英语指地点介词(lecture at the hall → get up at seven; play football on the playground → get there on Monday; get to that place from Brisbane to Sydney → hold the conference from May 20 to 25),俄语则是空间前置词(учиться в школе → прийти в восемь часов; работать на заводе →встать нарассвете; далеко от Москвы →слеп от рождения; перейти через улицу → прийти через два часа),汉语指方位词(坐在书桌前→在上课前走进教室;在书桌上→在上午;在沙发和桌子之间→在五点到六点之间)。

与时间相关的空间隐喻主要涉及表达空间形状系统(点,线,面,体)和空间方所系统(前后,左右,上下,内外)的语言表达手段。在俄语中这指的是空间前置词(в, на, за, после, перед, под, через, к, до, около, между, впереди, позади 等),而汉语中主要指方位词(前,后,内,外,左右,上下)。另外,两种语言中还包括一些具有空间意义的形容词,例如:дальнее будущее, близкое будущее, 久远,临近。

无论在俄语还是汉语中,时间的空间隐喻现象都非常普遍,而且两种语言在这个问题上有许多相通之处。学界对俄汉语中时间的空间隐喻现象进行了比较详细的研究,不仅对俄汉语中空间关系映射到时间域的情况做了具体分析,而且对这种现象的民族认知心理机制做出了解释。得出的结论可以归纳如下(彭文钊、赵亮 2006:324-326;徐英平 2005:6—11):

(1)就空间的特性,大致有前—后空间轴表示时间,上—下空间轴表示时间,远—近辐射式空间表示时间和内—外容器式空间表示时间几种情况。左—右空间轴不表示时间意义,是因为左—右空间轴具有空间对称性,而时间的典型特征是单向非对称性。总的来说,较之汉语方位词,俄语空间前置词在表示时间意义时所受的限制更多,组合运用不如汉语灵活多样。具体情况见下。

(2) 用前—后空间关系手段表示时间的情况在汉语和俄语中都非常普遍,如:"前年,后年,前天,后天,前途,三天前,十天后,前辈,后代"等; перед утром, перед бурей, перед рассветом, Всё впереди, Всё уже позади, У кого за плечами 30 лет учительской работы。①

(3) 上—下空间轴表示时间意义的情况在汉语中非常普遍,如:"上个月,下个月,上届,下届,上次,下次,上午,下午,上旬,下旬"等。此外,汉语在借助"上、下"建构时间概念时,其语用搭配极其自由,几乎可以与表示时间的名词随意搭配,其建构模式主要有四种:对仗式(上半年/下半年);有上无下式(春上);有下无上式(时下);重叠式(上上星期)。可见,上—下空间关系手段隐喻时间时,指的是相对某一时间参照点而发生的行为的时间意义,发生在参照点之前,时间较早用"上",发生在参照点之后,时间较晚用"下"。即"上"指早,"下"指晚。值得注意的是,在汉语时间域表现非常活跃的"上、下"空间轴隐喻时间的现象在俄语的对译中几乎完全消失,取而代之的是俄语的顺序数词、具有"过去"和"将来"意义的形容词、部分前置词和时间副词,如:в первой половине года, во второй половине дня, на прошлой неделе。可以说,俄语中上—下空间手段表示时间关系远没有汉语活跃,只有表示"下"的前置词 под 可以表示时间,意为"接近……时",在时间序列上要先于参照点,如:под Новый год, под вечер。也就是说,汉语在选择空间概念建构时间概念时是双向的:既可以通过水平空间隐喻(前—后),又可以通过垂直空间隐喻(上—下)来表达时间概念。而俄语在通过空间隐喻建构时间概念时整体上倾向于选择水平的"前、后",而不是垂直的"上、下"的空间概念。

(4) 远—近原本指空间上距离参照物的长短,但也可以映射到时间认知域表示时间。其中"近"表示与时间参照点相隔较短,"远"则表示与参照点相隔时间较长。汉语中的"远"和"近"都可以既指先于时间参照点

---

① 另外,俄语中的 за 可以表示同时关系,这是与汉语不同的地方:за чаем, за разговором。

又指晚于时间参照点的时间,如表示时间上早些的"远古,近代,近况";时间上晚些的"远虑,远景规划,新近"。同样,"最近"既表示过去也表示将来。而俄语稍有不同。同汉语一样,далекий 既可指过去,又可指未来,如 Правительственные встречи далеко 既可以理解为发生过的事情,又可以理解为将要发生的事情。而 близкий 只能表示未来,不能表示过去,如 в ближайшее время 这时等于 в ближайшем будущем,而且不能有 в ближайшем прошлом 的说法(Яковлева 1994,转引自彭文钊、彭亮 2006:323)。

(5) 里—外关系也是一种基本的空间关系,来源于人们关于容器的生活经验,将其映射到时间域之后主要表示某个时间段。与物体在容器里、容器外类似,某一时刻可能在某一段时间以内(晚于这段时间的起始点,但早于结束点),也可能在其之外(早于起始时刻或晚于结束时刻),如:"三年之内,八小时之外,进入 21 世纪,入冬以来"。而俄语只能用 в 表示一段时间以内,没有相应的表示时段以外的用法,如 в новую эпоху, в послевоенный период, в истории, в ходе войны, в течение двух часов, во время экзамена 等。此外,俄语的 в 还可以表示时点意义,如:Он встал в два часа, Папа приедет в субботу。而表示在某一个时间段之内完成某个行为时,俄语还可以使用空间前置词 за,如:Он выполнил эту задачу за неделю; Я прочитал эту книгу за два дня。

(6) 这几种空间隐喻都可以在认知上得到解释。例如(彭文钊、彭亮 2006:322):根据人们经验的不同,用前后表示时间的空间隐喻可以有两种情况,即"时间在动隐喻系统"和"自我在动隐喻系统"(周榕 2001:89)。第一种情况,把时间轴理解成一条河流或传送带,我们面向的是过去,背对的是未来,即用前来指过去,用后来指未来。这种认知方式很好理解,因为"我们所不知道的正是未来,而知道的应是过去。因此,未来应处于我们背后,在我们视力所达不到的地方。相反,过去应展现在我们前面并且逐渐朝我们视线的方向远去,慢慢模糊最终消失不见"(Степанов 1985,转引自彭文钊、彭亮 2006:322)。这种认知模式认为人是不动的,只有时间在移动。"前天,后天,几天前,前辈,前人,后代"等都属于此类。但"前景"就与之不同,因为这里的"前"指的是将来,表时间上较晚。这时对应是第二种情况,即想象时间静止而人在动,凡是人经过的区域在时间上较早(已走过了),而且处在身后,人没来得及走的区域(将要走过)在时间上指过去,时间序列上较早。

这种双重的认知模式在汉俄语中均有体现。汉语例证见上,俄语中两种认知模式的矛盾体现在 вперед 释义上(彭文钊、彭亮 2006:322—323),一方面,它指"未来时间,未来"(Вперед не серди меня;Это мне вперед наука),另一方面又可指"先,早,早些时候"(Вперед спроси,потом сделай;Вперед подумай, потом отвечай)(Яковлева 1994,转引自彭文钊、彭亮 2006:322)。古时人们的思维主要是"时间在动",如 предыдущий день, следующий день, прошедший год, пришло время,时间的方向从背后的"未来"指向眼前的"过去"(这点与汉语中的"未来"、"去年"相似,"来"相当于 следующий,表身后的未来向自身走来,"去"相当于 прошедший,表示已经从背后穿过并逐渐沿视线远去,走入无穷的过去。而现代俄语中一般采取"人在动",如:предстоящий год,表示在眼前的这一年等待人去走过(经历),自然表示未来,时间上要晚,再如:Самое лихо еще впереди(О. Волков)。而上一下空间关系的投射是由人的生活经验决定的:河水的流向一定是从高到低,也即从上到下,而上游在时间顺序上肯定先于下游,从而隐喻较早。从河流的水流位置联想到时间先后,可以从古文中——子在川上曰:"逝者如斯夫"(张凤 2001;转引自彭文钊、彭亮 2006:321)体现出来。或者是来源于太阳的运行:太阳在早上是逐渐升高的,中午达到最高点,下午逐渐下落,故而用"上"指上午,指时间上较早,用"下"指下午,时间上较迟(蓝纯 1999;转引自彭文钊、彭亮 2006:321)。而至于里一外空间关系能这样映射也是基于共同的认知经验(彭文钊、彭亮 2006:322),时段有界,只会有两种情况:界内或界外,界内有限,界外无限。

俄语和汉语在空间隐喻的相通之处反映了人类认知的普遍规律,而它们之间的不同之处则体现了俄汉两个民族不同的认知特点,同时也反映了两种语言的类属特征。

2.3 有待讨论的问题

以上描述的都是众所周知的事实,但其中有些问题还有待于深入探讨。譬如:不同语言中词汇层面上的时空对应现象具有哪些共性,又有哪些不同？不同语言在建构时间概念时对空间概念的选择是否一致呢？它们所选择的空间概念及其词汇组合搭配和句法功能在时间概念及其词汇组合搭配和句法功能（包括句法位置）上是否对称呢？在上文，学界结论中所说的左—右空间轴不表示时间意义，是否值得推敲呢？比如汉语中的方位词"左右"就可以表示时间：两个小时左右；一周左右。再具体一点儿，就俄语和汉语来说，前置词 в，на 和方位词"前"、"后"在分别表示空间和时间概念时，与其他词汇的组合搭配及其句法功能有什么不同吗？例如有些前置词在分别表达空间和时间关系时，其词法组合以及所产生的语义是不完全一样的：

(1) работать на заводе, уехать на завод → уехать на прошлой неделе, уехать на неделю, назначить на субботу, на седьмом месяце беременности.

(2) работать в школе, прийти в школу → приийти в три часа, написать в неделю, вернуться в обед.

(3) встать со стула, вернуться с завода → встать с петухами, с восходом солнца.

而在表达同一时空对应语义类型时，如时空对应的区间关系，俄语所选用的时间前置词不是与其空间前置词完全对应的，如：

(4) от Москвы до Киева → с восьми до десяти.

汉语也存在这样的问题，如某些双音型方位词表达空间和时间关系的组合也不是完全一致的。如：

(5) 在房子后面→在两点钟之后（以后）；
(6) 在房子前面→在周六之前（以前）。

此外，词汇层面除了空间意义的虚词之外，是否还有其他性质的词类具有时空对应特征呢？王远新（2003：121—123）通过对突厥语族语言的观察得出结论：某些空间意义的名词和副词也同时具有时间意义。那其他语言（包括俄语和汉语）呢？Бондарко（Отв. ред. Бондарко 1996а:7）指出，俄语中的某些时间副词也是由空间前置词引申而来，如 потом，затем。据我们观察，类似 впереди, вперёд, далеко, близко, далее, дальше 等空间副词也可以表示时间意义。例如：

(7) Сначала очень испугался, а потом очень обрадовался, а теперь——не знаю. (Е. Карпов)

(8) Незнакомец грузно вошел в вагончик, поглядел сначала на Гусейна, потом на Татарского, а потом на прикованного в лавке. (В. Пелевин)

(9) Как пройдёшь кладбище, сворачивай к Плешковкому логу. Далее——по тропе, к Вятке. (Е. Шишкин)

(10) Впереди была жизнь, позади плень и гибель. (М. Лермонтов)

(11) Новый год уже близко.

(12) Новый год ещё далеко.

汉语中是否也有类似的现象呢？

再者，如果说分析语（如英语和汉语）中的时空对应主要体现在词汇层面，那么，在俄语这样具有格形式变化的屈折语中，时空对应也只是局限于词汇层面吗？在语言的其他层面是否也存在这样的现象呢？王远新(2003:123－125)认为，突厥语族语言中的词法和句法上都有时空对应现象存在，有些表示时间意义的语法形式或语法结构是由表示空间意义的语法形式或语法结构引申而来的。应该说，词法上的时空对应主要属于那些有格形式变化的屈折语中，那作为典型屈折语的俄语是否也有这样的现象呢？例如空间前置词 в 和 на 在表示时间意义时，都是主要采用第四格和第六格，по 在表示空间和时间意义时主要采用第三格①。甚至表示时间关系的非前置词第五格（работать часами）也可以说是来自于空间意义的第五格（ехать полем）。事实上，俄语空间意义的所有间接格几乎都可以表达时间意义，但它们在空间域和时间域上的格对应完全一致吗？例如前置词 под 在表示空间意义时可以采用第四格和第六格，但是它在表示时间意义时却只能采用第四格。

王远新(2003:121－123)提出，突厥语有些表示时间或关系意义的语法结构来自表示空间意义的语法结构，典型的例证是表示空间意义的名词性后置结构在特定的条件下也常常表示时间意义。那么其他语言（包括俄语和汉语）是否也有兼表空间和时间意义的句法结构呢？如果说在

---

① 偶见其他格形式：вода по колени；по окончании школы。

英语和汉语中,时空对应现象主要体现在词汇层面,那么,俄语中的这种现象应该不只是局限于词汇层面,还可以反映在语言的其他层面。这是由俄语的语言特性所决定的。

最后,是否有些空间形式在一定的条件下可以推理为时间意义呢?或者反之亦然呢?哪些语境、心理、认知和文化因素会对空间和时间的相互转换和推理产生作用呢?有时候空间移动实际上就是时间的推移,因为空间的变换就伴随着时间的流逝。

第三节　语言空间和时间的对立性

语言空间和时间二元关系的另一个方面则是其对立性,具体表现为它们不仅有着各自独立的语义—形式系统,而且时空对应关系的实现受一定条件限制,此外,空间形式不仅仅可以表示时间意义,它们还可以表达其他意义。

3.1　空间和时间各自独立的语义—形式系统

虽然从空间到时间的描述是隐喻性的,但是从逻辑和实践上看,这并不意味着人的大脑对时间没有独立的认知(Evans 2004,转引自高佑梅 2006:35)。从某种意义上来说,空间和时间的基础和派生关系本身就是二者区分的一种体现。也就是说,空间和时间虽然紧密相关,具有不可分割性,但它们终究是两个不同的、各自独立的范畴,它们有着各自的语义特征和类型以及语言表达手段。在语义上(王远新 2003:121;魏本力 2006:35;Отв. ред. Бондарко 1996а:8—11),空间是运动着的物质的伸张性、广延性,表示物体之间的并存关系和分离状态,表示物体的位置、体积、形状和排列方式等。空间具有三维性特点,是静态的,主要表现在纵向、横向以及中心边缘的空间识解之中。空间具有自己的语义类型,包括动态和静态、独立和从属、靠近和远离等空间关系以及点、线、面、体等空间形状系统和水平(前后、左右)、垂直(上、下)等空间方所系统。而时间是物质运动过程的顺序性、持续性,它表明事物或过程一次出现的先后顺序,表明事物和运动过程维持的长久和短暂。时间是单维的,是动态的,它总是朝着由过去、现在和将来的一个方向流逝,具有不可逆性。时间也有着自己的语义系统(Отв. ред. Бондарко 2003:44—295),包括时相(фаза)、时序(таксис)、时列(временный порядок)、时位(временная локализация)、时制(темперальность)等子系统。在形式上,虽然时间的很多表达手段来自空间,但它们都有着各自独立的表达系统。即使空间手段(包括词汇手段)表达时间意义是有限制条件的(见下文),同时,许多时间手段是与空间没有直接关系的,是独立的。譬如,俄语中动词的体和时等,汉语中动词后的"着,了,过"等,当然还有大量的时间词汇:"今天,明年,突然,经常,瞬间,随即,转而,立即,当即,顿时,马上;вначале, сначала, сейчас, теперь, раньше, позже, одновременно, обычно, вскоре, вдруг, тут, зачастую, изредка"。

3.2 时空对应的限制条件

时空词汇对应现象虽然在各种语言中都很普遍,但它是有限制条件的。在这一问题上,学界对英语的研究成果是有目共睹的,其结论是(魏本力 2006:34—36:(1)只有由地点介词所表达的地点环境可能包含时间意义:I felt sleepy at the station. →When was I at the station? 由其他介词短语(如方式介短语)所表达的语义环境没有时间意义。如:He came here by bus. →When was he by bus? (这个句子是不成立的);(2)不管空间意义的短语位于句子的什么位置,地点环境同参与者、过程互相不发生修饰关系。如:She cried in the classroom. 该句中的"她"、"哭泣"一般与场所无必然联系,事件也可以发生在其他地点;(3)时空映射一般在唯度趋同状态下进行,其认知动因在于,空间的横向唯度具有线性特征,而时间的单唯性正是线性特征。由于空间和时间的唯度趋同,所以空间域可以映射时间域。如表示线性特征的 after:My house is just after the turn in the road. →He came her after Tom in line. 而表示纵向意义的空间介词 under 则不能表达时间意义:Under 9 o'clock, we will go home. (这个句子是不成立的)也就是说,时间线性特征是时空对应的基本出发点。如果违反这一基本出发点,时空对应关系就会断裂,此时空间表达不再拥有时间对应。

Бондарко(Отв. ред. Бондарко 1996a:24—26)没有对时空对应的限制条件进行直接描述,但他指出,空间结构在一定条件下可以表达其他意义,这些条件包括:(1)词序。这体现为主语表达目标体并构成话语的主题,由状语表达的参照体则是话语的述题,如:Кенкуру водятся в Австралии。而当话语的主题是参照体,目标体由述题部分表达时,那么整个结构已经接近存在意义:В Австралии водятся кенкуру。甚至可以接近评价意义,表示对主体进行鉴定:В этом городе много музеев (Это город музеев)。(2)词汇填充。空间结构的空间意义得以体现的是当位于地点状语位置上的词汇表达具有空间特征的客体时。当这个位置上的词汇直接表达或隐喻其他意义时,那么整个结构的意义会发生变化。如:Это было в прошлом году. 这一句子地点状语位置上的词汇具有时间意义,因此整个结构表达时间意义。(3)具体的情景。如句子 Он ушел в театр 可以表达空间意义(Он сейчас пошел в театр, его нет.),也可以表达其他意义,指出事件的转变(Он начал работать в театре)。

3.3 空间形式的其他意义

空间和时间二元关系的对立面还反映在空间关系的手段可以表达时间以外的关系,学界对空间隐喻的研究主要集中在时空对应问题上,事实上,空间隐喻还有许多值得挖掘的方面,如数量概念的空间隐喻(上升;подниматься)、社会关系的空间隐喻(近亲;близкий родственник)、价值评价的空间隐喻(上品;высшее образование)等(彭文钊、赵亮 2006:324—326)。空间隐喻实质上就是空间形式的边缘(或次要)功能问题。在此,我们可以提出问题:时间的专有手段是否也可以表达空间或其他意义呢?

3.4 有待探讨的问题

可见,不同语言对时空对应所受的限制条件这一问题的探讨是不完全相同的,其侧重点也是不同的。两种语言都特别重视虚词的意义及其词序特征。有待我们进一步探讨的问题是:英语中的限制条件是否对俄语和汉语完全适应呢?反之是否亦然呢?从认知语言学角度来说,一般是线性意义的空间词汇才具有时空对应特征,那么其他空间意义的词汇,譬如垂直意义,是否也具有时空对应特征呢?张建理、丁展平(2003:33)认为:汉语时间隐喻是呈水平移动的,但同时还具有时间呈纵向移动的隐喻方式,空间的"上"为时间较早,空间的"下"为时间较晚,时间的"上"和时间的"前"同义。如:"上午,上半年,下午,下半年"。而这对其他语言(包括俄语)是否适应呢?如前所述,俄语中上—下空间手段表示时间关系远没有汉语活跃,只有表示"下"的前置词 под 可以表示时间,意为"接近……时",如:под вечер。而英语中的 up 和 under 都不表达时间意义: The new year is coming up. This year went down in family history.(这两个句子是不成立的)同样,我们可以问,表达中心或边缘意义的空间词汇呢?它们是否也可以表达时间意义呢?比如汉语的"里"、"内"和"中"、"外"都可以表示时间意义:"一年中,两年里,一个月内,八小时之外"。俄语中的 в,на 也是时间的主要表达手段,那么 внутри 和 вне 呢?

此外,不同语言中时空对应的词汇—语法体现有哪些具体的语义类型呢?它们在句子中的具体表达又如何呢?它们是怎样一种对应关系呢?魏本力(2006:36—37)认为,英语的时空对应主要体现在地点介词短语中,这可以分为三种语义类型,其典型的表达方式也不相同:(1)时空对应的位置特征,其典型的表达手段是 on, at;(2)时空对应的区间关系,其典型的表达手段是 from...to, between, over;(3)时空对应的顺序关系,典型的表达手段是 before, after,那其他语言呢(包括汉语和俄语)?不同语言是否具备自己的特点呢?譬如汉语的区间关系手段主要是"从……到……":"从北京到上海;从早上八点到晚上六点";而俄语中的时间和空间区间关系手段是不完全对应的:от Москвы до Киева → от первого сентября до сегодняшнего дня → от первого сентября по десятому → с восьми до десяти。再如对应英语 before 的俄语手段有 перед, к, до,并且都具有各自细微的意义。

再者,汉语在描述时间时倾向于将时间物化,而英语更习惯将它人化。如:"挤时间,抓紧时间,把握时间;kill/cheat/beguile time, fool away one's time"(张建理、丁展平 2003:34)。这在俄语中又是怎样一种情况呢?俄语既可以物化(скоротать время, увеличить время),又可以人化(время идет; как быстро летит время)。这与空间是否有一种内在的联系呢?例如俄语中动词既与空间又与时间搭配:экономить, сократить, отнимать, проводить, располагать, управлять, определить, скоротать, увеличить время работы。我们知道,时间是人们不能直接观察到的东西,是不可触摸的物质,它是人对世界不同状态转变的主观观察,是非常抽象的事物。而上述动词所支配的补语都蕴含着具体的物质意义，这是否与空间有内在的联系呢？反过来，空间表达是否也存在这样的手法呢？

最后，汉语善于用动物、自然现象来形容时间的各种属性，由此产生了许多形象生动的成语，而且通常本体不出现，只出现喻体。如："白驹过隙，窗间过马，过眼烟云，物换星移"。张建理、丁展平(2003:34)指出，英语中没有这类对等的隐喻。然而，下面的例子却说明英语中也有类似的现象：

(13) Many people have sighed for the "good old days" and regretted the "passing of the horse," but today, when only those who like horses own them, it is a far better time for horses. (C. W. Anderson)

(14) The years like great black oxen tread the world,
And God, the herdsman, goads them on behind. (William Butler Yeats, The Countess Cathleen)①

那么，俄语呢？如果有，其表现形式与汉语有什么不同吗？这种现象在空间的表达中是否也存在呢？俄语和汉语又有什么相同和不同之处呢？此外，汉语和俄语中的时间隐喻(время как вода, время как песок, время как снег, пролетело и нет；时间如流水，时间就是金钱)这一系列问题都关系到时间观念的文化认知研究，因为任何一种自然语言都以自己特定的方式来感知和反映世界。作为语言范畴的时间，它本质上体现着人们认知世界的文化观念。时间观念的文化认知研究包括方方面面的问题：时间观念的语言体现方式和具体形式及其特征；时间的语言世界图景以及不同民族时间观念的形成过程；通过时间隐喻和换喻来观察不同民族时间观念的发展和变化；探讨时间的空间隐喻对人的认知的作用机理问题，由此来解释人的认知时间与认知空间的相互关系。但是，人类具有相似的认知方式、思维过程及某些社会环境经验，因此，虽然有语言、文化和社会差异，但是人类对一些基本范畴的认知和表达仍具有相似性和普遍性，作为人类最基本的普遍范畴，空间和时间的表达更是如此。语言学家们对汉语和英语语言现象的分析所得的结论是基本相似的，即：空间、

---

① 以上例证由复旦大学外文学院陆谷孙教授提供，在此对陆教授表示衷心的感谢。

实体、人是最常见的时间隐喻的源域（王永红 2001，张捷、曾翠萍 2004）。如果分得更细致一些，则可以提取出时间隐喻概念的 11 个维度：空间—容器、有价物、状态、易逝物、效应、改变者、检验者、动体、工具、人、主宰—被主宰（周榕、黄希庭 2000）。这种划分在中英两种文化中基本相同，其分析因素的因子与内容分析中的主要维度相吻合，说明时间隐喻的表征机制具有跨文化的普遍性。那么汉语和俄语中的时间隐喻是怎样一种对应关系呢？例如汉语和俄语都常常把时间比喻为"流水"和"流沙"：время как вода；время как песок。

第四节　语言空间与时间范畴的多维研究构架

按照我们所建立的语义范畴的多维研究框架，空间和时间范畴的研究应该是集意义和形式、静态分析和动态分析、描写和解释于一体、对外语教学有着直接影响和作用的整合性研究，是集结构语义描写、篇章语用分析、认知心理阐释和文化语言审视于一体的整合性研究，应该包括概念和特征界定、语义系统和形式结构描写、句法功能和句法分布观察、语篇语用分析、认知文化阐释等具体内容。本节在具体操作过程中主要以空间范畴为例，个别小点以时间范畴为例。

4.1 空间和时间范畴的语义系统

语言空间和时间都有着自己丰富而等级分明的语义系统。

空间关系首先涉及的是空间位置的确定过程，这可以是动态的（динамическое），也可以是静态的（статическое）。前者指空间关系的开始和结束过程，即移动过程（перемещение）；后者指空间关系的持续过程。相对参照体的位置来说，目标体的移动过程可以是靠近（приближение）或远离（удаление）。而从目标体的角度出发，不管是动态的还是静态的确定过程都可以分为独立的（независимое）和从属的（зависимое）。在第一种情况下，目标体与话语主体相吻合，它独立地进行空间移动或占据某个空间位置；在第二种情况下，目标体与话语主体不相吻合，空间关系的确定有着从属的性质，它是另一实体对目标体影响的结果。另外，从目标体和说话人的位置关系来说，也有远近和朝向、背离之分，这表现为空间指示。此外,在确定物体或者人的空间位置时,空间关系还可以体现语言形式所反映的物体的具体几何位置,即空间的形状系统,这可以用"点、线、体"来表示。由此可见,空间关系可以分出几个对立面:静态和动态、独立和从属、垂直和水平、远离和靠近等,它们既反映了客观空间的三维性,又体现了认知空间的主观性(详见第三章)。

对于语言时间范畴的语义系统,А. В. Бондарко 以语义范畴为出发点,以功能语义场为立足点,对时间语义系统进行了较为详尽的分类,认为时间范畴包括时制(темпоральность)、时体(аспектуальность)、时序(таксис)、时位(временная локализованность)、时列(временной порядок)等下位范畴,由此形成了以时制、时体、时序、时相和时列为主要考量视域和研究内容的功能语义场理论(Бондарко 1984,1999;Отв. ред. Бондарко 1987,1990,2003)(详见第五章)。

4.2 空间和时间范畴的形式系统

本节以空间范畴为例。

语言空间范畴的语义系统独立而丰满,且层次分明,它同时有着独立而丰富的表达形式系统,这些形式多种多样,遍及语言的各个层面。因此,我们既可以从语义类型(静态和动态、独立和从属、里外和附着、垂直和水平、远离和靠近)出发来描写其形式表达手段,也可以从不同的语言层面(词汇、词法、句法等)来着手,还可以按照空间关系的三个基本要素(目标体、参照体、空间关系)来逐个描写。在进行对比研究时,无论采取以上哪一种描写方式,我们都应该考虑以下问题:

4.2.1 典型模式及其变异

俄汉语空间关系的表达都有着各自典型的完整模式,它们分别为:前置词+参照体;介词+参照体+方位词。而在实际言语中,这种形式是可以发生变化的。譬如汉语中介词、方位词、参照体可能分别不出现,有时介词和方位词可能同时不出现。如:

(15)取来铺盖,七号已站满了小脚大娘,等梅选用。(老舍)

那是否还有其他变异方式呢?俄语的情况又是怎样呢?另外,空间关系的几个要素(目标体、参照体、观察者)在实际言语中也可能体现不完整,它们中的一个甚至几个可能在语言表层不出现:

（16）Слева магазин, а справа библиотека.（参照体和观察者重合并且都未出现）

这种现象在两种语言中的对应情况是怎样的呢？同样,空间要素中的目标体和参照体的次序也可能发生变异。譬如在俄语存在句中就有两种次序：当信息结构呈一般性时,空间形式位于句首,作句子的已知信息,即主题,汉俄语都是如此：

（17）湖心中有个亭子。
（18）В зоопарке есть слон.

当作为话语的起始句,俄语则习惯把表示存在意义的动词放在句首,表示话语刚刚开始并未结束（Арутюнова,Ширяев 1983：55）：

（19）Был у нас на корабле один матрос.

而在性质判断句中,空间形式一般作句子的未知信息,即述题,位于句末,如：

（20）这个亭子位于湖心中。
（21）Этот слон находится в зоопарке.

当从语义类型出发时,两种语言也有各自的典型和变异情况。譬如在静态和动态空间关系的表达上,二者都主要是介词（前置词）和谓语动词起关键作用。但是,俄语中可能出现静态的空间形式和运动动词共用的情况。如（赵世开 1999：57）：

（22）В небе летают птицы.
（23）Между рядами ходили покупатели.

汉语的"在"也可以表示静态和动态两种意义,不同的是它表示静态位置时不能用在动词后,表示终点意义时一般不能用在动词前,如以下两组例证中的第二例句子是不成立的：

（24）她喜欢在湖里游泳—她喜欢游泳在湖里；
（25）她一下子扑在妈妈怀里—她一下子在妈妈怀里扑。

此外,俄语有些前置词既能表示静态意义又能表示动态概念,这主要指 в, на, под, за。

4.2.2 变异的原因和言语功能

应该说,以上每一种变异以及语言之间的差异不仅仅是由语言结构本身的不同而造成的,其中很多问题我们还可以从认知、语用、文化和篇章等角度来进行分析和解释。譬如在维度的表达上,英语有着比较严格的区分,它分别用不同的介词来表达不同的维度。而汉语一个方位词"上"可以对应于不同的维度(绳子上挂着衣服,地板上有水,在报纸上发表文章),甚至可以对维度不作任何形式表示,只用一个"在"字,方位词不出现(在汽车站碰头,浮在海面,在教堂做礼拜)。以形式变化为特征的俄语虽然不及英语那样严格,但也没有像汉语那样对维度不作任何形式标志的情况。此外,俄语和汉语对同一空间维度的表达并不总是对应的。俄语区分不同的维度用不同的前置词时(у Нины,в комнате,на почте),这在汉语中都用方位词"里"(在尼娜家里,在房间里,在邮局里)。反之亦然,如"在桌子上,在邮局里",它们在俄语中都采用前置词 на:на столе,на почте。

汉俄语中空间意义的表达方式及其言语功能充分反映了两种语言各自的形式特征,汉语没有词形变化,主要依靠词汇手段,且组合方式灵活多样;俄语的词汇使用受到词形变化的制约,因而较为单一。这些差异可能是两个民族在认识上的差异造成的,如说汉语的人经常不太关心空间范围是不是"点、线、面、体"这种形状,而是更多地注意物体在不在空间范围内(齐沪扬 1998:9)。但是,这种表达上的差异不一定都反映了认识上的差别,也可能是因为俄汉语各自的语言特征造成的。因此,我们应该从多维的角度来看待这一问题。

语言是一种表达思想感情的工具,也是一种有机的结构体,如果一个结构体内部有所变动,该结构体表达的思想感情也会随之发生变化。在空间关系的基本表达方式及其变体之间就存在这样的变化。譬如汉俄语中空间意义的主要表达手段(方位词和前置词)都可以单独使用,尽管它们的使用灵活性以及搭配关系不完全一致,但是都能产生一种简洁、紧凑并带有对立意义的言语效果。如:

(26) 前怕狼,后怕虎;
(27) 东瞧西看;
(28) 左顾右盼;
(29) 东南西北;

（30）东西南北；

（31）—Положи книгу на стол.

—Я лучше в;

（32）—Ну вот туда теперь.

—Под или по?

—По, конечно, по. （Е. Ширяев）

4.2.3 中心手段和边缘手段

Бондарко（Отв. Ред. Бондарко 1996a：23—24）指出，空间关系的表达手段构成了一个功能语义场（функционально-семантическое поле），这是一个特殊的聚合体。在场的中央是表达空间关系的首要核心结构：前置词＋参照体。这是指参照体在句子中作地点状语的情况，俄语中表现为前置词加间接格名词、空间意义的副词以及不带前置词的名词第五格和空间状语从句，例如：Книга лежит на столе；Мама сидит совсем рядом；Мы шли кустами；Сиди, где тебя посадили。接近场边沿的手段指空间关系的次要表达手段，其特点是参照体起着自己非典型的句法功能，如补语（Стол занимает угол）、主语（Книга содержит 5 глав）、谓语（Прилуниться）、定语（Бородинское сражение）。所有这些手段的深层结构都是相同的，都表达空间关系，都是空间关系的边缘表达手段。这样的情况在汉语中是否也存在呢？边缘手段还包括通过语境知识和认知模式推理而成的一些隐性手段（详见第四章）。

4.3 空间和时间范畴的语法学研究

空间和时间范畴的语法学研究主要包括空间和时间形式的句法功能和句法分布。空间和时间的各种表达形式可以起到重要的句法功能并且有着多样的句法分布。

4.3.1 句法功能

空间和时间形式的句法功能主要指它们在句子中所充当的一般性和扩展性句法成分。俄语空间和时间形式除了作一般性状语、谓语和限定语外，在一定条件下还可以用作主语和前置词补语：

（33）Завтра не будет похоже на сегодня.（И. Гончаров）

（34）Прикинем, что мы можем успеть сделать за сегодня.（В. Еременко）

甚至作定语和呼语：

(35) Эй, там, в лодках, не лезь под колеса! (Н. Полевой)

4.3.2 句法分布

而空间和时间形式的句法分布则指它们在句子中的重叠、连用[①]、独立、独用[②]、否定、疑问等情况。

如重叠：

(36) Я только хочу быть высоко-высоко на самой верхушке. (Ю. Сбитнев)

(37) Выходила на берег Катюша, на высокий берег на крутой. (М. Исаковский)

如连用：

(38) Так бывает, когда люди ведут разговор вокруг да около, скрывая то главное, что им хорошо известно. (Ю. Сбитнев)

(39) Ну и дурак! Папу не сегодня-завтра отпустят! (Ю. Сбитнев)

如独立：

(40) Глаза его смотрели куда-то в другое место, далеко, и там он будто видел что-то особое, таинственное. (И. Гончаров)

(41) Было даже страшно, иногда. (М. Горький)

如独用：

(42) —Ну вот туда теперь.
　　—Под или по?
　　—По, конечно. По. (Е. Ширяев)

---

① 连用和重叠不同。重叠指同一空间形式在同一句子的同一句法位置可以重复出现，表示特征或状态的强烈性。而连用指两个(或两个以上)空间形式处在同等句法位置上、有着平行句法关系的情况，它们之间可能出现连接词，连用的常常是同义(近义)或反义形式，表达强调、不定、选择其一等意义。

② 独用和独立不同。独立是句子的次要成分较之其他成分以更多的独立性而获得的意义和语调上的隔离性(Валгина 1978:246)。空间形式主要是在充当状语时可能独立，而且这种情况不多见。独用是指在一定的上下文中，空间形式可能不以句法联系与句中其他词相连接，而是单独出现，常见的是空间前置词可以脱离名词单独使用。

如否定：

(43) Он не прочь прогуляться.

(44) Ты вся—не отсюда. (该两例选自《1980 年俄语语法》,胡孟浩主译 1990)

此外,某些空间形式用在成语化结构中,可以充当语气词：

(45) Какое там отпуск! При чём тут я!

在口语中,甚至可能出现类似"前置词＋(前置词＋名词)"的结构,请看空间前置词的例子：

(46) Я не о конгрессе, я о в гости. (Е. Земская)

我们可以继续探讨的问题是：汉语空间和时间形式具有怎样的句法功能和句法分布呢？它们与俄语有什么不同呢？(详见第七章)

4.4 空间和时间范畴的语篇和语用研究

4.4.1 语篇功能

从语篇的角度来看空间和时间范畴,不仅可以发现隐性空间和隐性时间的某些推理机制,而且可以探讨空间和时间范畴的语篇功能,这主要指空间和时间形式的语篇衔接功能。语篇衔接手段多种多样,按其表现形式可分为三大类：逻辑手段、语法手段和词汇手段。空间和时间关系既是一种重要的逻辑连贯关系,又是一种不可忽视的语篇衔接手段,它既可以充当逻辑手段,又可以充当语法手段,同时在词汇手段中,也是一种重要的表现形式。譬如空间副词充当逻辑关系衔接手段常常出现在描写自然环境、房屋布置、地形地貌的文字中。如：

(47) Если войти, направо—кровать дочери, рядом письменный стол. (Р. Балакшин)

(48) Дорога резко уходит под уклон, я качу вниз, и вдруг этот самый асфальт обрывается, впереди—болото, а грунтовый объезд сворачивает влево чуть ли не под острым углом. (Т. Бессонова)

而充当逻辑关系衔接手段的时间副词主要指一些表示时间意义的疏

状副词,它们往往表示某个特定时间之前、之后或同时的事态发展,最常见于叙事文中,这种文章通常是以时间顺序为脉络的。如:вначале,сначала, потом, сейчас, теперь, раньше, позже 等,如:

（49）Сначала очень испугался, а потом очень обрадовался, а теперь——не знаю.（Е. Карпов）

（50）Незнакомец грузно вошел в вагончик, поглядел сначала на Гусейна, потом на Татарского, а потом на прикованного в лавке.（В. Пелевин）

空间和时间副词充当语篇衔接的语法手段主要指它们可以充当照应手段。如:

（51）Жили она в Петербурге, туда забрала и мальчонку. Там он успешно закончил гимназию, университет, а потом решил учиться в Париже медицине .（Е. Карпов）；

（52）Паклин...отошел в сторону и приютился в уголку. Тогда посетитель опустился на стул.（И. Тургенев）

空间和时间副词同时是重要的词汇衔接手段,常以同义或反义或者重复方式共同出现。如:

（53）Вам везде все надо! Вы везде свой нос суете!（Ю. Сбитнев）

（54）Впереди была жизнь, позади плень и гибель.（М. Лермонтов）

（55）Начали дом строить весной, а зимой закончили.（Е. Карпов）

4.4.2 语用信息功能

在语用信息功能上,某些空间和时间副词具备固定的信息功能,在话语中或者只作主题（如 обычно, вскоре, вдруг, тут, зачастую, затем, изредка 等）,或者只作述题（如 Редко, нечасто, нескоро, далеко, поздно, рано, близко 等）。我们可以说:Новый год скоро——Новый год уже близко,也可以说:Скоро Новый год,却不能说:Близко Новый год。

而对于篇章中隐性时间的分析,可以发现,在文学作品中,相对于隐性空间来说,隐性时间出现的频率要高得多。作者常常通过对景物或者事件的描写间接表明时间。与时间密切相关的景物通常指天象和物候,而事件主要指人的社会活动。例如:

(56) Женщину под солнцем размочило: ночь она спала плохо, голова была тяжелой, и чувствовала она несвежесть во всем теле. (В. Распутин)

(57) Был ясный морозный день. У подъезда рядами стояли кареты, сани, ваньки, жандармы. (Л. Толстой)

我们可以继续探讨的问题是：空间和时间范畴还具有哪些语篇和语用功能？它们在俄汉语中具有怎样的对应关系？

4.5 空间和时间范畴的文化认知研究

由于国内学界在空间范畴的文化认知研究方面已取得不少成果，因此本节主要以时间为例。

如果说以往语言学家们探讨的主要是时间的物理特性（包括数量和质量特性）在语言中的反映和表征问题的话，那么近年来人们的注意力开始转向语言时间的文化认知研究，即观察人类关于时间的知识是怎么获得的，对时间的认知过程和规律做出解释，并且分析其中所包含的文化信息（Арутюнова 1999; Логический анализ языка: Язык и время 1997; Михеева 2003）。毋庸置疑的是，在语言文化学和认知语言学的形成过程中，时间和时间观念的研究起了很重要的作用，诸如语言与世界的关系研究、语言与意识世界的关系研究、语言与认知方式研究、语言与概念结构的关系研究、语言与语义系统的关系研究等，都无一例外会涉及时间的文化认知维度。然而，专门就语言时间的文化认知研究（包括俄语和汉语的对比）目前仍还停留在理论假设和阐释阶段，而具体的实质性研究则处于片断和零散的层面，很多方面尚未涉及，也不够深入。涉及的问题主要包括时间词汇的研究、自然科学和哲学以及语言学中的时间特性、时间的数量和性质特性、这些特性在语言词汇单位和固定短语以及文学作品中的反映、时间范畴的语言世界图景框架的形成过程、人类通过语言形式所反映的时间价值观等。

我们认为，语言时间的文化认知研究内容应该包括以下几个主要方面：(1)主观时间的文化认知特征；(2)时间观念的文化认知特征；(3)远指和近指时间的文化认知特征；(4)隐性时间的文化认知特征（详见第九章）。

本章小结

综上所述，空间和时间范畴紧密相关，不可分割，但又各自独立，是一个二元对立的统一体。以上的某些问题虽然众所周知，但还有许多问题有待于我们去解决。作为人类认知的最基本范畴，空间和时间是所有社会和人文学科理论中最重要的范畴。因此，观察时间观念就必然要对空间观念做出合理的解释。只有这样，整个研究过程才会变得更为简约而流畅，得出的结论也将更为客观和科学。另外，从对比研究的角度出发则有着更大的探讨空间，因为人类思维和认知的模式虽然有一定的共性，但人们认识的方式是不尽相同的，不同民族的语言表征也有着天壤之别，因此，客观世界的同一性、人类思维的一致性和差别性以及语言表达的民族性，使各种语言中的空间和时间关系之间既有相同的一面，又有不同的一面。而造成这些差别的原因多种多样，这不仅需要从各种语言的特征来解释，而且隐藏着各个民族的思维习惯、心理特征、文化因素等等原因，还有语境的作用。

因此，空间和时间范畴的研究涉及面非常广泛，这不仅仅是对其传统的语义系统及其形式表达的描述，也不只是新兴的语用、认知、篇章、文化等阐释，而是指包括句法分布、对句法的制约作用在内的集语法、语义、语用、认知、篇章、文化于一体、集传统描述和现代解释于一体的多维研究。本章的目的就在于建立这样一个多维框架，描述研究现状和趋势以及存在的问题，指出研究的基本内容和方向，探讨研究的思路（包括视角、方法、途径、目的）和方案，同时把俄汉对比研究作为切入点，从而进一步拓宽和加深了我们对空间和时间观念及其一般性质的认识。语言空间和时间的研究有助于物理时空和认知时空的研究，同时也有助于了解不同民族的思维方式和认知特征。反之亦然。这也是我们进行俄汉空间和时间范畴对比研究的理由和价值，如果不仅从语言表征出发，还考虑到语义、语用、认知、语篇、文化等因素，那么这种研究就会显得更有意义，因此，我们提出的多维研究框架和思路及方法是有必要的。

除了本章框架范围之内的内容，空间和时间范畴还可以从其他方面来进行探讨，比如空间词汇的语法化、空间范畴与其他相关概念（存在、缺乏）的关系等。限于篇幅，它们暂且没被纳入我们的框架。

第三章 俄汉语空间范畴的语义系统

物理空间、认知空间和语言空间三种空间概念的确定及其相互关系证明了人的认知活动在概念化过程中的决定作用,也证明了语言空间带有主观性质,同时也体现了人类语言的一个重要特性——人类中心论。也就是说,与物理空间和认知空间不同,语言空间具有内容和形式两个方面的特征,是意义和表达的统一体,是一个独立的功能语义场,是一个独立的语言范畴。

作为独立的功能语义范畴的语言空间有着自己丰富而等级分明的语义系统。这在俄汉语中都有比较详细的描述,而且二者对这一问题的看法基本一致,这是由人类思维的一致性以及人类对客观世界及客观空间的共同认识所决定的。

从意义的角度来说,空间关系——这是发生在现实客体之间的一种关系,这种关系按照某个情景展现的是这些客体在空间中的位置(под ред. Величко 2004:470)。

俄语把空间关系分为一般空间关系(общие пространственные отношения)和局部空间关系(частные пространственные отношения)(Отв. Ред. Бондарко 1996a:8—9)。

下面我们将对这些空间意义类型分别进行介绍。

第一节 一般空间关系

一般空间关系从空间位置角度出发可以分为静态和动态的空间关系,而从目标体的角度出发可以分为独立和从属的空间关系。

1.1 静态和动态的空间关系

一般空间关系首先涉及的是空间位置的确定过程,这可以是静态的

(статическое),也可以是动态的(динамическое)。空间关系中的任何过程都包括三个相位:过程的开始、继续和结束。开始和结束具有动态过程的特征(移动),这些关系的持续则是静态的过程(位置)。因此,空间关系中的主要对立关系就是移动和位置的对立。静态过程指空间位置确定的持续过程,即物体在这个位置上相对于它运动的处所来说是静止不动的,它回答"在哪里"的问题。如"Мой брат учится в школе"中的Мой брат相对于школа来说是静止不动的,而"桌子上有一本书"中的"书"所占据的位置相对于参照体"桌子"来说也是静止不动的;动态过程指空间位置确定的开始和结束过程,即移动过程(перемещение),表示物体在这个位置上相对于它运动的处所来说是运动的,这种运动有起点和终点,而且有方向,它回答"去哪里或者从哪里来"的问题。如"Завтра Нина уезжает в Москву"中的Нина相对于Москва来说是运动的,而且是有方向的,而"火车往上海开去"中的"火车"相对于参照体"上海"来说是运动的,而且也是有起点和终点,还有方向的(齐沪扬1998:12,Отв. Ред. Бондарко 1996a:8)。

  从物理学的角度来看,任何一个客观存在的物体,总是处在绝对运动的状态下,运动是绝对的,静止是相对的。物体的运动不但要经历空间上的变化,也要经历时间上的变化。齐沪扬(1998:12—14)认为,对同一物体来说,空间上的位置变化和时间上的位置变化是相互关联的。因此,静态位置可以分为绝对静止和相对静止的空间位置。绝对的静止空间位置指物体在空间和时间上都没有发生位置变化。在这样的句子中,动词具有[—动作]和[—移动]的语义特征。如:"山脚下有一条新修的公路";"床上躺着个人"。在汉语中这常常通过"有"字句、"V+着"句来表示。而相对的静止空间位置指物体在空间上没有变化,但在时间上发生变化。在这样的句子中,动词都具有[+动作]的语义特征,有时具有[+移动]特征,如:"路上走着一群人";有时具有[—移动]特征,如:"体育馆里进行着篮球比赛"。当物体既发生空间上,又发生时间上的位移时,体现的则是动态的空间位置了。这主要通过表示方向意义的介词来体现。如:"他从学校走到车站"。

  俄语在对空间范畴的描述中也特别强调一点:移动(перемещение)不同于运动(движение)。移动表达与克服一定空间界限相关的运动,而运动所包含的不仅仅是移动,还指主体缺乏安静状态的动作(качаться, дрожать)。如果主体完成一种运动,但并不超出一定空间的界限或范围,它在一定空间范围内占据同一个位置,那么这应该被看做是静态的空间关系。这在某种意义上来说,就是汉语中的相对静止空间位置。而当这种运动表现为移动时,即克服了一定的空间界限时,则是动态的空间关系了。这种区分在俄语中通过前置词和名词格的形式来表达。如:Пётр гуляет по саду, Пётр входит в сад。(Отв. Ред. Бондарко 1996a:8)

综上所述,静态位置的特点可以归为两点:一是空间不发生位移;二是以事物处所作为参考位置。而动态位置也有三个基本特征:一是物体在空间发生位移,处于动态位置的物体不仅发生时间位移,而且发生空间位移;二是空间中的位移是有方向的,但是这种方向与时间移动不同。时间运动是一维的,而物体在空间中的运动则是多维的,它可以朝多个方向移动,可以说是水平方向,如"来/去",也可以是垂直方向,如"上/下",还可以是复合方向的,如"上来/下去"等;三是参考位置可以是说话人处所、事物处所以及"说话人处所+事物处所"。另外,处于动态空间位置上的物体不仅有运动的方向,而且显示出运动的轨迹。因此,表示位置移动要有两个条件,一是要有位移的起点和终点,二是要有位移的方向。也就是说,动态空间关系包括三个基本要素:运动的起点、终点和路线或者方向(齐沪扬 1998:26—30)。

1.2 独立和从属的空间关系

俄语认为,从目标体的角度出发,不管是动态的还是静态的确定过程都可以分为独立的(независимое)和从属的(зависимое)。在第一种情况下,目标体与话语主体相吻合,它独立地进行空间移动或占据某个空间位置(Он идёт через улицу);而第二种情况指目标体与话语主体不相吻合,空间关系的确定有着从属的性质,它是另一实体对目标体影响的结果,或者说主体占据某个空间位置或进行空间移动是通过他人的帮助或依从他人的意愿(Он перевёл её через улицу)。这种区分在俄语中主要体现在动词的及物性和不及物性上。

汉语并没有明确提出这一组对立的空间关系,这是因为汉语空间关系的独立性和从属性缺乏明显的形式区分。齐沪扬(1998:16)关于这个问题有所涉及，但他主要是放在动态空间中进行阐述的，而在静态的空间中，他并未提及这一问题。他认为单独用动词表示的位移物体只能是动作的主体，如："他来了"；"火车开了"。用动词加趋向动词表示的位移物体可以是动作的主体，如："他走过来了"；"飞机飞上去了"等等，也可以是动作的客体，如："他把水提了上来"；"他扔出去一只球"等。后一种情况其实就对应于俄语的从属动态空间关系。

尽管俄语提出，独立和从属的区分既存在于动态的，也存在于静态的空间关系，但是它对静态空间关系中的从属关系并没有做重点分析，只是提到了静态空间关系中独立和从属关系常采用的动词，如 находиться，садиться（сидеть）和 держать。事实上，汉语静态空间关系中也存在独立和从属的区别。例如："妈妈叫我睡客厅"；"他把我按在了沙发上"。可见，这一问题还有待于进一步的探讨。

由此来看，尽管没有形式标志，但独立和从属这种空间关系在汉语空间语义系统中也是存在的，这恰恰反映了语言空间形式对认知空间的反作用。

1.3 语言空间的基本要素

语言中的空间概念来自于哲学，但哲学上的空间是抽象的，而语言中的空间关系是一种朴素的概念，是一个个具体的事物所处的空间位置。这种空间位置可以说是"两个事物之间的一种关系"。如"沙发上的猫"，是一个物体"猫"跟另一个物体"沙发"之间存在着"在……上"的关系。用公式可以抽象地表示为："X 跟 Y 有某种关系 Z"，其中 X（俄语中用 A 来表示）是目标体（локализуемый объект），是有待定位定向的物体，如上例中的"猫"；Y（俄语中用字母 L 来表示）是参照体（локализатор），是给定位定向作参照的物体，如上例中的"沙发"。目标体相对参照体的空间关系（пространственные отношения）Z（俄语中用 R 来表示）就是目标体的空间位置（赵世开 1999：39；Отв. Ред. Бондарко 1996a：8），即"在……上"的关系。也就是说，语言空间包括了三个基本要素：目标体、参照体、空间关系。

此外，空间关系的确定总是离不开一个至关重要的因素——观察点（观察者）。"观察点是人们对客观世界的一切事物、现象、运动、状态及其过程等的观察角度,是观察的出发点"(彭文钊、赵亮 2006:294)。观察点反映了语言空间中人的主观因素,它的改变必然会导致认知结果的改变(参见前一章中"尼娜坐在教室中间"的例证)。

彭文钊、赵亮(2006:294—295)认为,空间关系的三个基本要素以及观察点在句子中的体现呈现出多样性特征,并做了如下分析,其中观察点是认知主体在空间中的位置,而参照体和目标体以及两者之间的空间关系是认知主体的认知对象,人们对它们的认知成果反映到语言中就体现为各种空间关系的表达。例如:

(1) Слева магазин, а справа библиотека;
(2) Слева от школы магазин;
(3) Уйди от сюда;
(4) Оля заметила, что карандаш лежит на земле.

在例(1)中参照体没有出现,实际上为说话人,观察者也是说话人,二者重合,而目标体分别为商店和图书馆,空间关系是"左"和"右";例(2)中参照体是学校,观察者是说话人,目标体是商店,关系为"左";例(3)中参照体是说话人(隐藏并未出现),目标体是"你",观察者是说话人,关系是起于说话人并朝远离说话人的方向远去的一个路径;例(4)中参照体是地,观察者是奥丽娅,目标体是铅笔,关系是"上"的静态关系。

第二节 局部空间关系

俄语中的局部空间关系对应着空间的形状系统和方所系统,其中形状系统可以用空间维度来表示,空间维度的表达在不同语言中呈现出不同的特点。

2.1 空间的形状系统和方所系统

根据空间位置与观察者视角的关系,空间关系可以分为不随视角变化而变化的空间关系和随视角变化而变化的空间关系。二者都属于局部空间关系的内容。前者涉及的是空间的形状系统,后者涉及的则是空间的方所系统。

第一种是具有拓扑性质的空间关系,如:"抽屉里有一本书";"墙壁上有一只壁虎"。不管抽屉和墙壁怎么变形变位,也不管观察者的视角怎么变化,书总在抽屉里,壁虎总在墙壁上。这类空间有"里外"和"附着"两种关系。第一种具有拓扑性质的空间关系涉及的是语言形式反映的物体的具体几何位置,即空间的形状系统。第二种情况指当观察者的视角发生变化时,语言中表达的空间场景也会有所不同。譬如"并排相邻的大树和房子"这样一个场景,可能出现不同的语言表征:"大树在房子前面"(观察者位于房子之后);"房子在大树前面"(观察者位于大树之后);"房子在大树左边"(观察者面对并排的大树和房子)等等。属于这类空间的有"上下"、"前后"和"左右"三种关系,其中"上下"是垂直空间关系,"前后"和"左右"是相互成十字交叉的水平空间关系。

形状系统是指句子中的某个物体所占有的空间范围的形状显示出来的空间特点(齐沪扬 1998:6)。空间形状系统也可以用维度(点、线、面、体)来表示,当人在确定物体的空间位置时,他所接触到的物体的几何形状都会在语言形式中得到反映。这涉及的主要概念是零维的点、一维的线、二维的平面、三维的体。

"点"是把物体所占有的空间范围看成是一个"点",即不考虑这个范围在长、宽、高三个维度上的特征。如:"城墙上插着一面红旗";"院子里有一棵大树"。

"线"是把物体所占有的空间范围看成是一个"线",即只考虑这个范围在长度上的特征,而不考虑其在宽度和高度上的特征。如:"球场的端线上竖着许多广告牌";"岸边种满了杨柳"。

"面"是把物体所占有的空间范围看成是一个表面,即只考虑这个范围在长度和宽度上的特征,而不考虑其在高度上的特征。如:"大厅的地面上铺着进口的地毯";"黑板上写着一行大字"。

"体"指把物体所占有的空间范围看成是一个体积,即考虑这个范围在长、宽、高三个维度上的特征。如"箱子里摆满了家具";"她在公园里打拳"(齐沪扬 1998:6—7)。

2.2 空间维度的语言表达特点

在客观现实中,物体所占的空间范围是有一定形状的,如同数学中的几何图形一样,有"点、线、面、体"的区分。而语言中的空间概念是人对客观空间的一种主观认识,参照体的维度往往是观察者主观上的判断结果,人们对同一参照体的感知不一样,维度的表达形式也就不一样,因此,不同的语言有着不同的方式。

英语在这一点上有着比较严格的区分,它较为系统地将参照体按维度(dimension)分为三类,并分别用不同的介词来表达空间关系,用 at 和 to 表示维度 0(点),如 at the entrance, to the station,用 on 和 on to 表示维度 1/2(线/面),如 on the clothesline, on to the wall,用 in 和 into 表示维度 2/3(域/体),如 in the circle, into the box(赵世开 1999:46)。

从英语的特点出发,空间范围可以分为"点、线、表面、面积、体积"五种。汉语表达空间范围的方式与英语不同,汉语中担任相当于英语介词功能的是方位词,而且能够表达空间形状的方位词非常有限,主要包括"上、下""里、内、中"等。根据方位词表达上的特点,汉语空间范围可以分为"非三维空间范围"和"三维空间范围"两种。前者包括"点、线、表面"空间范围,后者包括"面积、体积"空间范围(齐沪扬 1998:43)。在汉语中,"面积"和"体"两种空间范围似乎没有原则上的区别,因此,汉语可以把这两种空间范围归在一起,都看做是"体"。"非三维空间范围"的"点、线、表面"形状常用方位词"上、下"表达,而"三维空间范围"的"面积、体积"形状常用"里、中、内"来表达。

俄语认为,当人在确定物体在空间中的位置时,他所要接触到的主要几何形状都会在语言形式中得到自然的反映,主要采用的概念是点、直线、圆周(面)。因此,按照空间关系是否描述一个物体与另一个物体之间的点、线、圆周(面)关系,局部空间关系可以分为三个类型:(1)以点的形式表现的位置。这又有四种对应关系:内/外(внутри/вне);前/后(спереди/сзади);上/下(сверху/снизу);近/远(возле/в отдалении)。(2)以线的形式表现的位置。这也有四种位置关系:穿过(сквозь),通过(через);在表面(по поверхности);沿着(вдоль);经过(мимо)。(3)以圆周(面)及其部分形式表现的位置。这根据目标体 A 和参照体 L 的关系又可以分为两种关系:周围(вокруг)和通过(через)。前者指 A 位于一个以 L 为中心的范围内;后者指 A 位于与 L 构成垂直关系的面上(Отв. Ред. Бондарко 1999a:10)。也就是说,俄语的局部空间关系包括了随视角和不随视角变化的空间形状。

可见,在这一问题上,相对汉语来说,俄语的描述非常细化,俄语的空间语义系统层级更为细致,语义框架更为具体,空间表达形式也更为丰富,数量更多,其意义更为独立和确定,空间方位确定的自足性更强;而汉语空间语义形式在语义上则更为概括,语用的灵活性更强,但在对所标记的事物进行空间定位时对语句中相关成素的语义依赖性更大。对此,徐英平(2005:8)做出如下解释:语码建构层级会直接影响语码的数量,层级越多,语码数量越多,反之亦然。汉语空间语码建构的层级化较低,这就意味着汉语空间语码的数量相对较少,但这同时意味着其概括性较强、语义含量较高。汉语同一语码在俄语中可能对应着不同的语码。由于俄语空间语码所辖的空间意义和语义搭配均被进行了细致的划分和严格的限定,从而导致俄语单位语码语义含量较少。这既与不同民族的认知规律密切相关,也与语言形式的功能分工有着密切关系。

第三节 空间指示

从目标体和说话人的位置关系来说,空间关系有远离和靠近、朝向和背离之分,这就是空间指示。

3.1 空间指示的认知特点

空间指示也可以从认知的角度得到解释。

人处于空间世界的中心,是认知世界的主体。通过对外部空间互动的认知活动,人获得了基本的关于世界的认知,其中包括对空间指示,即远指、近指的认识。外部空间中离人最近的外围空间与人自身有着直接的联系,这层空间是可以被人直接感知到的。这层空间的中心就是作为观察者的人,在心理现象上体现为个人空间(личное пространство)。这层空间"可以直接被认知,并在一定程度上被人们独立掌握和了解"(Яковлева 1994:64),这即是近指。而其他剩余空间与人自身虽然没有直接的联系,但同时也是可以被人认知的。人们可以通过一些间接经验(比如视觉和听觉等)来感知这层空间。这则是远指(彭文钊,彭亮 2006:307—308)。

远近指示系统具有以下语义特点(彭文钊,赵亮 2006:308—310:(1)

对立性。人们通过自己的认知能动性,以自身位置为参考点,把本来是一体的空间人为地分成了这里(здесь)和那里(там),形成了近和远的对立。前者较后者与观察者距离更近,如:Я учусь вот в этой школе; Он живёт вон в том доме;(2)非固定性。近指和远指本是就认知主体主观区分的结果,这种主观性决定了两者之间边界性的非固定性,因为在浩瀚的空间中,很难找到一个分界线,使某一边属于近指,而另一边属于远指。因此,近指与远指的关系远没有其他一些空间关系固定。也就是说,近指和远指空间关系具有非固定性,这是因为不同的人由于不同的年龄、性格、文化差异,认知活动不可能完全一致;即使同一个人,在不同的语境中,不同的认知—语用条件下,对近指和远指的划分也是灵活多变的。例如对于两个男生,一个距离说话人较近,另一个较远,而说话人可以采用不同的方式描述这一情景:Этот мальчик—мой ученик, тот мальчик тоже мой ученик;Эти два мальчика—мои ученики。在第一种描述方式中,两个男生分别属于近指范围和远指范围,而在第二种描述方式中,同样两个男生都变成了近指范围。

  远近指示系统的上述特征其实是人类中心论的具体体现。对客观空间的近指与远指的划分,形成两个相互对立的概念,这些都是人认知世界的结果。而人在认知世界的过程中同时要受到人的认知主观性特点的影响和制约,这就使近指与远指的划分出现了非固定性(彭文钊 2006:309—310)。

3.2 空间指示的类型

  空间指示包括静态位置指示和动态方向指示。前者说明目标体跟说话人当时或某个时刻所处的位置关系是较近还是较远距离的(Я учусь в этой школе;我妹妹在这所学校读书),后者说明目标体在空间的移动方向是朝向还是背离说话人当时所在的位置(Вчера Нина приходила ко мне;今天尼娜要去莫斯科)。

  静态位置指示关系在语言中常用指示代词或位置意义副词来表达。如汉语的"这/那、这里/那里、这儿/那儿"等,俄语的 этот, тот, здесь, там, тут, этак, так, вблизи, вдали 等。动态方向指示关系在汉语中主要通过移动动词来表示。如用"来"表示朝向说话人的方向,用"去"表示背离说话人的方向;而俄语主要通过不同前缀的运动动词,如用带前缀 при-的运动动词(приходить, приезжать, приносить, приводить)表示前一种意义,用前缀 у-表示后一种意义(уходить, уезжать, уносить, уводить)。

本章小结

　　综上所述,俄汉语言空间关系首先可以分为一般空间关系和局部空间关系。一般空间关系包括静态和动态的空间关系及其与之交叉的独立和从属空间关系。而局部空间关系主要涉及空间的形状系统和方所系统。形状系统体现为"里外"和"附着"两种关系,可以用维度(点、线、面、体)来表示;方所系统体现为垂直的和水平的两种空间关系,前者指"上下"关系,后者包括"前后"和"左右"关系。此外,空间关系还有指示系统。无论是一般空间关系还是局部空间关系或是空间指示系统都具有对立性特征,可以分出几个对立面:静态和动态、独立和从属、里外和附着、垂直和水平(上下,前后,左右)、远离和靠近等。每一种空间关系都反映了人的因素所起的作用,既体现了客观空间的基础性,又反映了认知空间的重要性,充分说明了语言空间对客观空间的依赖性和独立性,其中的主要原因在于二者之间隔着认知空间。而不同语言中空间语义关系的差异则体现了不同民族的不同思维方式,也反映了语言对思维、语言形式对语义系统的反作用。从某种意义上来说,这更加体现了人在其中的重要性。

　　以上阐述的都是从空间位置和空间形状特征得出的空间关系。实际上,语言空间关系还可以从其他的角度进行分类。因为语言中的这种空间位置既可以指整个世界(В природе есть много таинственного и непонятного[①]),也可以指世界的某个片段(В парке есть липы),还可以指人的外部或内部世界(В руках у него была кепка;В Инсарове нет ничего прозаического)(Арутюнова, Ширяев 1983:15—16),它们也呈现出明显的对立性特征。

　　[①] 本章部分未注明出处的俄文例句选自《Русское предложение. Бытийный тип(структура и значение)》(Арутюнова, Ширяев 1983)。

第四章 俄汉语空间范畴的形式系统

对于语言空间的形式系统，我们既可以从语义类型（静态和动态、独立和从属、里外和附着、垂直和水平、远离和靠近）出发来描写其形式表达手段，也可以从不同的语言层面（词汇、词法、句法等）来着手，还可以按照空间关系的三个基本要素（目标体、参照体、空间关系）来逐个描写。在进行对比研究时，无论采取以上哪一种描写方式，我们都应该考虑到以下问题（详见第二章）：(1)两种语言各自典型的完整表达模式及其具体的变异情况。(2)这些具体变异形式的言语功能。(3)两种语言各自表达不同语义类型或各种基本要素的典型手段和边缘手段（包括隐性手段）。(4)造成这些变异以及两种语言异同的原因。

第一节 空间关系基本要素的表达

空间关系包括三个基本构成要素：目标体（A）、参照体（L）、空间关系（R）。其中每一个要素都有自己的表达手段，而俄语和汉语在这些要素的表达方式上也有着各自的特征。

1.1 目标体（A）的表达

在表达空间关系的结构中，俄语目标体一般由名词或代词表示，在句子中主要充当主语，如：

（1）Книга стоит в шкафу.

（2）Она сидит у окна.

而在有使役意义的空间结构中，目标体作句子的补语，如（Отв. Ред. Бондарко 1996а:11—12）：

（3）Нина положила книгу на стол.

在这一点上,汉语和俄语是基本相同的,其目标体在句子中也一般作主语或宾语,一般也由名词或者代词表示。如:

(4) 书在书柜上;
(5) 我把书放在了书桌上。

1.2 空间关系(R)的表达

俄语空间关系的表达手段主要包括前置词和前置词词组、动词、动词词缀和副词。其中前置词和动词是俄语空间关系最主要的表达手段。前置词把两个名词(即目标体和参照体)联系起来。如:

(6) книга на столе;
(7) человек у окна;

而动词把主语和补语或者状语结合起来,以此表示两个物体之间的关系。如:

(8) Саша стоит у двери;
(9) Я живу здесь;
(10) Бабушка ведет внучку в школу;

空间关系也可以用副词表达。如(Отв. Ред. Бондарко 1996а:11—18):

(11) Метро здесь;
(12) Дом книги впереди.

俄语中有大量的空间副词,它们是空间关系的重要表达手段之一。如:здесь, там, отсюда, оттуда, сюда, туда, дома, всюду, везде, нигде, никуда, наверх, влево, направо, далеко, впереди, сзади, наверху, внизу, внутри, снаружи, слева, справа, посреди, рядом, недалеко, вперед, назад。

汉语的空间关系主要由方位词、动词和介词表示。其中方位词和动词是最基本的表达手段。方位词的功能和俄语前置词非常相似,也是把两个名词(即目标体和参照体)联系起来(桌子上的书;窗户旁的人),动词的功能和俄语动词一样也把主语和宾语或者状语结合起来(李梅站在门外；王强住在学校里；我把画挂在墙上），表示两个物体之间的关系。俄语中许多由副词表示的空间关系在汉语中都需要使用方位词。如："впереди—在前面，сзади—在后面，наверху—在上面，внизу—在下面，внутри—在里面，снаружи—在外面，слева—在左边，справа—在右边，посреди—在中间，рядом—在旁边"。因为汉语空间副词数量有限，大多是有指代性意义的副词，如："这里，那里，随处，到处，无处，当地"等。

1.3 参照体(L)的表达

参照体在俄语中的主要表达形式是带前置词的名词，如：

(13) Наш институт находится недалеко от станции метро.

有时偶尔会采用不带前置词的名词，如：

(14) Они шли полем (по полю).

当空间关系由副词表达时，参照体便不会出现专门的表达形式。这时，参照体对交际双方来说是已知的，或者在上下文或情景中可以得到提示，如(Отв. Ред. Бондарко 1996а：18—19)：

(15) Мой папа работает здесь；
(16) Наша школа недалеко.

汉语参照体也可以是显性或者隐性的。显性的参照体一般由名词、代词或名词性词组加方位词表示。如：

(17) 桌子上的电脑；
(18) 靠墙的床；

而汉语隐性的参照体首先和俄语一样，同样是指空间关系由副词表示时。如：

(19) 这里的学生；
(20) 当地的报刊；

此外，当汉语空间关系由双音型方位词（上面、下面、左边、右边、前面、后面、旁边、里面、外面、中间）表示时，参照体可以出现，也可以不出现，如：

(21) 妈妈在爸爸的后面——妈妈在后面;
(22) 书包在桌子下面——书包在下面;
(23) 门在床的旁边——门在旁边。

当参照体不出现时,它对交际双方来说是已知的,或者隐含在上下文或情景中。这在俄语中也有两种情况:参照体既可以出现,也可以不出现。这是因为俄语中某些词语既可以作副词使用,又可以作前置使用。不出现时是指空间关系由副词表达时;而出现的情况是指这些词作前置词使用。如:впереди, сзади, наверху, внизу, внутри, снаружи, слева, справа, посреди, рядом, недалеко, впреред, назад。

再者,当参照体是说话人时,常常也不出现。这在俄语和汉语中是相同的,俄语中这时动词常常带有前缀при-, у-,汉语中常常用"来/去"来表示。如:

(24) Приезжайте;
(25) Он уехал вчера;
(26) 他来了;
(27) 他们去了。

最后,汉语中当空间关系由方位词"东、南、西、北"及其由它们加"边/面/头/方"等构成的双音型方位词表示时,参照体也可以不出现,因为"东、南、西、北"无需参照体的帮助即可指示方向,因为这些方位词的参照体是生活在地球上的人类所共同拥有,共同认可的。譬如"东"即指太阳升起的方向。而俄语中这种情况需要用前置词加名词表示,如:на востоке, на юге, на западе, на севере。

第二节 空间关系的典型表达模式及其变异

俄语和汉语的空间关系都有着自己的典型表达模式,即最常使用的完整模式。这种模式在一定的语境中可能发生变异,其中一个或者几个要素不出现。

2.1 空间关系的典型模式

2.1.1 词组中的典型模式

综上所述,俄语空间关系的最主要表达手段是空间前置词,因为它们是联系目标体和参照体的纽带。俄语中常见的空间前置词有:в, на, к, до, у, из, от, с, около, по, через, за, над, под, перед, посреди, сверх, сзади 等。从形式上来说,空间前置词可以是简单式,也可以是复合式,如:вблизи от, вдали от, по направлению к, в сторону от, рядом с 等。空间前置词总是位于参照体之前,如:на заводе,(пойти) в театр, над облаками,(положить) под стол, около почты, по направлению к Москве, рядом с Ниной。

汉语空间关系的表达,其最大的特点是有一定的形式标志,即方位词。① 方位词有单音型"上、下、左、右、前、后、里、外、内、中、间、旁、东、西、南、北"和双音型"之上、之下、以上、以下、以前、以后、以里、以外、以内、以东、以西、以南、以北"。有时,某些方位词,如"上、下、左、右、前、后、里"等,可以自行组合或加上"边、面、头、方"组成双音型方位词,如:"上下、左右、前后、上边、里面、左方"(吕叔湘 1990:195;齐沪扬 1998:3—6;储泽祥 1998:7)。汉语方位词与俄语前置词相反,它们的典型特征是有"黏着性"(文炼 1987:10),它们黏附在表示参照体的词语后面,构成性质不同的空间结构形式,如:"房间里,桌子上,松树旁,长江以南"。另外,汉语空间意义的表达常有介词的参与,如:"在家里,在沙发旁,在户外,从家里(来),(放)到桌子上,(走)到沙发旁"等。

这么说,俄语的空间标志主要是前置词,汉语是介词和方位词。不过,汉语表达空间关系的介词数量很少,不同的空间关系主要靠不同的方

---

① 关于方位词有不同的说法,其中储泽祥的解释范围最广,他称之为方所标,把诸如"寺、塔、街、省、市、洋、岛、部、局、学校、系、厂、公司"等词语也列入其中,并取名为"命名标"。命名标是用来构成专名处所词语的空间标记,这是一个数量较大且比较开放的类(储泽祥 1998:7—11)。我们觉得,"命名标"不应该看做是一种空间标志,因为它们的出现并不一定表示着空间意义,如:"长沙市是湖南省的省会","长沙市"在这里只具备称名功能。另外,像"在长沙市有闻名全国的火宫殿"这样的句子,与其说这里的空间标志是"长沙市",不如说是介词"在"和没有出现的方位词"里"或"中"。再如"我弟弟在市里工作",这里的空间标志明显是"里",而"市"在此只能是看作参照体。而且作为一种形式标志,如果是一个开放且数量庞大的系统是不合适的。

位词来表达,而俄语表达不同的空间关系要用不同的前置词,因而俄语空间前置词数量众多。也就是说,由汉语介词和方位词表达的意思包含在俄语前置词之中。正因为俄语和汉语空间关系标志性表达手段(前置词和方位词)在数量和功能上的差异,所以俄语与汉语相比,其空间语义系统层级更为细致,语义框架更为具体,空间表达形式也更为丰富,数量更多,其意义更为独立和确定,空间方位确定的自足性更强;而汉语空间语义形式在语义上则更为概括,语用的灵活性更强,但在对所标记的事物进行空间定位时对语句中相关成素的语义依赖性更大。这一点在第三章中已有论述。

此外,相对于参照体的位置来说,汉语方位词和俄语前置词正好相反,即在给事物定位的名词词组中,两种语言的目标体和参照体出现的先后次序不同,汉语是参照体在前、目标体在后,俄语是目标体在前、参照体在后,其公式分别为:

汉语:(在)参照体+方位词+的+目标体
俄语:目标体+前置词+参照体

在这一点上,俄语与英语一致,如:

(28) 沙发上的猫——кошка на диване——the cat on the sofa.

也就是说,在这一点上汉语与俄语和英语都构成对立关系。不过,两种语言最大的不同在于俄语前置词后面的词语有相应的格变化。

然而,目标体和参照体性质的确定,以及它们中哪一个作中心语,哪一个作修饰语,这一问题是有其认知因素的。认知语言学认为,语言能力是人类普通认知能力的一部分,语言的结构和意义受到人类认知能力的影响,人类对于世界的经验在很大程度上制约着语言的结构和意义。因此,应该从认知的角度来解释语言的结构和意义。

"人们在感知两个物体的空间关系时,把哪一个物体感知为目标体,哪一个感知为参照体,这是有一定规律的。存在这样一种倾向:固定的物体为参照体,不固定的物体为目标体;较大的物体为参照体,较小的物体为目标体;整体为参照体,部分为目标体"(Langacker1987,1991;刘宁生1995,转引自赵世开 1999:42)。

赵世开(1999:42—44)指出:在这一点上,汉语和英语是相通的。实际上,俄语也是如此。比如可以说"(在)桥旁边的教堂";a church nearby the bridge;церковь около моста,也可以说"(在)教堂旁边的桥";a bridge nearby the church;мост около церкови。在三种语言中,"桥"和"教堂"都既可以充当目标体,又可以充当参照体,而且都可以互为中心语和修饰语,因为"桥"和"教堂"都是比较大的,而且固定的物体。但是,如果把"桥"换成"自行车",那么,其中的一种表达方式就行不通了。如下面几组中的后一例句:

(29) 教堂旁边的自行车;自行车旁边的教堂;

(30) a bike nearby the church; a church nearby the bike;

(31) велосипед около церкови; церковь около велосипеда.

而当描述"壶把附着在茶壶上"这样一种空间关系时,其中一种格式根本不能成立,如下列组合中的后一例句:

(32) "茶壶上的把";把上的茶壶;

(33) the handle of the teapot; the teapot of the handle;

(34) ручка чайника;чайник ручки.

也就是说,自行车和教堂相邻,一般以教堂为参照物,自行车为目标体,不能反过来,因为两个物体相对而言,教堂更大、更固定。而壶把和茶壶是"附着"关系,总是以茶壶为参照体,壶把为目标体,更不能反过来。这都是由上述认知规律所决定的。当然,"自行车旁边的教堂"也不是绝对不能说,当人的注意对象是相对自行车的教堂时,教堂就成了目标体。不过,在通常情况下,人在感知空间关系时都遵循上述倾向性规律。

如此说来,俄语、汉语和英语都具有目标体和参照体的这种"不可互换性"。

事实上,这一规律对俄语来说也是起作用的。譬如前面的例子在俄语中既可以说 церковь около моста,也可以说 мост около церкови,但是 церковь около велосипеда 就显得很牵强了,而 церковь около чайника 是不能成立的。

这么说,用来定位的名词短语,总是以目标体作中心语,以参照体作修饰语,在这一点上俄汉两种语言是一致的。这也是理所当然的,因为在认知上目标体才是人注意的中心,所以表示目标体的词语充当中心语也就很自然了。也就是说,确定参照体和目标体是主观和客观相结合的结果,但最终以主观为主要判断标准。

2.1.2 句子中的典型模式

在话语中,目标体和参照体出现的顺序与词组中有所不同。空间形式主要用于存在句(бытийные предложения)或有空间意义的性质判断句(предложения характеризации с локальными предикатами)中(Арутюнова, Ширяев 1983:12)。

在存在句中,当信息结构呈一般性时,空间形式位于句首,作句子的已知信息,即主题,俄汉语都是如此。如:

(35) В зоопарке есть слон;

(36) У окна стоит молодая девушка;

(37) 湖心中有个亭子;

(38) 墙上挂着一幅画。

在这一点上,英语有所不同,英语倾向于由目标体到参照体的顺序(赵世开 1999:43):

(39) There is a cat on the sofa.

不过,作为话语的起始句,俄语习惯用另一种词序的存在句,表示存在意义的动词位于句首,如(Арутюнова, Ширяев 1983:55):

(40) Есть у меня один приятель;

(41) Был у нас на корабле один матрос.

这时,听话人能够明显感觉到,话语刚刚开始,说话人后面还有话。汉语中表达同样意义的句子不发生词序上的变化。如:

(42) 我有个朋友;

(43) 我们船上有个水手。

而在性质判断句中,空间形式一般作句子的未知信息,即述题,位于句末,如:

(44) Этот слон находится в зоопарке;

(45) Нина стоит у окна;

(46) 这个亭子位于湖心中;

(47) 一幅画挂在墙上。

因此,我们只能说,俄汉语在表达空间关系时,目标体和参照体在句中出现的顺序及其信息功能大致相同。这是因为在感知两个物体的空间关系时,人们对哪一个是参照体,哪一个是目标体的确认是一致的,但是感知这个空间关系而形成的一个空间概念的"过程"可以不一致。汉语在表达空间关系时有很强的由参照体到目标体的倾向(赵世开 1999:43)。而俄语的这一倾向性表现不如汉语强烈和稳定。

也就是说,给事物定位的名词短语,汉语一定是参照体在前、目标体在后,俄语相反。而给事物定位的句子,汉语由参照体到目标体是通常的、无标记的句式,而俄语目标体和参照体的出现次序则可能有两种截然不同的情况。

2.2 空间关系典型模式的变异

空间关系的典型结构可能受三种因素的影响而发生变体:(1)组合的不对称性,指结构的某一个语义成分没有表现出来。动词并不是结构的必要成分,所以这里主要指空间关系 R 或者参照体 L;(2)结构中的一个词中集中了几个成分,R 和 V,R 和 L,A 和 V 和其他成分;(3)由于结构中加入了属于话语预设情景的成分而使得整个结构复杂化。

在空间三要素中,目标体的表达是最为稳定和最为简单的,它主要由名词和代词表示,在句子中作主语或补语,基本上没有其他的变异形式,这在俄语和汉语中都是如此。如:

(48) Книга стоит в шкафу;
(49) Нина положила книгу на стол;
(50) 书在书柜上;
(51) 我把书放在了书桌上。

而其他两个要素的表达则可能出现一些变异情况,其中空间关系的表达尤其突出。

2.2.1 空间关系表达的变异

"(在)参照体+方位词+的+目标体"是汉语表达空间意义的完整形式,而在实际言语中,这种形式是可以发生变化的。

首先,介词可以不出现,这是现代汉语空间形式非常突出的一个特

点,如:

(52)"第七号上,饭已摆开。"(茅盾)
(53)"四排以后,我进去一看,全空着呢。"(老舍)

其次,方位词可以不出现,如:

(54)"在全公司,我最佩服的是您。"(王蒙)

再者,参照体也可以不出现,如:

(55)"再往里,就见一座卵石垒成的大墙院。"(闻波)
(56)"他只说他给人家熬活,死口不说在东在西。"(陈忠实)

最后,介词和方位词可能都不出现,如:

(57)"取来铺盖,七号已站满了小脚大娘,等梅选用。"(老舍)
(58)"那一年我才十二三岁,细瘦的脖子插着一颗大脑袋。"(梁晓声)

相对而言,俄语空间关系的表达方式要单一得多,汉语里那些不完整的表达形式在俄语里大多是"前置词+参照体"。但二者也有相同之处。

首先,二者都有不出现任何空间标志却表达空间意义的句子,这指的是表达整个世界空间意义的存在句,如:

(59) Всё бывает, ну и всякие перемены бывают. (А. Чехов)
(60)(世上)真是无奇不有。

此外,空间意义的主要表达手段可以单独使用,俄语中指空间前置词,汉语则指方位词。汉语方位词单独使用时,常常是成对出现,表示对立意义,或者用在成语或熟语中,如:"东,是几株杂树和瓦屋;西,是荒凉破败的丛葬";"前怕狼,后怕虎";"东瞧西看";"左顾右盼";"里应外合"(文炼 1987:9—10)。

汉语方位词的单独使用既可以是单音型的,也可以是双音型的,而且不同方位词之间的组合方式也是各种各样,如:"忙上忙下";"跑前跑后";"上上下下";"前前后后";"前后左右";"上下左右";"东南西北";"东西南北"等等。

俄语空间前置词的单独使用远不如汉语方位词那样灵活,它受到语

境的严格限制,主要用在对话中,如:

(61) ——Положи книгу на стол.
　　——Я лучше в.
(62) ——Ну вот туда теперь. ——Под или по?
　　——По, конечно, по. (Е. Ширяев)

由上可见,汉语空间关系的基本表达方式用法非常灵活,俄语则较为单一,这跟俄语的形式变化等综合语特性不无关系。此外,俄语前置词数量众多,其语义层次细致、具体而丰富;而汉语表达空间关系的介词和方位词数量有限,其语义层次更为概括和抽象。因此,二者在空间方位确定的自足性有所不同,在功能上也产生了一定的差异。

不过,俄语可以相应地用其他手段来弥补这一不足,这主要体现在参照体表达的变异中。

2.2.2 参照体表达的变异

首先,俄语可以用某些语法形式来表达空间(参照体)意义,如名词的第五格形式,不过它们需要依附于运动动词[①]: идти улицей; ехать лесом; бежать полем; Мы шли кустами; шли стернёй(胡孟浩主译 1990 下卷:51)。

这在汉语中大多时候需要通过词汇手段(即方位词)来表示,如:"在街道上走;在森林里走;在田野里跑"。

另外,俄语参照体可以不出现,这主要指空间关系由空间意义的副词表达时。如:здесь, там, отсюда, оттуда, сюда, туда, дома, всюду, везде, нигде, никуда, наверх, влево, направо, далеко, высоко 等,或与前置词同形的副词:около, поблизости, рядом, внизу, вокруг 等,如:

(63) Я живу здесь.
(64) Я буду отдыхать дома в воскресенье.
(65) Мама сидит совсем рядом.
(66) Нина приехала оттуда.

[①] 它们与静态位置意义的动词连用则表示行为方式意义:стоять рядами(Отв. Ред. Бондарко 1996а:12)。

第四章 俄汉语空间范畴的形式系统

而汉语中的空间副词数量非常有限,主要包括一些有指代意义的空间副词,如"这里,那里,随处,到处,无处,当地"等,俄语中的上述空间意义在汉语中大都需要通过方位词和介词表示。如:

(67) 周日我将在家里休息;
(68) 妈妈就坐在旁边;
(69) 尼娜从那里来。

再者,地点从句也可以表达参照体,这时参照体不是由词汇,而是由完整的述谓结构表达。俄语中不管是空间关系的基本表达方式,还是副词辅助手段,都可以被从句修饰,如:

(70) Я пойду в школу, где учится мой сын.
(71) Он уже находится там, откуда мы приехали.

而在口语中,空间前置词或副词可以不出现,这时句子的空间关系用空间关联词(где, куда, откуда)引导的从句表达,如:

(72) Сиди, где тебя посадили.
(73) Поезжай, куда тебя посылают.

这些句子的意义在汉语里有可能以简单句的形式表达:

(73) 我去我儿子读书的学校。
(74) 他已经在我们离开的那个地方了。

有关参照体不出现的情况,我们在上一节中已有论述,请见1.3 参照体(L)的表达。

俄语中参照体的表达还有以下几种变异情况(Отв. Ред. Бондарко 1996a:19):

(1) 可以使用换喻方式。譬如地点由与该地点相关的人来表达。如:

(75) Он идет в поликлинику — Он идет к врачу.
(76) Она идет в парикмахерскую — Она идет к парикмахеру.

此时,处所关系接近于目的意义,可以用表达目的意义的动词不定式来替换。如:

(77) Она идет постричься.

汉语也可以采用这种方式,但往往在表示与地点相关的人的名词后面会出现指代性副词来确定空间意义。如:

(78) 他去医生那里;

(79) 他去理发师那里。

但大多情况下还是采用地点本身或者连动形式。如:

(80) 他去医院——他去看病;

(81) 他去理发店——他去理发。

(2) 参照体重复出现。这可以是作状语的两个前置词词组重复,其中一个状语表达另一状语的组成部分,起确切的功能。如:

(82) Он вернулся к себе на квартиру. (И. Тургенев)

(83) Возьму эту оригинальную девушку к себе в дом. (И. Тургенев)

(84) Он учится в Москве, в МГУ.

也可以是两个静词(名词和代词)的重复,它们之间经常存在一种限定关系,其中表达整体意义或更大概念的那个词可以用定语来替换,这时句子意义上基本不会有损失,但修辞上会有变化。如:

(85) Он учится в Московском университете.

(86) Он взял эту девушку в свой дом.

(87) Он ушел к себе в комнату——Он ушел в свою комнату.

以上情况在汉语中基本采用限定关系,如:

(88) 他回到了自己的房间里;

(89) 他把这姑娘带回了自己的房子。

第三节 空间语义类型的表达

从语义类型的角度出发,空间关系的表达也分为典型的和变异的表达方式,俄汉语在这方面也体现出各自的特点。

3.1 静态和动态空间关系的表达

在汉语静态和动态位置的表达上,介词和谓语动词起着区别性的作用,方位词在这里不起关键作用(齐沪扬 1998:14),例如:

(90) 山脚下有一条新修的公路;

(91) 墙上挂着一幅画;

(92) 他从北京来;

(93) 他从学校走到车站。

决定第一个和第二个例子表示静态空间意义的是句子中的动词("有")或动词加"着"形式;决定第二个和第三个例子表示动态空间意义的是句子中的动词或趋向动词("来"、"走")以及介词("从"),都并非方位词。

俄语中,静态和动态意义的区分靠选择不同的前置词、格形式和动词及其前缀。例如:

(94) Я живу на Ленинском проспекте;

(95) Я поеду на Ленинский проспект;

(96) Я приехал с Ленинского проспекта.

第(94)例中的动词以及名词的第六格形式都表明句子表达的是静态的空间意义;第(95)例中的动词及其前缀以及名词的第四格形式说明句子表示的是动态空间意义;而第(96)例中的前置词、动词及其前缀以及名词的第二格形式则证明句子表示的是与第(95)例有着相反方向的动态空间意义。

3.1.1 静态空间关系的表达

齐沪扬(1998:14)指出,汉语静态位置的表达有三个必备因素:一是表示关系、存在的动词,如"是、有、在"等,如:"山脚下有一条新修的公路";二是"V+着"形式,如:"床上躺着一个人";三是具有静态性质的"在",如:"老师在黑板上写字"。而这三个必备因素是有等级的,其中第一个必要程度最大,第三个最小。也就是说,只要具备了第一个必备因素,就可以断定句子表示静态位置;如果不具备第一个必备因素,那么,句子中就会出现第二个必备因素;如果第一和第二个必备因素都不具备的话,那么句子中必然会出现第三个因素来体现静态位置意义。

因此,汉语中常见的静态空间意义是"有"字句和"是"字句:

(97) 在桌子上有一本书;

(98) 台灯旁边是一本书。

其次,动词加"着"字组合也是静态空间位置的主要表现形式。如:

(99) 窗户旁站着一个年轻姑娘。

再者,介词"在"的出现也有可能表达的是静态空间位置。如:

(100) 老师在黑板上写字。

俄语静态位置的表示主要采用一些处所意义的前置词:в、на、около、у、за、над、под、посреди、сверх、сзади、вблизи от、вдали от、рядом с 等。这时,前置词后面的名词格形式起着非常重要的作用,因为其中有些前置词可以接不同的名词格形式。如 в 和 на 既可以接第六格又可以接第四格,而只有当它们接第六格时才表示静态位置,如:

(101) учиться в школе—идти в школу;

(102) работать на заводе—идти на завод.

而 за 和 под 既可以接第五格又可以接第四格,只有当它们接第五格时才表示静态位置,如:

(103) Сидеть за столом—садиться за стол;

(104) жить под Москвой—ехать под Москву.

此外,俄语中动词也是静态空间关系的一种重要表达手段。

按照表达空间关系性质的不同,俄语动词可以分为三个类型:(1)要求或者允许状语的、表达位置的动词(指空间定位动词);(2)要求或者允许状语的、表达移动意义的动词(指运动动词);(3)用词根表达空间关系的动词(纯空间动词)。前两类动词主要用来表示一般空间关系(动态和静态空间等),后一类动词可以参与局部空间关系的表达,即空间范围的形状系统(Отв. Ред. Бондарко 1996а:13—14)。也就是说,在表示静态空间关系的句子中,谓语主要由第一类动词,即空间定位动词(глаголы положения в пространстве)来表示。

这类动词不具备运动意义,它们可以分为三种类型:一类是一些表示存在意义的动词,即存在动词(экзистенциальные глаголы),如:быть, находиться, располагаться, пребывать, проживать, иметься, встречаться, помещаться 及其使役对应体(помещать);二类是明确表示事物存在姿势的动词,即姿势动词(позиционные глаголы),如:лежать, стоять, сидеть, висеть 及其使役对应体(ставить, класть, вешать, сажать);三类是表达某一主体特有的存在方式的动词(о животных—водиться, о растениях—расти, об огне—гореть, о рисе—произрастать, о дыре—зиять),如(Отв. Ред. Бондарко 1996а:13):

(105) В этом лесу есть(водятся) медведи;

(106) Вокруг дома были(стояли, росли) высокие сосны;

(107) Рис произрастает только на влажных почвах;

(108) Мой брат учится в школе.

应该说其中的第一类相当于汉语中的"有"字和"是"字,是表示静态空间位置的最典型的动词。但它们在汉语中数量非常有限,主要指"有"和"是"字。

在其中的第二种情况下,姿势动词的功能与配置述谓(диспозиционный предикат)相关。配置述谓指出在一定条件下物体的典型行为。配置述谓对说话人来说是已知的,它们所表达的信息进入话语的预设。如果空间定位动词具有配置述谓意义,即表达主体典型姿势,那么动词在语义上与主体是一致关系,这时它可以被一般意义的存在动词来替代,而且话语的意义不受影响。例如,шкаф(柜子)一般采取垂直姿势,книга на столе(桌子上的书)一般采取水平姿势,而книги в шкафу(书柜里的书)一般是垂直姿势;картины на стенах(墙上的画)一般是悬挂着的,человек за столом(桌子后的人)一般是坐着的,而человек в постели(床上的人)一般是躺着的。因此,这样的情景在俄语中可以采用两种表达方式:一是姿势动词,二是存在动词。试比较:

(109) Здесь стоял(был) шкаф;

(110) На столе лежали(были) какие-то бумаги;

(111) Он лежал(был) в постели, когда раздался звонок.

使役动词也是如此,不过,这时姿势动词的姿势意义没有凸显出来:

(112) Он разложил (разместил) все папки по ящикам;

(113) Он расставил (разместил) все книги по полкам;

(114) разместить (расставить) орудия.

而如果主体可以采取各种姿势,即它的姿势不进入话语的预设,那么姿势动词保留其姿势意义,当它省略或者被存在动词替代时,话语的意义会受到影响。如(Отв. Ред. Бондарко 1996a:13—14):

(115) У окна находился какой-то человек—У окна стоял (или сидел) какой-то человек.

汉语中其实也存在这样的姿势动词,它们就是汉语中"V+着"组合中的动词,也就是说,它们总是和"着"连用。如:"坐、站、躺、竖、立、挂、蹲、趴、跪、停、落"等。如:

(116) 窗口坐着一个年轻姑娘;

(117) 墙上挂着一幅画;

(118) 树上停着一只喜鹊;

(119) 床上躺着一个老太太。

在第三种情况下,如果表达某一主体特有的存在方式的动词表达配置述谓,也可以由一般的存在动词替代,话语的意义保持不变。如:

(120) В этом лесу есть (водятся) медведи;

(121) Вокруг дома были (стояли, росли) высокие сосны;

(122) Там горел (был) костер.

这类动词在汉语中也存在,它们也有词汇搭配上的限制,如:"动物——养";"植物——长";"火光——闪"等等。但它们和第二类一样,也需要和"着"字连用。如:

(123) 笼子里养着几只鹦鹉;

(124) 湖边长着一排柳树;

(125) 窗外闪着若隐若现的火光。

除了以上三类空间定位动词,俄语静态空间关系句子中的谓语还可以由一些形象地指出事物空间位置的动词来表示,如:возвышаться, торчать, покоиться, тянуться, выступать, простираться。它们具有较强的表现力色彩,并带有浓厚的书面语特征。这里还包括一些表示物体位置的运动动词:

(126) Вдоль сада шел (тянулся) забор;

(127) По дну оврага пробегал ручеек.

汉语中也有类似的表达方式,这类动词也有着较重的书面语色彩。如:"耸立,矗立,绵延,蜿蜒"等。

空间动词所包含的信息潜能往往不是很大,尤其是当它们表示配置述谓时,它们可以省略,此时话语的意义不发生变化。在俄语中这常常是表示现在时意义的句子。如(Отв. Ред. Бондарко 1996а:14):

(128) Рядом с домом (стоит) гараж.

汉语中也有类似的句子,被称为"表示静态位置的零动词句"(齐沪扬 1998:49—58)。但这类句子中的陈述部分不能是一个"光杆名词",前面必须有数量词加以修饰。如:

(129) 山下一片好风光;

(130) 窗外一阵阵时隐时现的歌声。

句子中的"一片"和"一阵阵"不能缺少。此外,陈述部分的名词大多具有[-有生]的语义特征。如果零动词句中出现表示有生物体,那么句子将是不完整的。如:

(131) 山脚下一条新修的公路;

(132) 山脚下一对才参军的士兵。

前一个句子表达的是一个完整的意思,而后一个句子则需要填补上相应的动词后才能完整,如填补上"行进着"一类词语。

以上所说的几种手段有时具有修辞上的区分,不同语言在选择时具有不同的倾向性。俄语倾向于使用姿势动词、专门的存在动词,而且常常出现动词的省略情况(Отв. Ред. Бондарко 1996а:14)。汉语则更倾向于使用"有"字句和"是"字句,因为说汉语的人更看重事物是否存在,由于汉语采用参照物在前,目标物在后的认知次序,所以导致了汉语在描写空间语义时,习惯忽视目标物的存在状态,即并不太看重它们存在的方式。也正因为如此,汉语表示静态位置的第一必备因素是表示关系、存在的动词,如"是、有、在"等。同时,这也和汉语这方面的词汇不如俄语丰富有关。俄语形式众多,语义层次细致丰富,自足性较强,所以每一个形式的功能比较固定而受限制;而汉语形式较少,但要表达同样丰富的意义,所以功能灵活多样。

3.1.2 动态空间关系的表达

处于动态空间位置上的物体不仅有运动的方向,而且显示出运动的轨迹。也就是说,表示位置移动要有两个条件,一是要有位移的起点和终点,二是要有位移的方向。因此,动态空间关系包括三个基本要素:运动的起点、终点和路线或者方向。

汉语动态空间关系中起点和终点的表示主要通过方向介词(齐沪扬1998:15—16)。一般用"从、自"等表示起点,用"向、往、朝"等表示终点。如:"从(自)北京(来)";"(走)向上海"。用"沿着,顺着"表示移动的路线,如:

(133) 我们沿着小路往前走;

而移动方向的表达可以单独用动词表示,也可以用动词加趋向动词"来/去、上/下、进/出"等来表示,其中动词必须具有[＋移动]、[＋动作]的语义特点。如:"上楼,下楼,去北京,来上海,回家,进门,出门,到北京",如:

(134) 飞机从高空俯冲下去;
(135) 他从书包里拿出一本书;
(136) 火车往上海开去;
(137) 他走进教室。

但是,只有起点和终点概念的位移是不完备的,起码从句法角度上来说,它们都是不成句的;只有位移轨迹的句子却都是完备的,因为位移轨迹显示出位移的方向,有了位移方向就能考察一个物体在空间所占据的位置与参照位置之间的关系了。也就是说,决定位移方向的是动词或趋向动词,而并非方向介词。

俄语表示动态意义时,起点、终点和路线主要靠一些方向意义的前置

词(под ред. Величко 2004:475),譬如用 из,от,с,из-под 表示起点:

(138) Сын пришел из школы;

(139) С крыши капает вода;

(140) От моста до дома мы шли пешком;

(141) Из-под двери пробивался луч света;

用 в,на,к,до,за,над,под,у/около 表示终点:

(142) Сегодня мы идем в театр;

(143) Листья медленно падают на землю;

(144) Дети подошли к елке;

(145) Японские туристы собрались у Кремля;

(146) До города осталось ехать полчаса;

(147) За дом вела узенькая тропинка;

(148) Пустые коробки были задвинуты под шкаф;

(149) Картину повесили над дверью;

用 по,через,сквозь,над 表示移动的路线:

(150) Машина едет по дороге;

(151) Чтобы войти в комнату нужно пройти через длинный узкий коридор;

(152) Сквозь волнистые туманы пробирается луч;

(153) Дорога пролегала над обрывом.

另外,俄语中移动的路线还可以用不带前置词的第五格名词表示,而移动本身则用运动动词表示:

(154) Дорога шла полем;

(155) Мы шли кустами, шли стернёй.

与汉语不同的是,俄语中方向的显示就可以表示运动的意义了。例如:

(156) Я из школы;

(157) Он от бабушки;

(158) Она на почту;

俄语运动动词指出物体运动的方式,与表示静态空间关系的姿势动词一样(见前文),它们在表示物体典型的运动方式和速度时,可以被一般的空间方向动词替代,并且话语的基本意义不改变,只是获得了不同的修辞色彩,如:

(159) Птицы летят на юг—Птицы направляются на юг.

与空间定位动词一样,这样的运动动词也可以出现省略情况,因为前置词及其后面名词的格形式可以体现运动意义,如:

(160) Ты куда (идешь)? —Я (иду) в институт.

在并列话语中也可能出现这种情况,如:

(161) Татьяна в лес, медведь за нею.

汉语也有一些动词可以体现物体运动的方式,如:"走、飞、跑、开、滚、流、漂、游、爬"。但是,汉语中动词都不能省略,因为汉语运动意义主要是由动词来表示的,如:

(162) 你去哪儿?;
(163) 我去学校;
(164) 塔吉亚扬娜走进了森林,熊紧随其后。

此外,俄语还有一些专门的空间动词(пространственные глаголы)也参与表示动态的空间关系,它们并不指出移动的方式和方向,其语义具有抽象性。这些动词可以分为非及物和及物两种类型。非及物的如:двигаться, мчаться, прыгать, скакать, скользить, наступать, циркулировать, мигрировать, шагать, бросаться, направляться, возвращаться, подниматься, спускаться, удаляться, приближаться, прибывать, сыпаться, литься, капать, хлынуть, дуть, хлестать 等;及物的如:покидать, оставлять(из, от), занимать (в), пересекать (через), разделять (между), окружать (вокруг)等(под ред. Величко 2004:472; Отв. Ред. Бондарко 1996а:15)。

汉语中也有一些类似的动词,如:"行走、运动、奔驰、接近、远离、离开、走近、回来、来到、抵达"等等。

物体运动的方向可以分为三种情况:一种情况是水平的,这又分为近向的和远向的。汉语中近向的用动词"来、进、拉、收、吸、拨"等表示；远向的用动词"去、推、扔、吹、出、吐、放"等表示。另一种情况是垂直的，这又分为上向的和下向的。上向的用动词"上、举、抬、提、升"等表示；下向的用"下、压、掉、丢、扔、跌、降、摔"等表示。第三种情况是复合方向的，这又分为上＋近向、上＋远向、下＋近向、下＋远向。分别用"上来"、"上去"、"下来"、"下去"表示（齐沪扬 1998：32）。

第一种情况在汉语中是用"来／去"两个词来表示的；第二种情况用"上／下，进／出，过，起，回"等词表示；而第三种情况主要是用复合方向的趋向动词来表示，如："上来／下来／出来／回来／过来；上去／下去／出去／回去／过去"等。

俄语中不带前缀的运动动词只是指出运动的方式，并不表示方向。不同的方向主要由不同意义的动词前缀和副词表示，有时还需要一些具有方向意义的动词和前置词及其后面的名词一起参与表达。水平方向的近向运动意义用前缀 при-表示，例如：прийти, приехать, принести, привести, привезти，而远向的运动意义用前缀 у-表示，例如：уйти, уехать, унести, увести, увезти。垂直的上向运动意义用副词 вверх 表示，而下向的意义用副词 вниз 表示，与其搭配的往往是一些具有方向意义的动词，例如：подниматься вверх, спускаться вниз. 而不同意义的复合方向则需要不同意义的动词前缀、副词和前置词及其后面的名词一起参与表达，例如：上＋近向：прийти вверх；上＋远向：уйти вверх，下＋近向：прийти вниз，下＋远向：уйти вниз。

如果说第二和第三种情况在汉语和俄语中的对应形式是基本吻合的，那么，汉语中的"来／去"与俄语动词前缀"при-；у-"的使用情况是不完全相同的。

综上所述，在对空间移位的认识中，俄汉语虽然都是主要依靠动词来表现物体的位移，但是两种语言中的动词所包含的意义有较大的不同。汉语趋向动词强调的是运动方向，如果要强调运动方式，则须加"走、跑、爬、游"等表示运动方式的动词。俄语运动动词强调的是运动方式，如果要强调运动方向，则须加表示运动方向的前缀或者副词。

3.1.3 静态和动态空间关系的变异情况

综上所述，俄语和汉语的静态和动态空间关系都有着自己分工明确的表达方式,二者都主要是介词(前置词)和谓语动词起关键作用。但是,两种语言也有各自的典型和变异情况。

俄语有些前置词既能表示静态意义又能表示动态概念,这主要指 в, на, под, за 四个前置词。如:учиться в школе, идти в школу, работать на почте, идти на почту, лежать под столом, класть под стол, прятаться за облаками, исчезать за облаки 等。这时,除了动词的意义外,静态和动态的区别还表现在前置词后面名词的格形式上。这些前置词后面采用名词第四格表示动态的空间意义,它们后面的名词第六格或者第五格形式表示静态的空间意义。

此外,俄语中可能出现静态的空间形式和运动动词共用的情况,这主要指某些存在句。这时,目标体进行的是它本能的行为,而参照体则指目标体一贯出现的位置,如:

(165) В небе летают птицы.

有时候,目标体从事的是没有确定方向的行为,这时,句子中采用的都是不带前缀的不定向运动动词。如:

(166) Между рядами ходили покупатели.

汉语的"在"也可以表示静态和动态两种意义,不同的是它表示静态位置时不能用在动词后,表示终点意义时一般不能用在动词前,如下列组合中的后一例句(赵世开 1999:57):

(167) 她喜欢在湖里游泳——她喜欢游泳在湖里;
(168) 她一下子扑在妈妈怀里——她一下子在妈妈怀里扑

也就是说,区分静态和动态位置,除了介词和谓语动词外,汉语还可以运用语序手段,而俄语则更多地利用语言形式的变化。这一点又充分体现了俄语作为综合语的形式变化特征。

可以说,在表达空间关系的静态和动态意义上,俄语与汉语有很多相似之处,主要是前置词或介词和谓语动词起关键作用。不过,与汉语不同,俄语前置词的选择有时候会取决于后面名词(参照体)的意义,有时候则取决于一些习惯用法。譬如表示"在……地方"、"到……地方去"、"从……地方来"的意义时,如果参照体是动物名词,一般用 у, к, от, 如:жить у сестры, ехать к родителям, приехать от брата;如果是地理性名词,常用 в, на, из, с 等,如:учиться в школе, идти на почту, приехать из института（с завода）。再如前置词 около 和 у 都可以表示"在……旁边"的意义,可当它们后面接表示人的名词时,只能选择 около,如:около Нины,而 у Нины 则表示"在……家"。此外,около 能和小件物品的名词连用,而 у 通常不能,如:

（169）Около книги лежали блокноты;

（170）Часы стоят около настольной лампы.

这两个句子中的 около 都不能用 у 来代替。而 в 和 на 都有自己固定的参照体搭配关系,这同时影响到 из 和 с 的选择,如:в Москву——из Москвы;на Украину——с Украины。而在强调飞机、火车、轮船等运动的方向、而不是终点时,一般选择前置词 на(吴贻翼 1991:146),如:

（171）Самолёт взял курс на Новосибирск;

（172）Поезд на Ленинград отправляется в 23:00.

再如表示运动的途径意义时,через 和 сквозь 都可以表示"通过"的意义,除了意义上的区分外(指 сквозь 表示"克服某种障碍穿过或透过"的意义),这两个词的选择还受到后面所接名词意义的影响。如果后面的名词表示的是气态物质或者某些自然现象(如 дым, газ, туман, туча, град, снег, метель 等),那么只能选择 сквозь,如:

（173）Самолет пролетел сквозь тучу;

（174）Синцов увидел что-то сквозь расплывшийся дым.（К. Симонов）

而与 ворота, калитка, дверь, форточка, окно 等连用时,只能用 через,如(吴贻翼 1991:142—146):

（175）Через окно видны крыши домиков в зелени;

（176）Автомобиль въехал во двор через ворота.

汉语有时也会有这样的情况出现,这主要体现在参照体是动物名词还是非动物名词的时候。譬如表示"在……地方"、"到……地方去"、"从……地方来"的意义时,如果参照体是动物名词,一般要在名词之后再加上副词"这里/那里"或其他表示地点的名词。如:

（177）来妈妈这里;

(178) 去奶奶家里；

(179) 从爸爸办公室来。

总的来说,汉语在这方面所受的限制并不多,因为俄汉语空间关系标志性表达手段在数量上的差异造成了它们在功能上的不同。相对俄语来说,汉语空间表达形式在语义上更为概括,语用的灵活性更强。

3.2 独立和从属空间关系的表达

俄语空间关系的独立性和从属性有着明显的形式区分,这种区分主要体现在动词的及物性和不及物性上。独立的空间关系中,主体在句子中充当主语,其独立性由非及物动词表达,句子中常用的谓语动词有 находиться, садиться, идти, ехать 等。类似前面两个动词表示静态的独立空间关系,而类似后面的两个动词表示动态的独立空间关系。如:

(180) Метро находится недалеко;

(181) Он идёт через улицу.

俄语中常见的这类非及物动词主要指 ходить-идти, ездить-ехать, летать-лететь, плавать-плыть, ползать-ползти, мчаться, торопиться, спешать 等。此外,独立性也可以由及物动词表达,其直接补语指的是参照体,如:

(182) Он переходит улицу.

这类及物动词包括 носить-нести, водить-вести, возить-везти 及其加各种前缀的动词。而从属性一般由及物动词表示,其直接补语指的是目标体(Он перевёл её через улицу),句子中常用的谓语动词如表示静态位置的 держать 和表示动态位置的 вести кого-либо, усаживать кого-либо 等,如(Отв. Ред. Бондарко 1996а:8—9):

(183) Он перевёл её через улицу;

(184) Ребенка внесли в комнату и уложили на кровать.

可见,动词的及物性和不及物性对俄语独立和从属空间关系的区分起着关键性的作用,此外,及物动词之后的直接补语是参照体还是目标体也是非常重要的条件。

汉语空间关系的独立性和从属性缺乏明显的形式区分,因为汉语词没有形态变化,其动词很难说有及物和不及物的分别,另外,它们既可以用作及物,也可以用作不及物意义,不像俄语及物动词不能没有直接宾语。因此,汉语并没有明确提出这一组对立的空间关系。

齐沪扬(1998:16)关于这个问题有所涉及,但他主要是放在动态空间中进行阐述的,而在静态的空间中,他并未提及这一问题。他认为单独用动词表示的位移物体只能是动作的主体,如:

(185) 他来了;
(186) 火车开了。

用动词加趋向动词表示的位移物体可以是动作的主体,如:

(187) 他走过来了;
(188) 飞机飞上去了;

也可以是动作的客体,如:

(189) 他把水提了上来;
(190) 他扔出去一只球;

后一种情况其实就对应于俄语的从属动态空间关系。

也就是说,与俄语相同的是,汉语独立空间关系中的目标体是句子的主语,是动作的主体,而当目标体作句子的宾语,是动作的客体时,句子表达的是从属的空间关系。但是,在形式上,与俄语动词的及物性和不及物性不同的是,汉语中区分从属和独立空间关系的重要条件之一是句子中的谓语是否是复合谓语,即动作动词加趋向动词。

可以看出,复合谓语中的动作动词是否具有及物性也是区分汉语独立和从属空间关系的条件之一。汉语动词在形式上虽然很难分出及物和不及物的特征,但是在功能和意义上还是有这种区别存在的。如果我们不承认汉语独立的空间关系具有特别的形式标志,那么应该看到,从属的空间关系是要通过特殊方式来表达的,这常常指"把"字句和被动句以及一些兼语式,如:

(191) 奶奶把孙子送到了学校;
(192) 王老师被校长请到了办公室;

(193) 他让她坐在了沙发上。

再者,主体的动物性和非动物性对独立和从属、动态和静态空间关系的区分也起着一定的作用。如果说可以移动的动物或非动物主体既可以表示动态的空间运动意义,也可以表示静态的位置空间意义,既可以表示独立空间意义,也可以表示从属空间意义,那么不能移动的非动物主体则往往表示位置意义,而且往往是从属的空间意义。

因此可以说,在汉语中,独立的空间关系没有特别的形式标志,而从属的空间关系则要通过特殊方式来表达,这常常指"把"字句和被动句以及一些兼语式。此外,俄语中所强调的及物动词之后的直接补语是参照体还是目标体——这一条件对汉语也起着至关重要的作用。

3.3 空间形状系统的表达

空间的形状系统是指语言形式反映的物体的具体几何位置,即某个物体所占据的空间范围的形状显示出来的空间特点(齐沪扬 1998:6)。空间形状系统也可以用维度(点、线、面、体)来表示,当人在确定物体的空间位置时,他所接触到的物体的几何形状都会在语言形式中得到反映。这涉及的主要概念是零维的点、一维的线、二维的平面、三维的体(详见第三章)。

外部世界所包含的各组成部分以及各部分之间的关系是客观存在的,人类一直试图用语言来体现这种客观的外部存在。他们往往选择从自身视角出发,对外部客观世界进行感知和描写,这就使得人类的语言带有了一定主观性,从而使得主观语言表达与客观真实存在之间会发生矛盾。

在客观现实中,物体所占的空间范围是有一定形状的,如同数学中的几何图形一样,有"点、线、面、体"的区分。而语言中的空间概念是人对客观空间的一种主观认识,参照体的维度往往是观察者主观上的判断结果,人们对同一参照体的感知不一样,维度的表达形式也就不一样,不同的语言有着不同的方式。

汉语在表达空间范围的形状时(齐沪扬 1998:7—9),必须用"NP+F(方位词)"的形式。这是因为抽象的"点、线、面、体"是不存在的,形状概念是与具体的事物连在一起的。在汉语中,单纯的方位词可以表示方向,但不能表示形状。具有形状功能的"NP+F"组合中,NP必须具有[+事物]、[-有生]的语义特点,整个组合必须具有[+处所]的语义特点。"NP+F"的组合是紧密的,也就是说其中的"F"是不能脱落的。"县城"不等于"县城里","院子"不等于"院子里",如果不加上方位词,即使"NP"本身是表示处所的名词,也无法体现出形状的特点来。

由于汉语空间形状的表达主要集中在几个方位词上,不像英语介词那样有着严格的分工,因此常造成意义的不明确。例如:

(194) 她留在家里;

这个句子中的空间形状既可以看做是"点",也可以看做是"体"。再如:

(195) 城墙上插着红旗。

既可以把"城墙上"理解为"点",也可以把它看成是"线"。这既和人们对"NP"的认识经验有关,也和句子中与这个NP+F"有联系的表示物体的"N"(即红旗)的性质有关。如果是"一面红旗",则可以理解为"点",如果是"一排红旗",则可以理解为"线"。因此,"NP+F"这个组合表示形状时是不自足的,这种不自足性要靠与这个组合有关的物体的性质来加以弥补。

有时"上、下"也可以表示"体"。如:

(196) 河面上弥漫着浓雾;

(197) 桌子下放了凳子。

而一个方位词"上",更是可以对应于英语中不同维度的介词:

(198) 绳子上挂着衣服;

(199) 地板上有水;

(200) 在报纸上发表文章。

这些方位词都可以加"边、面、头、方"等组成双音型方位词,但是,它们与单音型方位词在表达形状时是有差别的,如"上方",一般只表示"体"形状,不能像"上"一样还可以表示"点"形状。如:

(201) 飞机从大桥的上方通过;

(202) 大草坪的上方悬挂着气球。

汉语甚至可以对维度不做任何形式表示，只用一个"在"字，方位词不出现，如：

（203）在汽车站碰头；
（204）浮在海面；

俄语空间形状主要由空间前置词来表达，如表示"点"关系的 внутри-вне, спереди-сзади, сверху-снизу, возле-в отдалении 等及其各种具体化形式：в середине, на севере, на грани, рядом, около, слева 等，表示"线/面"关系的 сквозь, через, по поверхности, вдоль, мимо 等，表示域/体关系的 вокруг, между, среди, в, на 等（Отв. Ред. Бондарко 1996а：10）。可见，俄语在空间形状的表达上，其手段较之汉语要丰富得多。此外，俄语中还可以依靠运动动词的前缀（в-，вы-，пере-，при-，про-，с-，у-，вз-）和前置词一起来体现空间形状，例如：выйти из комнаты, перейти через улицу, сойти с автобуса, приехать в Москву，这些动词不仅可以表示运动的方向，而且可以表示运动的方式。

不过，如同汉语一样，有时候这些前置词的分工并不是很明确，如 в 既表达"域/体"意义（войти в школу），又表达"点"概念（пойти в школу），而 на 常常表示"线/面"和"域/体"两种空间意义，如：лежать на столе, работать на почте。同样，по 也表达"域/体"和"线/面"两种意义，如：ходить по комнате, плавать по реке。

彭文钊、赵亮（2006:296-298）认为，汉语中表示零维"点"的方位词是空缺的。由于人们认知事物有着极大程度上的灵活性，从而造成现实中的同一个物体既可以被理解为零维的，又可以被理解成三维的情况。比如一张去莫斯科的票。另外，汉语里的"上"可以对应不同的维度，而在俄语中，往往是有严格区分的，比如 на 表示"附着"（在一个平面上），而 над 表示目标体在参照体的上方（即目标体到地心的距离要比参照体到地心的距离长），而且往往两者并不接触。

应该说，在这一点上，较之英语，俄语和汉语都不够严格。不过，以形式变化为特征的俄语还是较为严谨些，至少它没有像汉语那样对维度不做任何形式标志的情况。

齐沪扬（1998:19-20）认为，汉语空间形状系统主要对位置系统中静态位置的表达有一定的影响，与动态位置的表达缺乏一种直接的联系，这是因为讨论物体的位移时,要引出起点和终点的概念。这样,任何一种形状的空间范围在广义上都可以被看成是一个"点"了。

另外,汉语中"上"型范围里的方位词常无对称的用法,而"里"型范围中的方位词常有对称的用法。如:

(205) 我早上在巡逻的边境线上——边境线下(这个例子是不正确的);
(206) 在屋子里烤着火——屋子外下着大雪。

而俄语前置词大部分都有对称的用法,尤其是表示"点"的前置词。如:внутри-вне, спереди-сзади, сверху-снизу, возле-в отдалении。

由于说汉语的人经常不太关心空间范围是不是"点、线、面、体"这种形状,而是更多地注意物体在不在空间范围内(齐沪扬 1998:9),才形成了汉语在空间形状表达上的这些特点。因此,齐沪扬(1998:10)认为,汉语的空间形状可以更为简单地分为三种:(1)物体在这个空间范围内,可以用"内、里、中"等方位词表示;(2)物体在这个空间范围的表面,可以用"上、下"等方位词表示;(3)物体在这个空间范围的外面,可以用"外、间、旁、前、后、左、右、东、南、西、北"等方位词表示。

这种三分的做法比"点、线、面、体"更加精确,更加直观,这也更符合汉族人的思维习惯。因为"古代中国人不善于抽象的理论思维,而善于凭直觉行事",这种文化传统和思维习惯"在汉语的表达上和词法上都有所反映"。而"点、线、面、体"恰恰是抽象的几何图形的概括。但是,说汉语的人选择三分的形状系统是一个复杂的问题,但这不能说明说汉语的人没有"点、线、面、体"的概念,也不能说明汉语无法表示"点、线、面、体"的概念(游汝杰 1993:177)。

需注意的是,俄语和汉语对同一空间维度的表达并不总是相对应的,俄语区分不同的维度用不同的前置词时,汉语可能只有一种选择,如 у Нины, в комнате, на почте,这几个不同的维度在汉语中都用方位词"里":"在尼娜家里,在房间里,在邮局里"。反过来,有时候汉语方位词的选择多种多样,而俄语前置词却只有一种,如"在桌子上;在邮局里",它们在俄语中都采用前置词 на:на столе, на почте。再者,俄语前置词是必不可少的,而汉语却有不出现方位词的情况:у двери——在门口;в Москве——在莫斯科;по реке——沿着河流。这时,汉语的空间关系主要通过介词和移动动词来表达。

造成这些差异的原因,除了两种语言结构本身的不同之外,其中很多问题我们还可以从认知、语用、文化和篇章等角度来进行分析和解释。譬如对客体之间"封闭—开放"、"整体—部分"等空间关系认识的不同。登上舞台和 выйти на сцену,汉语将舞台看作相对于台下观众来说是高高在上的空间,将舞台看成是整体空间,是封闭的概念。而俄语强调的是主体从一个封闭的空间出来到舞台这个开放的空间中(任雪梅 2004:109—110)。

第四节 空间指示的表达

空间指示包括静态位置和动态方向两种指示,二者在俄汉语中的表达既有相同之处,又有不同的地方。此外,静态位置指示和动态方向指示的表达形式可能出现对应情况。

4.1 静态位置和动态方向指示的表达

影响物体位移的参考位置可以是说话人说话时的位置,也可以是某个事物的位置,还可以把说话人说话时的位置和某个事物的位置放在一起作为一种依据。而空间指示主要涉及的是第一种情况。空间指示包括静态位置指示和动态方向指示。前者说明目标体跟说话人当时或某个时刻所处的位置关系是较近还是较远距离的,后者说明目标体在空间的移动方向是朝向还是背离说话人当时所在的位置。

静态位置指示关系在语言中常用指示代词或位置意义副词来表达。如汉语的"这/那,这里/那里,这儿/那儿"等,俄语 этот, тот, здесь, там, тут, этак, так, вблизи, вдали 等。不过,俄语中的指示代词有性和数的区分,在句子中还有格的变化,如:

(207) Я учусь в этой школе;
(208) Он живёт в том доме.

此外,俄语中的语气词 вот, вон 也可以表达指示位置意义,如:

(209) Вот ваша книга;
(210) Вон где мы живём.

动态方向指示关系在汉语中主要通过移动动词来表示。如用"来"表示朝向说话人的方向，用"去"表示背离说话人的方向：

（211）我明天一早来；

（212）我明天一早去。

而俄语主要通过不同前缀的运动动词，如用带前缀 при- 的运动动词（приходить, приезжать, приносить, приводить）表示前一种意义，用前缀 у-①（偶尔会用 по-）表示后一种意义（уходить, уезжать, уносить, уводить）。如：

（213）昨天尼娜来我这里了——Вчера Нина приходила ко мне；

（214）今天尼娜要去莫斯科了——Сегодня Нина уезжает в Москву.

需强调的是，动态方向的指示是根据说话人所处的位置来判断的，因此，俄语中某些带前缀的运动动词并没有这个功能，如 входить, выходить, отходить, подходить，它们分别表达"进入……"、"从……出来"、"离开……"、"接近……"，这是相对参照体的位置来说的，与说话人的位置没有关系。此外，俄语副词 сюда 和 туда 也是动态空间指示的表达方式。例如：

（215）Приходите сюда；

（216）Его отец работает в Москве, и он уезжает туда завтра.

齐沪扬（1998:188-202）对动态位置的指示标志词"来/去"做了比较详细的描述。他指出，在动态的空间位置中，参照体可以是显性的，也可以是隐性的；显性的是指句子中专门有一个处所词加以指示的情况；隐性的则指句子中没有一个专门的处所词加以指示的情况。这时，参照体以一种共同的认知存在于说话人和听话人双方的意识之中。例如：

（217）从树上飘下来几片枯叶；

（218）他来了。

第一个例句中的"树"是显性的参照体，而第二个例句中没有出现参

---

① 当目标体指说话人，参照体是第二人称时，汉语和俄语的对应情况不同：明天我去你那里——Завтра я приду к тебе。

照体,"他来了"是指"他"向说话人说话时所处的位置做近向移动。这个"说话人说话时所处的位置"就是隐性的参照体,它在句子中不是通过处所词来体现的,而是通过动词"来/去"体现的。由"来/去"所体现的这种参照体被称为"主观参照"(齐沪扬 1998:187-188)。

齐沪扬(1998:188-202)认为,在空间位移中主观参照"来/去"所包含的语用意义受到三个因素的影响:一是空间位移的物体与说话人的关系;二是说话时间与空间位移时间的关系;三是说话人与听话人的关系。

根据空间位移的物体与说话人的不同关系,"来/去"所指示的参照位置可以分为实在位置和虚拟位置。实在位置所体现的意义是某一物体向着说话人所处的位置的方向做近向或远向的移动。例如:

(219) 他来了;
(220) 他们去了。

这两个句子中参照体是说话人所处的实在位置,未出现的说话人如果要补出来的话,就是"我、我们"。在这一点上,俄语的动态空间指示前缀 при- 和 у-(偶尔会用 по-)的用法和汉语的"来/去"是基本吻合的。例如:

(221) Он пришел;
(222) Они уехали.

这是两种语言中空间指示词语最典型的用法。如上文(见 3.1.2 动态的空间关系)所说,俄语中与汉语表示水平方向的"来/去"相对应的是运动动词的前缀 при- 和 у-(偶尔会用 по-)。

虚拟位置表示空间中某一物体向着假设的说话人所处位置的方向做近向或远向的移动。例如:

(223) 成岗看到,许云峰迈步向楼下走去;
(224) 王芹芹从遥远的北疆为旦旦带来一张贺年卡。

这两个句子中的参照体是以说话人的假设处所作为依据的,动作主体或客体的位移方向都是说话人的一种客观叙述,即说话人参与到情景中去,假设与句子中以第三人称出现的某一人物同处在一个位置上。俄语中也存在这样的情况,其空间指示前缀 при- 和 у-(偶尔会用 по-)与汉语"来/去"的用法和功能基本一致。例如:

(225) Нина видела, что Саша пошел по лестнице (уже ушел);
(226) Нина принесла Саше карточку из далекой деревни.

值得一提的是,在这些虚拟位置中,汉语大多用表示近向的"来",而很少用表示远向的"去"。俄语同样也是,在这种情况下,常用前缀при-,而很少用у-。

此外,根据说话时间与空间位移时间的关系,"来/去"所指示的参照位置可以分为当前位置和遥远位置。当前位置是指空间中某一物体向着说话人说话时候所处位置的方向做近向或者远向的移动;遥远位置是指某一物体向着说话人在某一参考时点上所处位置的方向做近向或者远向的移动。例如:

(227) 明天你到我家去;
(228) 明天你到我家来。

第一个句子中说话人所处的位置不在"我家","你"是背离说话人的位置而去,朝"我家"方向移动。而第二个例子中说话人的位置此时有两种解释,一是说话人所处的位置就在"我家";二是说话人此时的所处位置不在"我家",但说话人用"来"字,是把自己的位置定在"明天"这个时间所在的地方。也就是说,"来/去"的理解还牵涉到时间因素。如此一来,可以分为三种情况,一是说话人此时不在听话人将要去的位置;二是说话人此时就在听话人要去的位置;三是说话人将要处在听话人要去的位置。前两种都是当前位置,后一种是说话人在说话时间以后所处的位置,这就是遥远位置。值得注意的是,按照汉语的习惯,只用"来"表示遥远的位置,"去"一般不表示遥远位置。在这一点上,俄语与汉语有所不同,俄语只有后两种情况(即说话人此时就在听话人要去的位置;说话人将要处在听话人要去的位置)才涉及空间指示前缀,而且不管是当前位置还是遥远位置,都习惯用前缀при-,例如:

(229) Приходите ко мне домой завтра.

而当涉及第一种情况(即说话人此时不在听话人要去的位置)时,俄语习惯使用其他的前缀或方式,因为此时听话人要去的位置与说话人已经没有靠近和远离的关系,如:

(230) Завтра поезжайте к моей маме.

再者,根据说话人与听话人的关系,"来/去"所指示的参照位置可以分为自身位置和他身位置。例如:

(231) 甲:明天咱们见个面吧。在你家还在我家?
　　　乙:我来吧,你在家待着就是了;
(232) 甲:(在门外)老张,你的电话!
　　　乙:来了,来了,我马上就来。

第一个例句只能理解为"我来(你那儿)吧","你那儿"并不是说话人说话时所处的位置,而是听话人听话时所处的位置。而第二个句子中的"来"的方向也不是向着说话人的方向移动,而是向听话人所在位置的方向移动,但这已经不是听话人说话时的位置(门外),而是听话人在对话前所在的位置,即"电话边"。也就是说,"来"既可以表示朝说话人方向的移动,也可以表示朝听话人方向的移动。前者即是自身位置,后者则是他身位置。前面所分析过的很多情况都是自身位置,他身位置指空间中某一物体向着听话人听话时所处位置或者非听话时候所处的位置做近向或者远向的移动。这是一种礼貌的观点转移,即说话人不以自身作为参照点,而把参照点转移到听话人所处的位置上,"我去"变成了"我来",是敬重对方的说法。这种句子中移动的物体通常以第一人称表示。俄语在这一点上和汉语基本一致,也基本采用前缀при-,也用第一人称表示移动的主体,也有着礼貌、委婉、亲近的含义。如:

(233) Завтра я приду к тебе.

不过,俄语还可以用其他前缀(за-,под-)来表示这个意义。如:

(234) Завтра я захожу к тебе;
(235) Завтра я подхожу к тебе.

但此时只是一种委婉和顺便的意义,并不强调空间指示意义。

可见,在用法和功能上,汉语的动态空间指示语"来/去"和俄语的动态空间指示前缀при-和у-既有相同之处,也有不同的地方。最大的不同在于,汉语的水平方向及其指示只能用"来/去"表示,而俄语除了前缀при-和у-之外,还可以用其他前缀或方式来表达。

4.2 静态位置和动态方向形式的对应

如果说"来/去"是汉语,而 при-/у-和 сюда/туда 是俄语一种表示动态位置的空间指示语的话,那么"这儿/那儿"和"здесь/там"则是一种表示静态位置的空间指示语。"这儿/那儿"和"здесь/там"是以说话人在说话时所处的位置作为基准的,"这儿"具有靠近说话人位置的近指意义,"那儿"具有远离说话人位置的远指意义。因此,按照常规搭配,对于说话人来说,"来"总是和"这儿"连在一起;而"去"总是和"那儿"连在一起。然而,通过对"来/去"用法的分析,可以看出,在表示他身位置意义的句子中,一般是以听话人听话时刻所在位置作为基准,所以"来/去"与"这儿/那儿"的搭配可能会出现与常规搭配相反的情况。在具有他身位置意义的句子中,"来"可以和"那儿"一起使用,"去"可以与"这儿"一起使用。如:

(236) 我来你那儿吧;

(237) 我去你这儿吧。

而在俄语中,基本是常规搭配,即 при-总是和 сюда 在一起使用,у-总是和 туда 在一起使用。不过,在没有空间指示意义时,即不是针对说话人位置的时候,可能会出现其他前缀,如:зайти сюда;подойти сюда;пойти туда;перейти туда。但是,при-是不会和 туда 在一起使用的,而 у-也不会和 сюда 连在一起的。

有趣的是,汉语中指示位置的代词和副词都可以和移动动词一起来指示方向,如:"来这所学校;去那所学校;来这里;去那里"。俄语中的代词也有这种情况,如:приходить в эту школу;уходить в ту школу;而副词却要更换,如:приходить сюда(здесь?);уходить туда(там?)。

总的来说,汉俄语中空间意义的表达方式及其言语功能充分反映了两种语言各自的形式特征,汉语没有词形变化,主要依靠词汇手段,且组合方式灵活多样;俄语的词汇使用受到词形变化的制约,因而较为单一。同时也充分体现了俄汉两个民族的思维特征和认知方式。

第五节　空间关系的边缘表达手段

　　空间范畴构成了一个独立的功能语义场。功能语义场是一种语言不同层面表达手段的集合体,这些手段有着共同的语义功能,它们相互作用,表达一定语义范畴的不同意义变体。换句话说,功能语义场是一种语言中某个语义范畴的不同意义变体及其所有表达手段的统一体,这些意义有着核心的(首要的)和边缘的(次要的)表达手段之分,同时,这些表达手段也有着核心的(首要的)和边缘的(次要的)的功能之分(Бондарко 2003:37—38,Отв. ред. Бондарко 2003:21—22)。

　　Бондарко(Отв. ред. Бондарко 1996а:21)指出,空间关系的主要或者中心表达形式指的是参照体在句子中作地点状语的情况,俄语中表现为前置词加间接格名词、空间意义的副词、不带前置词的名词第五格和空间状语从句以及由此构成的各类空间结构句式。作为一种功能语义场,空间范畴还有着自己的次要表达形式。

　　在俄语中,这主要指参照体在句子中位于不属于它的句法位置上的情况,也就是当它不作地点状语时。这些句子成分主要包括以下几种:直接补语、主语、状语、定语和谓语。它们在功能上相当于地点状语关系的词汇—句法同义手段。

　　俄语空间关系的次要表达方式主要包括以下几种情况(Отв. ред. Бондарко 1996а:21—24):

5.1　参照体作直接补语

　　在这一模式中,已经不需要前置词,使用的是更简单的带直接补语的动—名结构,空间关系由动词本身词干表达。它们可以替代由前置词表示的各种局部空间关系,即空间形状。例如:

　　(238) в (где?)—занимать: Стол занимает угол＝(стоит в углу);

　　(239) в (куда?)—посещать: Я посетил (＝приехал в) этот город;

　　(240) из—оставлять, покидать, бросать: Он навсегда оставил этот город (＝уехал из этого города);

　　(241) на—венчать: Вершину горы венчала статуя (＝На вершине

горы была статуя);

(242) вокруг—окружать, обступать, окаймлять, объезжать: Дети обступили автомобиль (=стали вокруг автомобиля);

(245) через—пересекать, переходить, переезжать: Он пересек улицу (=перешел через);

(246) между—разделять, соединять: Узкое ущелье разделяло две деревни (=пролегало между двумя деревнями);

(247) по—обойти, объехать: Он обошел все улицы (=проехал по всем улицам);

(248) до—достигать: Они достигли вершины (=дошли до вершины) горы;

(249) мимо—миновать: Он миновал две—три избы (проехал мимо двух—трех изб) и очутился перед садом.

在某些动词后出现的不是名词第四格表示的直接补语,而是第二格补语,如 достигать 等。相对于带地点状语的不及物动词结构来说,及物动词结构表达更为积极的行为,有时它们会产生一种隐喻的修辞效果,尤其当结构中的主语是非动物名词时。试比较:

(250) Деревья росли вокруг дома—Деревья обступали дом.

5.2 参照体作主语

在这类结构中,表达位置意义的词起主语的句法功能。此时,前置词同样不出现,空间关系由动词表示,目标体在句法上表现为补语。这类结构也可以表示由前置词所表示的局部空间形状意义,如:

(251) в, на (где?)—содержать, заключать, вмещать, охватывать: Книга содержит 5 глав (=в книге 5 глав);

(252) в, на (куда?)—собирать, принимать: Конференция собрала двести делегатов (= На конференцию прибыло двести делегатов);

(253) за—закрывать, застилать, скрывать, загораживать: Я его не видел, так как его скрывали деревья (= так как он

находился за деревьями);

(254) из,от——издавать,испускать,выпускать,распространять:
Цветы издавали сильный запах（＝ от цветов исходил сильный запах）.

在这类结构中,采用的主要是表示"包括"意义的动词及其反义词,即表示"排除"意义的动词。这种结构的主语总是由非动物名词表示,整个结构获得泛灵论意义(анимистический характер),也就是说,非动物物体被看做是积极的主体。但是,不同的结构有不同的细微意义,譬如Солнце затянуло тучу 和 Туча скрылась за солнцем 这两个句子中的前一个说的是"солнце"的运动,而第二个句子说的是"туча"的运动,不过,它们所表示的空间关系是相同的:Солнце располагается за тучей.

5.3 参照体作谓语

在这类模式中,前置词也是多余的,因为空间关系或者显性地体现在动词的前缀上,或者隐性地蕴藏在动词的构词模式中。动词本身或者指出参照体,或者指出目标体。当动词词干指出的是参照体时,动词可以是及物的也可以是不及物的,如:заземлить антенну（присоединить к земле);Прилуниться（сесть на Луну). 而当动词词干指的是目标体时,那么动词是及物的,参照体作及物动词的直接补语,如:зарыбить пруд（пустить рыбу в пруд). 这类动词的词干本身就已指出了主体(客体)或者参照体,空间意义因此弱化了。

5.4 参照体作定语

参照体可以体现在目标体的定语中。这一方法常常指用形容词来替代定语从句或者前置词词组:сражение, которое произошло под Бородином——сражение под Бородином——Бородинское сражение。如同其他次要空间表达手段一样,形式在这里起着关键的作用,空间意义与定语重叠起来了。

汉语在这方面没有专门的研究,只是零碎地提及。但可以发现,以上例证在汉语中都可以找到对应情况。如:

(255) 桌子占据了角落;

(256) 这本书包括五个章节;
(257) 把鱼养在池塘里;
(258) 淮海战役。

空间关系的边缘手段还包括通过语境知识和认知模式推理而成的一些隐性手段。俄语和汉语都是如此。如:

(259) ——Где мама?
——Уже шесть часов.

这一轮对话形式上似乎答非所问,破坏了合作原则,而实际上交际双方依靠共同的认知语境知识(即妈妈每天六点之前已经回家)进行逻辑推理实现了交际目的,答话的真实含义是"Она уже дома"。再如:

(260) 月亮初圆,星子颇少,拂了衣裙的凉风,且复推到远地,芦苇叶子,瑟瑟在响。金铃子像拿了一面小锣在打,一个太高兴了天真活泼的小孩子。(沈从文)

例句中的"金铃子"不仅告诉我们事情发生在夏季的夜间,而且提供了空间信息:在南方,因为金铃子生长在南方。类似这样的例子再如:

(261) 天空是一片灰蒙蒙的苍茫,鸟儿去了沉寂的北方。火烧云沉到山的那一边,山冈上,风一阵冷过一阵,蒿草在风中萧瑟。(查一路)

例句中的"鸟儿去了沉寂的北方"和"蒿草"提供的空间信息是:南方,在广西、广东和贵州一带。

在这方面,语用学、系统功能语言学和认知语言学等理论可以给我们提供指导作用。

本章小结

综上所述,俄汉语中的空间关系及其表达手段都各自构成了一个功能语义场,一个特殊的聚合体。从语义系统来看,其语义变体的组成是:动态空间关系和静态空间关系、独立空间关系和从属空间关系、"远、近"的空间指示关系以及不随视角变化而变化和随视角变化而变化的空间关系等。而从表达形式系统来看，这些空间关系既有着主要的表达手段，也有着次要的表达手段。主要表达手段包括表示空间关系的前置词（俄语）、介词和方位词组合（汉语）；表示空间关系的副词、形容词（俄语），汉语对应的是方位词、方位短语、形容词、副词和代词；含空间关系意义的带前缀的动词（俄语），汉语则是趋向动词；表空间关系的名词、代词；带有地点从句的主从复合句。某种空间关系的表达往往需要两种或者两种以上语法形式的连用。总之，在空间关系的语言表达中起关键作用的是形式结构的词汇填充，尤其是动词的词汇意义。

这些主要手段组合成空间关系典型的表达模式，俄语是"目标体+前置词+参照体"，汉语是"（在）参照体+方位词+的+目标体"。典型表达模式位于功能语义场的中央，是空间关系首要的核心结构。在这一结构中，空间情景的所有成分由单独的元素表达，正因为如此，结构可以表达最大限度的细微意义的空间关系。同时，核心结构会有变体，其原因或者是空间关系的多次重复表达，或者是因为参照体的缺位。核心结构的变体产生了空间关系的次要表达手段，它们接近场的边沿，其特点是参照体起着其非典型的功能，如补语、主语、谓语、定语。在这些结构中参照体本身的意义在某种程度上已经减弱。而其中离核心结构更近的是客体—局部（空间）结构，离边沿更近的是定语空间结构。所有这些手段的深层结构都是相同的，都表达空间关系，但它们之间有着细微意义和言语功能的区分。次要形式的特征是它们具有隐喻意义。

此外，这些表达手段既有着主要的功能，即表达空间意义，也有着次要的功能，如大部分空间前置词可以表达时间、原因、目的等其他意义。

第五章　俄汉语时间范畴的语义系统

时间问题最初出现在自然科学中,是物理学家发现了时间的基本初始特征,如单向性、不可逆性、直线性、不间断性、无止境性和均匀性等。物理学对时间特征的界说奠定了所有其他科学对时间理解的基础。然而,与语言空间一样,语言时间也有着与物理客观时间不同的地方,它也是形式和意义的统一体,既有着层次分明的语义系统,又有着丰富多样的表达系统。

本章所要探讨的是语言时间的一个方面,即语言时间的语义系统。

第一节　俄汉语时间范畴的语义系统研究综述

我们从俄汉语两种语言的时间语义类型介绍来进行时间范畴语义系统研究的综述,这包括时制研究、时体与时相研究、时序研究、时位与时列研究、时态研究。

1.1 研究概貌

时间范畴在俄语语言学界历来是一个重点的研究对象。最开始(19世纪末)人们把时间范畴限制在动词时的范围之内,后来把动词时与体紧密结合在一起进行研究(20世纪初),再接下来把时间范畴看作一个远远大于动词时体范畴的、独立的语言学范畴(20世纪中叶),到今天,对语言时间范畴人们已经开始进行多视角多层面的研究。俄语时间范畴的研究经历了一个漫长的过程,也取得了丰硕的成果。如今,学界对诸多问题已经基本达成共识,如俄语动词具有五种时间形式(未完成体过去时、未完成体现在时、未完成体将来时、完成体过去时和完成体将来时),时间意义的表达不只是局限于动词的时间形式,还包括前置词词组、时间名词以及其他表达手段,不同时间形式可能表达不同时间意义并且具备不同句法功能等。

受世界功能主义潮流的影响和推动,俄汉语学界对时间范畴语义系统的研究,大致都起始于 20 世纪 70—80 年代。总体看,俄语的研究更多的是对本国优秀人文传统的继承和发展,采用的术语系统相对比较独立;而汉语的研究主要基于西方学界的观点和方法,所用术语也与后者基本相同。

在俄语学界,对语言时间范畴的语义系统研究最为深入、成果最为丰富的当属俄罗斯彼得堡功能语法理论的创始人 А. В. Бондарко。Бондарко 遵循"从意义到形式"和"从形式到意义"相结合、词汇学和语法学相结合、语言系统描述和言语交际解释相结合的原则,以语义范畴为出发点,以功能语义场为立足点,研究各种语义范畴及其各种表达手段和形式。他在 Ю. С. Маслов[①](1978)的研究基础上,对时间语义系统进行了较为详尽的分类,认为时间范畴包括时制[②](темпоральность)、时体[③](аспектуальность)、时序(таксис)、时位[④](временная локализованность)、时列(временной порядок)等下位范畴,并从词汇、语法、篇章等各个层面对这些范畴的语义特征及其各种表达手段(包括显性和隐性的)和功能分别进行了全面的描写和论证,其中着重探讨了动词时体形式在时间范畴里的重要作用和意义,由此形成了以时制、时体、时序、时相和时列为主要考量视域和研究内容的功能语义场理论(Бондарко 1984,1999;Отв. ред. Бондарко 1987,1990,2003)。而在汉语学界,多数学者认为汉语时间包括三个部分:时相、时制和时态。如,陈平(1988:401—421)就提出现代汉语时间范畴的三个主要部分是时相(phase)、时制(tense)、时态(aspect),时间系统由时相结构、时制结构、时态结构三个部分构成。下面就俄汉语中的相关概念做简要分述。

---

① Ю. С. Маслов(1978:5—69)把俄语时间系统分为体(вид)、时(время)、序(таксис)三个子系统。体表示事件是否达到某种"界限";时指示事件的时间定位;序体现几个事件之间的链式先后顺序关系。
② 对于这一术语,有人译为"时间"(见王铭玉、于鑫 2007),还有人译为"时"范畴(见薛恩奎 2006)。我们采用"时制"可与汉语术语对应起来。
③ 王铭玉、于鑫(2007)将这一术语译为"体相",薛恩奎(2006)则译为"体"范畴。
④ 王铭玉、于鑫(2007)将这一术语译为"时间定位性",我们采用薛恩奎(2006)的译文术语。

1.2 时制研究

关于时制,按照 Бондарко(Отв. ред. Бондарко 1990:5—31)的理解,是指时间功能语义场的重要组成部分,它反映的是行为和情景的外部时间,指的是行为或情景在外部时间轴上的相对位置,它与说话时刻密切相关,是行为或情景相对说话时刻或其他参照点的时间关系,因而时制具有指示性。俄语最重要的时制关系是绝对时间(абсолютное время)和相对时间(относительное время)。绝对时间是把说话时刻当做参照点而得出的时间关系,包括现在时、过去时和将来时;相对时间与说话时刻无关,它的参照点是另一个行为或情景发生的时间,得出的是先时、同时和后时关系。如:

(1) Он не знает, что к нам приехала Наташа.
(2) Он говорит, что Наташа смотрит телевизор.
(3) Он сказал, что к нам приедет Наташа.

俄语中时制范畴的核心表达手段是动词的时,即现在时形式(未完成体动词)、过去时形式(未完成体动词和完成体动词)、将来时形式(未完成体的复合将来时和完成体的简单将来时),此外,词汇、构词、句法等因素也参与表达时制意义。如果说动词的时范畴是绝对时间的专门表达手段的话,那么相对时间在俄语中是没有专门表达形式的,它们需要通过两个述谓时间的相互关系来体现。

而在陈平(1988:401—421)看来,时制指情状发生的时间,表现为该时间与说话时间或者另外一个时间(称为参照时间)在时轴上的相互关系,以说话时刻为基点可以得出过去时、现在时和将来时。以另一个参照时间为基点可以得出先事时、简单时和后事时。由此推出汉语具有先事过去时、简单过去时、后事过去时、先事现在时、简单现在时、后事现在时、先事将来时、简单将来时和后事将来时九种主要时制。龚千炎(1991:42—52,1994:1—6)同样指出,时制的观察有两种方式,一是以说话时刻作为基点进行的观察(即绝对基点),二是以另一参照时间作为基点进行的观察(即相对基点)。从绝对基点出发,有"过去、现在和将来"的时间概念;从相对基点出发有"先事、当事和后事"的时间概念。需要指出的是,学界对汉语中是否存在时或时制范畴这一问题颇有争议,这实际上也是汉语时间系统研究中最大的分歧所在。吕叔湘(1990)、高名凯(1986)等人都认为汉语语法结构没有表示时间的形态范畴,陈凤霞(2002)指出,现代汉语中不存在语法时的范畴,因为汉语不存在专门表示语法时范畴的语法虚词或其他的语法形式,一些体语法标记虽能表示时间的意义,但体的意义是它们的主要语法意义,汉语表示时间意义的最常用手段是词汇手段,即时间名词或短语;龚千炎则(1991:43)明确提出:现代汉语并不具备表达时制的语法成分系统,也就是尚未形成时制的语法范畴。而有的学者认为汉语中存在时制范畴。譬如李临定(1990)提出现代汉语存在"时"的系统,这包括现在时、过去时和将来时;张济卿(1998:19—20)也认为,现代汉语存在表示将来时的专门时间助词,同时指出,汉语的时制结构是以将来时与非将来时的对立为基础的,因为汉语中只有将来时的句子才有时间标志,过去时和现在时的句子则不一定有时间标志。

1.3 时体与时相研究

关于时体,Бондарко 认为它主要表达行为和情景的内部时间。时体范畴从说话人的角度反映行为(动作、状态、关系等)在时间中的延伸或分布特征。这里的"时间"局限在行为自身内部,与行为在外部时间轴上的定位无关。俄语时体范畴可以划分为以下几个子范畴,如:界限性(лимитативность)、持续性(длительность)、次数性(кратность)、阶段性(фазовость)、完成性(перфектность)、行动性(акциональность)、状态性(статальность)、关联性(реляционность)等。在有动词体的语法范畴的语言里,时体通过动词体、动词的词汇意义以及构词、句法等各个语言层面的手段来表达(Отв. ред. Бондарко 2003:40—209),如:

(4) Он долго убеждал и наконец убедил.

(5) Он работал до девяти часов вечера.

(6) Он всегда добивался своего.

(7) Он легко обгонял соперников.

在没有动词体的语法范畴的语言里,时体主要通过动词的词汇意义以及行为方式等手段来综合表达。动词体在 Бондарко 的时间范畴语义系统中占有非常重要的地位,它贯穿时间范畴的每一个下位范畴。

与俄语时体相关的部分内容,汉语是在时相中涉及的。陈平(1988:

401—421)认为,句子的时相结构指句子纯命题意义所表现的时间特征。他按照句子的词汇意义把句子分为两大类:表示静止状态和动态行为的句子。其中动态行为之下再可分为瞬间行为和延续行为。而延续行为还可以再进一步分为有终结点和无终结点的行为。根据句子时相结构特点而划分出来的类别称作情状类型(situation type)。陈平根据三对区别性特征(静态、持续、完成)的各种组合方式,将汉语句子表现的情状分成了五种类型:状态、活动、结束、复变、单变。

状态情状的最大特点是它的静态性质。如:

(8)铁具有金属的所有特性。

活动情状具有动态、持续和非完成性特征。如:

(9)他抽烟抽了一上午。

结束情状具有动态、持续和完成特征。如:

(10)这本书我读了三四年了。

复变情状具有动态、完成和非持续特征。如:

(11)两国关系在不断改善。

单变情状具有动态、非持续和非完成特征。如:

(12)邻居厨房里的煤气罐突然爆炸了。

陈平强调,汉语的时相主要由谓语动词的词汇意义所决定,但是其他句子成分的词汇意义也起着重要的制约作用。他指出,汉语既有时制范畴,也有时态范畴,只是时制范畴的语法表现比较隐蔽,而且常和时态交融在一起。但他只是对时相结构进行了重点分析,对时制和时态没有做深入的探讨。可见,陈平关于时间语义系统的观点深受西方语言学研究的影响,尤其是时相的观点基本上是沿袭Vendler的做法。Vendler是西方较早注意动词用法的时间属性并对其进行深入研究的学者之一。他把英语动词的情状类型分为四种:活动(activity)、状态(state)、完结(accomplishment)、达成(achievement),并认为这些情状类型展示的是动词基本的时间图式(郑路 2008:204)。龚千炎(1991:42—52,1994:1—6)在陈平观点的基础上根据时相特征而进一步划分出汉语句子的四种情状类型(situation type):状态(静态)情状、活动情状、终结情状、实现(瞬间)情状。句子的核心是谓语动词,因此动词意义所体现的时间特征对句子的情状类型起决定作用。

1.4 时序研究

关于时序,Бондарко(Отв. ред. Бондарко 2003:234—248,292)把它视作处于同一完整时间域框架内两个或两个以上事件之间互为时间参照点的同时或异时关系,它不具有事件在时间轴上的定位功能,而是共时性关系。例如:

(13) Да я с ней ① сидел все время, пока вы с Катериной Сергеевной ② играли на фортепьяно.

这里行为①和行为②之间是同时时序关系,两个行为都是相对说话时刻的过去时。Бондарко(Отв. ред. Бондарко 2003:234—248,292)认为,时序的核心语义是同时/异时意义(значения одновременности/разновременности),异时意义包括先时—后时(предшествование-следование)。根据事件之间的时间间隔性质,异时关系还可以分出"完全异时"、"部分异时"等类型;根据事件之间的时间吻合程度,同时关系也可以再分出"完全同时"和"部分同时"等类型;而根据行为在时间流中的具体性和确定性,时序还可以分为定位性和非定位性两类;俄语中的时序关系主要体现在多述谓性话语中,因此它涉及俄语语法的许多问题,包括动词体、动词时、副动词、形动词、复合句、带同等谓语的结构等语言现象。Бондарко 特别强调,是否形成一个完整的时间域是确定行为之间是否存在时序关系的基础。此外,他对时序和相对时间两个概念进行了区分。他指出,相对时间是两个时间域中事件之间的时间关系,而时序是同一时间域中两个或两个以上事件之间的时间关系。这是它们之间根本性的区分点。

汉语学界对时间语义的研究基本没有时序的概念,只是个别学者在时制的相对时间论述中涉及了时序的相关内容。譬如吕叔湘先生(1990)把"时间"(包括绝对时间和相对时间)归入在"范畴"表达论之中,而把"同时"、"先后"却放在了"关系"表达论中。再譬如陈平(1988:417)、龚千炎(1991:42)等学者对时制中相对时间的概念所做的阐释以及所采用的例句似乎都与时序相关。

1.5 时位与时列研究

关于时位和时列,它们是彼得堡功能语法学派对时间语义研究中的特有概念。Бондарко(Отв. ред. Бондарко 2003:210)认为,时位这一术语包含两个方面的内容:一是行为和情景在整个单向时间流中所处位置的具体性和确定性,也就是它们对于某个时刻的固定性;二是行为和情景在时间流中所处位置的不具体性和不确定性,也就是行为的重复性、一贯性或者泛指性(即超时间性),如:

(14) В тридцать четвёртом году, когда в отставке был, он книгу написал. Вот эту. Генералы, когда они в отставке, любят книги писать. (К. Симонов)

(15) Любое поколение людей опирается на муки и труды предыдущих. (В. Чивилихин)

这两种情况可以分别用"时间定位性"(временная локализованность)和"时间非定位性"(временная нелокализованность)(Отв. ред. Бондарко 2003:210)两个术语来表示。二者的区别主要在于:时间的定位性意义反映时间的单向性和不可逆性,指语言中所反映的各种过程和事件在单向的、不可逆的时间流中的具体位置;而非定位性意义反映的则是过程和现象的规律性和非规律性重复。时位由各个语言层面的手段相互作用来表达,俄语没有表达时位的专门语法形式,但是有一些语法范畴可以起到关键的作用,例如动词的体和时。一般情况下未完成体既可以表示定位性,也可以表示非定位性;而完成体则通常表示定位性的意义,尤其是完成体过去时形式。如:

(16) Прейн слушал его внимательно, как доктор слушает рассказ пациента. (Д. Мамин-Сибиряк)

(17) Князь Андрей улыбался глядя на сестру, как мы улыбаемся, слушая людей, которых, нам кажется, что мы насквозь видим. (Л. Толстой)

(18) Князь Андрей пожал плечами и поморщился, как морщатся любители музыки, услышав фальшивую ноту. (Л. Толстой)

此外,时间定位性和非定位性之间的区分不只是体现在专门的语法形式对立上,不只是局限于述谓范围,俄语中有一系列比语法形式更为复杂的表达形式也对时间定位性意义起着重要的作用,譬如状语和主体以及客体特征也对时位起着重要的作用。如:

(19) Он тогда ошибся——Он часто ошибался.

它们在时间非定位性意义上体现得尤为明显:

(20) Сначала я каждые пять минут на часы поглядывал...(Л. Пантелеев)

(21) Старый человек иногда загрустит, а отчего——и сам не знает. (М. Осоргин)

Бондарко(Отв. ред. Бондарко 2003:217—226)对这一问题进行了详细的分析。他指出,非定位性意义包括简单重复性(простая повторяемость)、平常性(обычность или узуальность)和超时间性(временная обобщённость)。简单重复性指的是发生在具体时间片段中的行为的重复性。简单重复性可以直接观察得到,并且在记忆中再现,其本质特征是这一重复的行为的主体是具体的,如:

(22) Молча и неподвижно сидя у стены на соломе, Пьер то открывал, то закрывал глаза.(Л. Толстой)

平常性指的是超出具体时间片段的、具体的、可以观察到的行为的重复性,既包括现实的重复又包括可能的、潜在的重复,行为的重复不只是在这一个情景中,还在其他类似的情景中。因此,总是有一定程度的典型性,其基本特征是说话人或者以他为代表的一群人的经验的概括,其本质性特征是主体可能是具体的,也可能是泛指的,如:

(23) У меня есть странная особенность: я быстро схватываю в живом разговоре и поразительно тупа в чтении...(Ю. Нагибин)

(24) Счастливые люди не вызывают во мне зависти, даже если они очень счастливы, ни раздражения, даже если они очень довольны: вообще никогда не вызывают никаких дурных чувств.(Л. Гинзюург)

超时间性表达的是一般规律,常常体现在谚语、成语或者判断中。说话人在保留自己观点的同时,还表达了一般的真理。在这种情况下,说话人成为了整个人类经验的代言人,其本质特征是主体和客体都必须是泛指的,整个情景具有最高程度的普遍性,如:

(25) Кто не может взять лаской, тот не возьмёт и строгостью. (А. Чехов)

(26) Ребёнок, который переносит меньше оскорблений, вырастает человеком, более сознающим свое достоинство. (Н. Чернышевский)

而时列反映的则是行为、事件、过程和状态(带有间隔和期限)的有序时间关系中的时间流,其范畴意义主要体现在篇章中,即行为、事件和状态的连贯性之中,它往往通过新事件的发生与另一情景的持续来表达。如:

(27) И задремал. Вдруг его будто кто-то толкнул. (Е. Карпов)

这种"动态/静态"关系的不同组合在语句和整个篇章中形成了时列范畴结构,具体表现为对以往事件的讲述,因此,时列范畴的主要表达手段是描述性篇章中的动词过去时陈述式以及历史现在时形式的连续使用,它们组成的序列反映了事件和情景的更替,由此构成了时列关系,并体现出时间的连贯性。此外,表示行为变化的时点和时段的词汇也是时列意义的重要表达手段。如:

(28) Надо было только быстрее достигнуть дна и как можно сильнее оттолкнуться ногами. Но дальше он ничего не ощутил, осознав себя уже на берегу. (Е. Шишкин)

(29) Он сел опять, ожидая приезда гостей, чтобы уехать незаметно. Через пять минут вошла подруга Кити, прошлую зиму вышедшая замуж, графиня Нордстон. (Л. Толстой)

对于俄语中的时位,汉语时间研究中其实也涉及了,譬如经常和反复的行为和事态(见张济卿 1998:17—25)。但是对于俄语篇章中的时列,汉语似乎没有提及。如:

(30) 我每天做操/夏天常打雷。

1.6 时态研究

汉语研究中虽然没有时位和时列的概念,但有时态范畴。陈平(1988:401—421)认为,时态表现的是观察有关情状的种种方式,表现情状在某一时刻所处的特定状态。说话人可以从情态的起始点和终结点的表现角度着眼,对其内部时相结构不加分析而把它表现为一个整体性的情状,也可以把它表现为一个正处于持续状态或进行过程之中的情状,前者为完全态,后者为不完全态。他还认为,汉语中时制范畴的语法表现相对于时态而言显得比较隐蔽,且常和时态交融在一起。龚千炎(1991:42—52,1994:1—6)对时态也进行了分析,他认为:如果说时制指示的是事件发生的时间,那么时态则体现事件处于某一阶段的特定状态,这包括未然态、起始态、进行态或持续态、完成态、经历态。龚千炎认为,现代汉语中表示时制的时间词语是纯粹的词汇成分,毫未虚化,尽管现代汉语并不具备表达时制的语法成分系统,也就是尚未形成"时"的语法范畴,但是汉语拥有表现各种时态范畴的专用语法标记和类似专用时态标记,还有时间副词等。由此他得出结论:现代汉语不同于印欧语,后者的时间系统完全属于语法范畴,而现代汉语的时间系统属于"词汇—语法"范畴,其中时相部分是语义层,属于词汇范畴;时态部分是语法层,属于语法范畴。时制部分虽然多使用词汇成分,但作为时相到时态的过渡,也包含不少语法因素。龚千炎主要对时态的意义和表达系统进行了描写,而对时制并未做深入的探讨。

值得一提的是,张济卿(1998:20—23)对陈平的观点提出了质疑。他认为,陈平主要分析的是时相结构,其余两个结构只是做了一番说明。另外,尽管陈平把文章重点放在时相结构方面,却没有明确地说明什么是时相结构,对时相以及情状这几个术语的阐释非常模糊。张济卿指出,按照陈平的解释,那么时相结构是不存在的,因为时间特征并不能构成什么结构。此外,陈平主张在做情状分类时把语法手段剔除出去,这使得他的情状分类很不完全而且自相矛盾。张济卿认为,陈平所述内容并未覆盖整个汉语体系,而且他所说的情状类型是按照所谓的时相结构来划分的,同时又把时相与时态结构等立起来,并把它看成是汉语时间系统三元结构中的一元,这种颠倒本末的做法使他的情状分类陷入既主张从"纯命题意义"出发的分类方式,又回避不了"了,着,过"之类语法手段的使用这样一种自相矛盾的境地。张济卿认为陈平所说的时相和情状其实是时态的下位概念。他把时态称为"时体",他认为,体与时间有关系,但只是与事态过程中的内部时间有关,跟这以外的时间(如发生时间)无关,汉语的体总是与时制结合在一起的。按照张济卿的观点,所有的事态和状态都属于两类基本的体:完整体和未完整体,其他的体,如进行体、持续体、反复体、起始体都属于它们的下位概念。完成体和未完整体的主要区别在于究竟是从场面外部还是从内部来进行观察,若是前者则是完整体,若是后者则是未完整体。由于二者的区别在相当程度上取决于观察的方式,所以体带有一定的主观。有时同一事态可以采用不同的观察方式而构成不同的体:"我昨天看了一整天的书"是完成体,却也可以理解为未完成体的:"我昨天整天都在看书"。郑路(2008:202-206)也持张济卿的观点,他把时间范畴理解为一个语义范畴,他采用的术语也与张济卿相一致,认为时间包括两个下位语义范畴:时制和时体。"时"和"体"的区别在于人们看待时间流中的事件的不同方式。"时"是把事件作为一个整体,从外部将之定位到时间流当中;"体"则是关注事件内部的不同阶段。"时"是指事件发生时间在时间流上的定位,这种定位可以通过测度时间来刻画,也可以通过该事件与另一事件形成参照来表达。根据参照时间的不同,后者又可以进一步分为绝对时制(以说话时间为参照时间)和相对时制(以另一事件的发生时间为参照时间)。"体"则是指事件本身的起始、持续、完成等阶段。

国内俄语界对俄语时间语义系统的理解基本上是采纳 Бондарко 的观点,只是在术语的翻译上有所不同,另外,时列没有被单独列入时间语义系统。王铭玉、于鑫(2007)把上述几个时间下位范畴归纳为时间(темпоральность)、体相(аспектуальность)和时序(таксис)。薛恩奎(2006:38-43)则列出了以下三个时间子系统:时相(фаза)、时序(таксис)和时位(временная локализованность)。不过,按照薛恩奎的理解,时相即体相,而时位则包含了 Бондарко 的时制(темпоральность)和时间定位性和非定位性(временная локализованность),因为他把以说话时刻作为参照点得出的绝对时间以及以另一事件作为参照点得出的相对时间都归入时位内。此外,薛恩奎认为,时间秩序(временной порядок),即时列,与时序范畴有相同之处,都表示几个相关联事件在时间轴上的自然顺序,它们的不同之处在于时序范畴表示同一时间域内几个事件之间的顺序,而时列则表示不同时间域中,或者整个篇章内,甚至篇章以外的几个事件之间的顺序关系。因此,在薛恩奎的时间语义系统中,时列并没有单独列出。

第二节　俄汉语时间范畴语义系统的对比

俄汉语时间范畴的语义系统既有相同之处,又有不同的地方,并有着各自的优势和不足。

2.1　俄汉语时间范畴语义系统研究的对比结论

对俄汉语时间范畴语义系统的现有研究成果进行对比分析,我们可以得出如下结论:

(1) 以上不难看出,Бондарко 对俄语时间语义范畴的划分具有全方位的性质,宏观上体现了共时与历时、静态与动态的结合,微观上则关注相对时与绝对时、时间内与时间外、同时与异时、先时与后时以及单向时与双向时等诸多辩证关系。Бондарко 一再强调,俄语时间的各个语义范畴是从不同角度对时间的理解与划分,因此这些语义范畴是相互影响、相互作用的关系,有时甚至是相互交叉的。而汉语语法学界对于时间范畴的认识是逐渐深入的。在开始阶段,受西方语言学研究的影响,汉语学者们试图建立与印欧语系相似的汉语时间系统,随着研究的深入,学者们认识到汉语的形态特征与印欧语系有很大的不同,汉语具有自己独特的时间表达手段,完全套用印欧语系中的时间系统是不合适的。

(2) 两种语言对时间系统的理解大体是一致的,都包括三个最主要的部分——时相、时制、时态(或称之为时体)。不过,俄语时间系统分得更为细致,还分出了时序和时列以及时位。但仔细观察可以发现,汉语虽也提及时序现象,只是并未将它们归入上述三个语义范畴(时相、时制、时态)之中。虽然汉语中也存在着时序现象,且对时序的解释基本与俄语相同,但却对"时序"和"相对时间"这两个概念没有严格的区分。对于俄语中的时位和时位,汉语没有专门的研究。此外,俄语把与汉语时相对应的现象归在了时体之下,这与陈平的做法有所不同,而与张济卿的观点不谋而合。可以说，俄语中的时间语义范畴在汉语中基本上都是存在的，不过汉语没有像俄语那样明确地冠之以专门术语并且加以系统研究。

（3）两种语言所采用的术语及其内涵和外延基本对应，但也有不尽相同之处。在汉语和俄语的时间范畴研究中都存在着相应的术语，总体看，它们之间大致可以形成如下对应关系：俄语的时制范畴（темпоральность）与汉语时制都研究句中的情景与说话时刻或其他参照点的各种时间关系。汉语的时制是语法范畴，而俄语的时制范畴是包括语法时范畴在内的表达时间关系的语义范畴；俄语的时体范畴（аспектуальность）以行为在时间中的延伸或分布特征为语义内容，动词的语义类别、行为方式和语法体范畴是它的重要三个方面。而汉语与之相对应的是"时态"（或者时体）和体现动词语义特征的时相。时态来自英语的 aspect，是语法体范畴，汉语的时相是研究动词语义特征的语义范畴。也就是说，俄语的时体范畴在内容上包括汉语的时相和时态，是更大的语义场；俄语时序范畴（таксис）表达行为之间的时间关系，汉语中尚未有人提出类似的专门术语，但是汉语中存在时序关系，存在表示行为之间时间关系的一些副词、结构和特定句式。此外，俄语时间范畴中的术语使用相对统一，而汉语在这方面还有争议，譬如时态和时体。值得强调的是，在俄语中，上述术语都是作为语义范畴和功能语义场来看待的，而汉语在这一问题上并未做出明确判断，或者作为语法范畴，或是作为语法—词汇范畴，或者作为语义范畴，并且常常把语义范畴和表达形式混淆在一起。这也许就是汉语一直纠结于是否存在时制的语法范畴这一问题上的根本原因所在。

（4）两种语言对时间范畴研究的全面性和着重点不完全一致。应该说俄语时间中的每一个语义范畴及其各种表达手段都有比较详尽的描写和论证，具有相对的系统性，同时细致而深入。相比之下，汉语时间研究显得不够系统和全面，未能形成全方位均衡发展的局面，多年来主要集中在时态问题的研究上，对于时相则较少涉及，而时制更是少有问津。此外，在时间各种语义关系的表达形式上，也缺乏系统、全面又细致、深入的观察和分析。

2.2 对俄汉语时间范畴语义系统研究的几点看法

对于俄汉语时间语义系统研究中所存在的问题，我们坚持以下观点：

(1) 对于汉语中的时相,我们赞同张济卿和郑路的观点,即时相是时体的下位范畴,这与俄语相一致。陈平提出的时相和时态,指的都是事件或者情态在某一具体时刻所处的特定状态(开始、持续、结束等)。如果说这三种状态是时态的基本内容,那么时相则是在这三种状态下做出的更细微的分类。在本书中我们采用俄语的汉译术语,即"时体",这也与张济卿和郑路相吻合。

(2) 对于汉语中是否存在时制这一语法范畴,我们赞同龚千炎的看法,这是一个词汇—语法范畴,因为我们既不能否认"着、了、过"的时制意义,同时又得承认汉语中还存在其他时制词汇。同西方语言相比,汉语时制的语法特征在表现方法上显得比较隐蔽,只有通过深入细致的观察和挖掘才能够逐步为人们所知晓。从另一个角度来说,即使汉语不具备专门表达时制的语法手段,这并不能证明汉语没有时制这一语义范畴。从这一点来说,我们采用从语义出发的思路是比较合理的,因为它更适合于俄汉语时间范畴的对比研究。我们不准备就汉语是否存在时制这一语法范畴的问题展开讨论,我们关注的是汉语时制意义的表达方式,因为任何语言不管有无时制语法范畴,它都必定是能够表达时制概念的。此外,在本书中对于这一现象,我们采用汉语的术语,即"时制"。而对于俄语中其他几个术语,我们均采用它们的汉译术语,即"时序"、"时位"、"时列"。

(3) 对俄汉语时间范畴语义系统进行对比研究,我们认为有必要区分几个概念:语法范畴和语义范畴,具体包括动词体和时体范畴;动词时和时制范畴。如果把时间语义范畴与动词的语法范畴不加区分,那么时间的研究结论会变得含混不清。事实上,有些语义范畴不具备语法表现形式,却有其他的语言表现形式;同样,有些语法形式却不一定形成语义范畴。它们之间并不总是对应的。譬如时体可以有开始、持续、结束的角度,也可以有动态和状态的角度,还可以有持续和界限的角度。动词的体分为完成体和未完成体,完成体一般表示开始、结束或者动态或者界限的时体意义,未完成体一般表示持续和静态的时体意义,但是动词的词汇意义却是时体的主要表达手段,在俄语和汉语中时体的类型基本上都是从动词意义的角度出发的。动词体的语法范畴是由表达某些体的对立意义的动词语法形式构成的系统,而时体范畴是指行为在时间中的延伸或分布特征,是情景在某一时刻所处的特定状态,是包括开始、持续和结束意义及其各种表达手段的形式和意义的综合体。换句话说，俄语中的动词体是专门表示时体范畴的，但时体范畴并不一定必须通过动词体来表示。在没有体语法范畴的语言中，时体范畴也依然存在，只不过通过别的方法来表示。反之亦然，动词体并未形成专门的语义范畴。

（4）对于时列（временной порядок），我们认为它与时序范畴本质上是一样的，都表示几个相关联事件在时间轴上的自然顺序，只是各自出现的语篇范围大小不同：时序范畴表示同一时间域内几个事件之间的顺序，而时列则表示不同时间域中，或者整个篇章内，甚至篇章以外的几个事件之间的顺序关系。因此，在我们的时间语义系统中，时列不会单独列出。

（5）较之于汉语，俄语对时间语义系统的分类比较细致和较合理。我们基本沿用俄语的观点。但是，在此我们试图提出一个可能引起大家争议的问题：时体（即汉语中的时态，包括时相）——这一现象属于时间语义系统吗？时间范畴的语义系统包括时制、时体、时序、时位、时列的观点似乎已经得到学界的认同，但我们对时体属于时间语义系统的说法持有疑义。我们认为，时体表示动作和事件的开始、持续和结束等情状，这体现的不是时间意义，应该说，这些情状发生和持续的时间才属于时间范畴。也就是说，情状发生的时间点和持续的时间段才应该是时间范畴的内容。而它们开始、持续和结束这些情状尽管与时间紧密相关，但已经是另一个语义范畴的内容。有一点是肯定的，即：如果时体结构中不出现时间内容，那么把它们归入时间范畴是比较牵强的。例如："我已经读完了这本书"和"Я уже прочитал эту книгу"两个例子都表示时体意义，却并不涉及时间意义，即使在这个具体的句子里有时间意义的体现，那也应该是属于时制范畴。如汉语中的"了"和俄语中的动词过去时。正如我们对空间范畴的理解，行为或者状态涉及空间位置才被纳入空间范畴，例如："他读书"，任何行为同时也包括这个行为一定是在某个空间位置或者状态发生的，但是这个句子却没有被纳入空间范畴之内。而"他在教室里读书"，这则已经是空间范畴的内容了。此外，人们对时体的分类是按照动词的词汇意义来进行的，如果遵循这一个原则，那么岂不是每一类意义的动词都可以成立一个独立的语义范畴，而不只是限于时体范畴中的语义类型了。从另一个角度来说，时间与动词式范畴也紧密相关，但是却没有时式范畴的存在。

我们认为,人们之所以把时体归入时间系统,有几个原因可以追寻。其一是时体范畴与时间范畴紧密相关;其二是在有动词的语法体范畴的语言中,动词体是时体意义的重要表达手段,而没有语法体的汉语则深受西方语言研究的影响。然而,如果某一语义范畴的任何表达手段都可以等同于语义范畴,那么很多手段就无法归入哪一个范畴了,因为它们往往可以表达多种意义。另外,如果两个范畴有密切关系就列入相关范畴,那么许多范畴也就没有相对的界限了,也就无法独自称其为范畴了。譬如空间和时间,它们紧密相关,但是它们是各自独立的范畴。而对于俄语这一特定的语言而言,我们认为 Бондарко 非常强调动词体的功能,这一点贯穿于他的功能语法理论的整个体系和所有功能语义场的分析和考察中。这也在情理之中,因为他的功能语法理论就是建立在动词体的研究基础之上的。Бондарко 继承其导师 Ю. С. Маслов 的研究方向,最初的研究重点就是动词体,他们在俄语动词体的研究方面取得了丰硕的成果。在时间范畴尤其是时体这一具体的问题上,Бондарко 的分类观点也许对有语法体范畴的俄语来说是有一定说服力的,而对于那些没有动词体范畴的语言来说(比如汉语)则显得有些牵强,然而时间范畴是一个普遍的语言现象。事实上,仅仅从俄语和汉语对时体的定义中就可以看出它与其他时间语义类型是不同的:唯独时体说明的是动作和行为的持续性和界限性,而其他语义范畴反映的都是时间关系或者时间特性,如时制范畴反映的是行为相对说话时刻或其他参照点的时间关系;时序范畴的基本语义特征是行为之间的时间关系;时位或者反映时间的单一性、不对称性和不可逆转性,或者反映时间的有规律或无规律的重复性和周期性;时列范畴的意义是"事件中的时间"。

我们把这一问题提出来,希望得到大家的批评指正。在本书中,时间语义系统不包括时体范畴,即汉语的时态和时相。

本章小结

除以上时间关系,时间范畴的语义系统还可以从其他角度进行描述。譬如汉语时间范畴研究中有一个重要的区域就是时点和时段(李向农 1997,何亮 2007)。时点表示时间的位置,指时间流上的一个时刻或特指相对于说话时间的一个时间。时点回答"什么时候"的问题,可以用"这个时候/那个时候"来指称,在汉语中时点可以进入"在/到 X 的时候"格式中 X 的位置。根据时间基准的不同,分为绝对时点和相对时点。所谓绝对时点,是指不以人们的认识为转移,处于用习惯基准所推算和指定的时间位置顺序的某一点,处于表示年份、季节、月份、日期、时刻等的时间序列之上的时间点。在时间观念上不涉及过去、现在、将来,是对时间进行直观刻画。相对时点是指以说话时间或某一特定时间为参照点划分出的现在、过去、将来,这些时点处于三时时间链上,是建立于人们的主观认定基础上的(何亮 2007:34)。如:在星期二,在春天,在早晨八点钟,到明年3月,在去年3月。时段表示时间的长短,表示具有起点和终点的或长或短的一段时间。时段回答"多长时间"的问题,可以用"这段时间/那段时间"来指称,可以进入"在 X 的时间里"格式中 X 的位置(何亮 2007:134)。如:在两小时内,在一年里,在一个月里。

可以看出,时点和时段的一部分内容其实属于时位关系,还有部分内容属于时制关系。在俄语中时点回答"когда"的问题,常常用前置词 в 加第四格或者第六格时间名词表示,有时也用前置词 на 加第六格时间名词,如:в два часа, в прошлом году, 而时段回答的是"как долго"的问题,俄语中一般用不加前置词的时间名词第四格或者用前置词 за 加时间名词第四格,如:Вчера я читал два часа;Я прочитал эту книгу за два часа。时间名词复数第五格和用词组 в течение 加时间名词第二格也可以表达时段意义:сидеть за работой целыми днями;В течение 30 лет наша жизнь изменяется к лучшему。但是,俄语中还有一种现象值得我们思考,即用前置词 на 加时间名词第四格表示的动作结果持续的时间意义,如:Он поехал в Москву на неделю。汉语和俄语都没有对类似这样的现象进行描写,也没有给以确定的术语。

此外,М. В. Всеволодова(Всеволодова 2000,引自王铭玉、于鑫 2007:164)借鉴 Бондарко 的功能语意义场的理论,对时间范畴的语义系统进行了分类。不过,她认为 Бондарко 的功能语义场的组织过于庞杂,不利于外语学习者有条理地、轻松地掌握,因此,她主张对功能语义场进行分解性的描写,把功能语义场划分为一个或多个具有层次结构的意义系统,即多层级的树形结构,下级意义系统合并为上级意义系统,最高一级的意义系统就是功能语意义场。在具体描写意义系统时,她采用二元对立的分类原则。她把时间范畴划分为如下意义系统:(1)动词表示的时间,之下包括 A:现在时(现在时的直义用法和转义用法);B:非现在时(过去时、将来时,每个时制再按动词体进行分类)。(2)名词和副词表示的时间性,之下包括 A:同时关系(有完全同时和部分同时,其中各个同时关系还可以再进行分类);B:异时关系(有行为与一个时刻有关和行为与两个时刻有关,其中各个异时关系还可以再进行分类)。

在同时和异时关系的基础上,可以分出更为细致的语义类型,譬如在 А. В. Величко 主编的《Книга о грамматике》中,同时关系之下细分为"钟点、日期、昼夜、季节"等时间关系(под ред. Величко 2004:446—458)。

综上所述,俄语和汉语对语言时间的分类无论从出发的角度还是得出的类型都大致相同,但俄语由于语言结构的原因,对时间的语义类型分得更为细致。此外,二者对于时间术语的理解并不完全一致。总的来说,Бондарко 对于时间语义系统的研究是比较全面的,我们在本书中基本沿袭 Бондарко 的时间语义划分观点,但时体不在我们的时间语义系统中。

第六章　俄汉语时间范畴的形式系统

　　时间范畴的不同语义类型之间是密切相关的,不同的类型都有着丰富多样的表达手段,它们布及语言的各个层面,并且相互之间也是紧密联系的,有些手段可能会重合,可以表达两种甚至多种的时间关系。在本章中,我们选择俄汉语中的时序和时位做具体的分析。

第一节　俄汉语中的时序对比研究

　　俄汉语时序的对比研究包括研究的状况、概念的理解、与相关概念的界定、语义类型的划分以及表达的手段等各个方面的对比。

1.1　时序的概念及研究现状

　　时序(таксис)是时间范畴的一个重要组成部分,它与时制、时体、时列和时位之间既有交叉的地方,又都有各自的侧重点。时序(在希腊语中表示"построение","порядок","расположение")表示的是行为之间的时间关系(广义地说包括述谓的任何类型):同时性、异时性、间断性、主要行为和次要行为之间的相互关系等等(ЛЭС 2002:503)。如果说时序早在时间范畴的其他相关问题中得到了一定的研究,那么作为一个专门术语,它最早是由 Р.О.Якобсон(1896—1982)在上世纪 50 年代提出的。Якобсон 区分了几个概念:一是报道的事实,二是报道本身这一事实,三是报道的事实的参与者,四是报道本身这一事实的参与者(即发出者或者是接受者)。由此他把动词范畴分为两类:一类指出了所报道事实的参与者,另一类没有指出该内容。第一类可以评价报道事实的参与者,或者它们对这一事实的关系;第二类评价报道这一事实本身,或者它对另一个报道的事实的关系。正是后者被 Якобсон 称为时序,也就是说,时序属于非指示性范畴(Якобсон 1972:99)。他把时序定义为"被报道的事实与另一被报道的事实之间的相互关系",认为"时序与报道事实本身即说话时刻无关"(Якобсон 1972:101;Отв. ред. Бондарко 2003:234)。但是,А. В. Бондарко(Отв. ред. Бондарко 2003:234)指出,Якобсон 对时序范畴只是顺便提到,并未做深入的探讨,而且他的这一术语也只是对 Л. Блумфилдом 的术语"порядок"("order")进行的希腊语改造。Бондарко 认为,Якобсон 对时序问题研究主要有两个特殊贡献:一是把时间范畴(категория времени)与时序范畴相区分;二是对制约性时序(зависимый таксис)和非制约性时序(независимый таксис)两个概念所体现的不同关系进行了界说。Якобсон 认为制约性时序的典型形式是副动词,主要表示同时(одновременность)和先时(предшествование)意义,但同时还可能具有类似让步意义的其他状语意义(Отв. ред. Бондарко 2003:296)。

自时序成为一个独立的语言范畴以来,语言学家们一直对它抱有浓厚的研究兴趣。"时序与说话时刻无关",这是 Якобсон 对时序概念阐释中最关键的一点,他认为这是该范畴最突出的特征。Якобсон 的时序观点对以后的研究产生了深远的影响,尽管多数时序研究者把 Якобсон 的这一观点视作"至理名言",但这并不意味着学界对这一范畴的认识就完全相同。分歧主要体现在以下两个方面:一是时序是词法范畴还是句法范畴问题;二是时序与相对时间的关系问题。事实上,Якобсон 本人对这两个问题并未做明确的回答。

在俄罗斯,一些英语、德语和俄语学者认为时序主要表示先时关系,形成词法上的复合过去完成时(перфект)和非复合过去完成时(неперфект)的对立,所以他们认为,时序是一种词法概念,如 Бородина(1975),Бархударов(1975),Жеребков(1968,1972,1977),Поташкина(1985),Смирницкий(1959)。但是,还有一部分语言学家认为时序更是一种句法范畴(Бунина 1971)。他们强调,并非所有语言中都有复合过去完成时和非复合过去完成时的对立,因此,不是在所有语言中时序都有词法上的表达形式。

俄罗斯圣彼得堡功能语法理论学派的学者们从另一个角度对时序问题进行了崭新的阐释。他们把时序看成是一个功能语义范畴,指两个或两个以上的行为之间的时间关系,它们与说话时刻无关。时序范畴的意义主要包括同时、先时和后时关系,另外,还有一些其他关系(如原因、条件、让步、目的等)(Маслов 1983,1984;Бондарко 1999;Полянский 1990,2001;Отв. ред. Бондарко 2003)。许多功能语法学家都对时序问题进行了阐述,他们对前人的研究做了进一步的补充和完善。譬如 Ю. С. Маслов(1983:42)指出,在许多语言中时序并不是一个特殊的语法范畴,而是一个综合范畴,或者和时间相关,或者和体相关。Г. А. Золотова 则强调,只有当报道这一事实和被报道的事实位于同一个时间平面时,两个事件之间的时间关系才可以看成是时序关系(Золотова 1973:21;1982:295)。

对时序问题研究最为全面和深入的当属功能语法理论的创始人 А. В. Бондарко。Бондарко 继承了 Якобсон 关于时序的基本观点及其有关制约性和非制约性时序的概念,并对时序的各个问题都进行了详尽的研究。他对上述两个分歧问题进行了比较系统和独到的分析。在对待是词法还是句法问题上,Бондарко 赞成句法观点,他认为,时序的表达尽管也包括词法和词汇手段,但是与句法结构紧密相关,(Отв. ред. Бондарко 2003:234)。而对时序研究中存在的另一个含混问题(时序与相对时间的关系),Бондарко 也做了详细和明确的回答。他指出,时序与相对时间的关系体现在三种形式:(1)只是相对时间,而不是时序;(2)只是时序,而不是相对时间;(3)既是相对时间,又是时序(Отв. ред. Бондарко 2003:234-238)。他的这些学术思想为时序研究的深入奠定了学理基础。

汉语时间范畴语义系统主要包括时相、时制和时态三个方面。对于与俄语时序相关的语言现象,汉语似乎并未将它们归入上述三个问题之中,譬如吕叔湘先生(1990)把"时间"(包括绝对时间和相对时间)归入在"范畴"表达论之中,而把"同时"、"先后"放在了"关系"表达论中。在涉及相关现象时,吕先生(1990:219-222)主要采用的是"相对基点"和"相对时间"等术语。他指出:以说话时刻作为基点时,可以得出"现在、过去、将来"三时;而把基点放在过去或者将来的时候,就得出新的"三时",即"基点时、基点前时、基点后时"。基点包含说话时刻就是绝对基点,基点不包含说话时刻就是相对基点。再譬如陈平(1988:417)、龚千炎(1991:42)等学者对时间系统的阐述都未涉及时序问题。但是,他们在时制中对相对时间的概念所做的阐释以及所采用的例句似乎又都与时序相关。在他们看来,时制指的是情状发生的时间、说话时间和另外一个时间(称为参照时间)三者在时轴上的相互关系。从绝对基点(说话时刻)出发,有"过去、现在和将来"的时间概念;从相对基点(另一个时间)出发有"先事、当事和后事"的时间概念。从他们所举的例子也可以看出,这里的"先事、当事和后事"应该是属于时序的内容。但是,他们的描述重点分别放在了时相和时态上,对时制并未做深入探讨,就更谈不上对时序的研究了。

综上所述,汉语中也存在着时序现象,并且对时序的理解基本和俄语相同。不过,汉语采用的是"相对时间"这一术语。可见,与俄语一样,"时序"和"相对时间"这两个术语在汉语中也是没有被严格区分的。此外,汉语对时制以及时序少有问津。再者,如果说俄语对相对时间和时序有所区分,那么汉语基本没有提到这个问题。

1.2 时序与相对时间

行为实现的时间是根据某个计算点确定的。这个计算点可以是说话时刻或者另外一个时刻,可以是另一行为完成的时刻。俄语没有专门的词法标记用来区分这种计算点。时间形式系统是建立在和语法计算点相关的同时、先时和后时意义的对立基础上的。而这些时间形式可以用于表示相对说话时刻的绝对时间,也可以表示相对另一个时刻的相对时间。时间的词法范畴与式范畴紧密相关,但不是动词的所有变位形式都具有绝对时间范畴。俄语中没有专门的时间形式用来表示相对时间意义,除完成体和未完成体的副动词之外。

研究时序首先应该把它和另一个相关概念区分开来——相对时间。传统语法中区分出相对时间和绝对时间。绝对时间的时间所指中心是说话时刻,而相对时间按照普遍的理解,这不是依据说话时刻,而是依据另一行为时刻而确定的行为时间。在以往很多的著作中,时序和相对时间——这两个概念或者是被完全等同,或者是被混淆,界限模糊不清。的确,时序和相对时间这两个概念的界限在很多情况下是比较模糊的。就其原因,一是因为它们都表示行为之间的时间关系,二是因为它们的时间参照点都与说话时刻无关。也正因如此,二者有时会有交叉情况,但这并不表明它们之间可以画等号。对此,Бондарко 在不同的著述中(Отв. ред. Бондарко 1990:16—18,2003:238;Бондарко 1999:104)曾有详细的分析。他从如下三种关系中审视并区分了时序和相对时间的概念:

其一,时序指的是处于同一完整时间域框架内两个或两个以上事件之间互为时间参照点的同时或者异时关系,它不具有事件在时间轴上的定位功能,而是共时性关系。例如:

(1) Да я с ней ① сидел все время, пока вы с Катериной Сергеевной ② играли на фортепьяно.

这里行为①和行为②之间是同时时序关系,两个行为都是相对说话时刻的过去时。笔者理解,所谓属于"同一时间域",是指两个或两个以上事件或者都是相对"绝对基点",或者都是相对"相对基点"而构成的时间关系。也就是说,相对不同基点的时间关系,就不是时序关系。

其二,相对时间是一个时间域中的事件以另一个时间域中的事件为参照点所产生的时间关系。如:

(2) Мог ли тогда знать дедушка, что лет тридцать или сорок спустя по этому же пути... пройдет линейка с осетином на козлах, в которой среди прочих экскурсантов... будет ехать и одна из его многочисленных дочерей...(В. Катаев)

例句中各个行为的时间属于不同的时间域(其中过去时是相对作者的说话时刻而言,而将来时是相对过去时而言),它们之间不构成完整的时间域,因此也就不存在时序关系,而只是相对时间,因为两个行为属于不同的时间平面,没有同一的时间域,也就是说它们之间的时间关系缺乏时序的特有限制条件。

其三,相对时间是两个时间域中事件之间的时间关系,而时序是同一时间域中两个或两个以上事件之间的时间关系。这是它们之间根本性的区分点。但是,时序与相对时间有时会出现交叉情况。例如:

(3) Поднимаясь по лестнице, они громко разговаривали.

这里有相对时间,是因为由副动词表示的行为时间不是根据说话时刻,而是根据另一个行为的时间确定的。同时,我们还可以看到时序关系的存在,因为这里的多述谓结构中的成分之间具有同一时间域(即完整时间框架内)的同时或者异时关系。相对时间涉及的是一个述谓形式,此时,我们感兴趣的是时间基点是否与说话时刻相关。而时序涉及的不仅仅是一个述谓形式,而是两个甚至更多述谓形式的组合。

此外,Бондарко(1999:100—102)还做了几点补充。一是有必要确定这个时间域的范围,否则无从谈论时序关系。例如:

(4) Раньше и я так думал, а теперь не верю им.

这里体现的并非是时序关系,而是通过过去时和现在时的对照所形成的时制意义(темпоральная ситуация)。二是要考虑到行为的具体性/不具体性,也就是说,所说行为或者都是具体的,或者都是不具体的。例如:

(5) Он ел, как едят усталые люди.

这里反映的也不是时序关系,因为其中一个行为是具体的,而另一个是不具体的。这属于时间的定位性/非定位性(временая локализованность/нелокализованность)范畴(见下一节)。三是结构因素也对时序的确定起着重要的作用。时序主要体现在多述谓结构中,这指的是句子和超句统一体。如果行为之间的时间关系出现在大于这些句法单位的篇章成分中,则属于时列范畴(временной порядок)。按照Бондарко的理解,如果相对时间是语法形式的范畴特征,那么时序则可以看成是一种语义关系,是在一个完整时间域内的行为之间的时间关系,包括同时和先后关系(Бондарко 1999:77)。

如上可以看出,Бондарко将相对时间和时序之间的关系确立为三种基本类型:一是只是相对时间,而不是时序;二是只是时序,而不是相对时间;三是既是相对时间,又是时序。总体上看,较之时序,相对时间的概念更为狭窄,因为相对时间与绝对时间相对立,而时序既可以体现在相对时间中,也可以体现在绝对时间中。是否形成"完整时间域"(或者说不同行为是否处于同一个时间域中)是确定行为之间是否存在时序关系的基础。我们认为Бондарко对时序和相对时间的阐述是比较合理的,因为他既找到了二者之间的根本区分点,又承认二者之间的交叉点,同时还进行了深入的成因分析。本章节对俄汉语时序范畴的对比分析,即采用Бондарко的上述观点。

1.3 时序的语义类型

在概念理解上,Бондарко把时序解释为在一个完整时间域框架内(в

рамках целостного периода времени)各个行为之间的关系,这种关系主要体现在多述谓性话语中,同时指出,这里的行为是广义的,还包括状态和关系,也就是述谓所体现的任何意义（Отв. ред. Бондарко 2003:234）。他特别强调,是否形成一个完整的时间域是确定行为之间是否存在时序关系的基础。在语义上,Бондарко（Отв. ред. Бондарко 2003:237）把时序表示的关系主要分为两大类型:（1）可分化时序关系（дифференцированные）;（2）不可分化时序关系（недифференцированные）。前者指行为之间可以分为同时关系（значение одновременности）或者异时关系（значение разновременности）,这是人们对时序意义的基本理解;后者指各行为之间不具有同时和异时区别时所呈现出的关系。在后一种情况下,同时和异时关系不是本质的,这里起关键作用的是各个行为对时间域完整性的关系。例如:

(6) За две недели на полметра вымахают①из воды хвощи, солнце до дна проколет ② лучами озерную воду, а лесной гребень целыми днями будет прочёсывать ③ синюю небесную лысину.
（В. Белов）

这里的行为①、②、③都属于同一个时间域（За две недели）,它们之间是时序关系,但不存在同时和异时的区别。

Бондарко（Отв. ред. Бондарко 2003:234－239)认为,时序的核心语义是同时/异时意义（значения одновременности/разновременности）,异时意义包括先时和后时（предшествование-следование）,但是时序的语义并不只是归结为这些意义。首先,时序是一种和时间意义紧密相关的功能语义范畴,因为时序关系表达的恰恰是相关行为之间的时间关系,但这些行为与说话时刻无关,同时与它们完成或者持续的时间无关;次之,时序范畴是一个"时体—时序"范畴,是一个"纯时序和时体因素的统一体",因为它表示的是一个带有时体特征的某个完整时间域框架内的行为之间的时间关系,因为任何行为都有自己的时体特征,表现为时间上的持续和分配;再者,行为之间的相互关系还可能是时序关系与其他一些语义关系结合而成的混合型时序关系,这些关系包括限制性语义（семантика обусловленности）、性质评价关系（отношения характеризации）和情态性成分（модальные элементы）等。限制性语义指除了行为之间的时间关系

外,一个行为还是另一个行为的先决条件、根据、理由、前提、动机和目的等。例如:

(7) Осознав всё, что произошло, он изменил своё решение.

性质评价关系指除了行为之间的时间关系,一个行为还解释说明或评价另一个行为所表达的现象的特征。例如:

(8) Они (девочки и мальчики) по очереди несли дежурство у входа в палатку, сторожа наш маленький лагерь. (Л. Кассиль)

而情态性成分的例句如:

(9) Я уже собиралась выходить из леса, как увидела, что на опушке стоят красноармейцы. (Л. Кассиль)

俄语在时序的核心意义基础上,根据事件之间的时间间隔性质,异时关系还可以分出"完全异时"、"部分异时"等类型;根据事件之间的时间吻合程度,同时关系也可以再分出"完全同时"和"部分同时"等类型;而根据行为在时间流中的具体性和确定性,时序还可以分为定位性和非定位性两类(Отв. ред. Бондарко 2003:243—248,292)。

也就是说,Бондарко 实际上把时序的语义结构划为三个组成部分:(1)可分化时序关系(即同时和异时关系,二者还可以再分为各自的"完全"和"部分");(2)不可分化时序关系(属于同一个时间域,却不能区分出同时和异时的行为之间的关系);(3)与其他一些关系(限制意义、性质评价意义、情态意义)结合而成的混合型时序关系。最后,Бондарко 确立了一个功能语义场——时序场。这是意义和形式两方面的统一体,意义上指的是在一个完整时间域框架内一个多述谓性结构中的各个行为之间的各种时间关系,形式上则指该语言中表达这些种时间关系的各种语言手段(词法、句法、词汇等)(Отв. ред. Бондарко 2003:238)。这在俄语中涉及语法的各种问题,包括动词体、动词时、副动词、形动词、复合句、带同等谓语的结构等语言现象。

对于这一点,吕叔湘(1990:371—383)先生也有简单的描述,他把时序现象分为"先后紧接"、"习惯性承接"、"两事并进"、"先后间隔"等不同类型。可见,汉语对时序现象分类的角度以及所分出的类型与俄语是基本一致的。其中的"两事并进"即是同时关系,"先后紧接"和"先后间隔"

则包含了异时关系的"完全异时"和"部分异时",而"习惯性承接"("每当……就")在俄语中属于定位性时序中的多次性时序。

1.4 俄汉语时序的表达手段及其言语机制

时序功能语义范畴具有普遍性特征,在世界所有语言中都有体现。但是时序的表达手段在不同语言中有着根本的区别。在许多语言中都没有专门的时序词法形式。这些语言中的时序意义是在句法层面上得以表现的。应该说,汉语对时序表达手段的研究并不深入。为此,我们尝试把俄语的相关研究成果运用于对汉语的研究。我们知道,在俄语动词的不变化形式中,完成体和未完成体副动词可以表达先时和同时的时序关系,而形动词也是具有时间特征的词法范畴。因此,俄语历来把时序的结构分成两个类型:制约性时序和非制约性时序。两种时序都是描述同一时间域中事件之间的顺序关系,只是使用的语言手段不同。

1.4.1 制约性时序

制约性时序指的是各行为中有一个行为是主要的,而另一个行为是次要的(伴随的),这在俄语中主要体现在词法和词汇层面。

1. 词法手段

这主要包括带有副动词和形动词的结构。这时,动词的体起着非常关键的作用。一般情况下,未完成体动词的副动词和形动词表示同时意义,完成体副动词和形动词表示"之前"意义,其中形动词还涉及时的形式。例如:

(10) Есть люди, которые, встречая своего счастливого в чем бы то ни было соперника, готовы сейчас же отвернуться от всего хорошего, что есть в нем, и видеть в нем одно дурное. (Л. Толстой)

(11) Выйдя очень молодым блестящим офицером из школы, он сразу попал в колею богатых петербургских военных. (Л. Толстой)

(12) Тьма, пришедшая со Средиземного моря, накрыла ненавидимый прокуратором город. Исчезли висячие мосты, соединяющие храм со страшной Антониевой башней... (М. Булгаков.)

有时,完成体副动词可以表示"之后"意义。例如:

(13) Он рассказал мне всё дело, прибавив, что именно потому поторопился приехать, чтоб предупредить меня.(А. Герцен)

(14) Мама вошла в подъезд дома, приказав мне ждать. (Ю. Нагибин)

由于汉语没有词形变化,因此不存在副动词和形动词这种词法形式,与俄语制约性时序意义相对应的时序关系在汉语中主要通过词汇—句法手段来表达(见下文)。

2. 词汇手段

俄语前置词 при, к, перед, до, после, с, накануне, по(加第六格)等与动名词搭配也可以表示时序关系,如果说 при 表示的很明显是制约性时序,那么其他前置词体现的则既可以看成是制约性时序,也可以看成是非制约性时序:

(15) За обедом он поговорил с женой о московских делах, с насмешливою улыбкой спрашивал о Степане Аркодьиче.(Л. Толстой)

(16) К чаю больших Долли вышла из своей комнаты. Степан Аркадьич не выходил. (Л. Толстой)

(17) Рядом с обогащением языка, с завоеваниями у иных писателей идет заметный процесс иссяказания образных его качеств. (К. Паустовский.)

另外,俄语一些前置词词组加动名词也可以表示时序意义。如:во время, в ходе, в процессе 等:

(18) Повар ушел ещё вчера со двора, во время обеда.(Л. Толстой)

尽管语言学家们迄今尚未论证与这些前置词搭配的动名词在语义上有什么禁忌或限制,但是他们却发现了它们在语义上具有一定的倾向性,主要集中在以下几种意义上:运动(приход, уход, приезд, отъезд, переход, встреча);时相(начало, окончание);昼夜时点(рассвет, утро, вечер);进食(завтрак, обед, ужин, чай);人生中重要事件(рождение, свадьба, развод, смерть, арест);社会重大事件(революция, война)(Отв. ред. Бондарко 2005:74)。

汉语中由动词加虚词"着"、"了"、"上"或"下"构成的连动式表示次要行为,与主要行为动词连起来表达制约性时序意义。次要行为动词无论加其中哪一个虚词都发生在主要动作之前。但用"着"字则在后者出现时,前者还在延续(多半和他同时结束),用"了"或者别的字则在后者出现时,前者已经完成(吕叔湘 1990:383)。例如:

(19) 我披衣坐起,撑着一把伞,决心去找木鱼声的所在。(林清玄)
(20) 那时候的人生阅历已经让我们明白不能将它拿回家,于是我们在手术室外撬开了一块铺地砖,将记事本藏在了下面。(余华)
(21) 远远地,看到一个披着宽大布衣、戴着毡帽的小老头子,推着一辆老旧的摊车,正摇摇摆摆地从巷子那一头走来。(林清玄)

汉语中某些不带"着、了、过"的动词结构也可以表示制约性时序意义,这指的是人的身体姿态、面部表情或动作的方式。如(张家骅 2000:84):

(22) 昂首远望、起身开门。

1.4.2 非制约性时序

非制约性时序指各行为之间没有明显的主要和次要之分,这在俄语和汉语中都集中体现在词汇—句法层面。

1. 句法手段

首先是带时间从句的主从复合句。这些句子中的主句和从句的行为时间关系可以是同时的,也可以是异时的,其表达方式是各种各样的连接词。如在俄语中,表示同时关系的连接词主要包括 когда, пока 等,表示先后时间关系的连接词主要有 когда, до того как, перед тем как, прежде чем, пока не, после того как, с тех пор как, как только 等。在前一类和后一类连接词引导的从句中,谓语动词分别采用未完成体和完成体形式。而在主句中,当复合句表示同时意义时,谓语采用未完成体形式;当复合句表示先后意义时,主句谓语动词既可以采用未完成体,也可以采用完成体形式,不同的体表达不同的细微先时和后时意义。例如:

(23) Здесь Михаил Михайлович встречал восход солнца, пока в доме все еще спали глубоким сном. (В. Пришвина)
(24) Валя должна была сопровождать отца до того, как начнет светать. (А. Фадеев)

(25) Он выскочил из дома в самый последний момент перед тем, как обрушилась крыша. (В. Ильененков)

(26) После того, как я сыграл рыцаря в 《Раймонде》, меня стали чаще занимать в балетных спектаклях. (Н. Черкасов)

汉语中,前者包括"在(当)……的时候(时)",后者则指的是"在……之前(以前)、在……之后(以后)、直到……才"等。

(27) 正在研究地图的时候,接到台北马英九市长的秘书来电。(龙应台)

(28) 我吃老人的馄饨吃了一年多,直到后来迁居,才和他失去联系。(林清玄)

值得注意的是,俄语一些连接词并没有细微的时间意义,如"когда"既表达同时也表达异时,而同时还可能是部分同时和完全同时。这时,起区分作用的是动词谓语的时—体综合体。请看例句:

(29) Когда окончилась репетиция, я пошел за кулисы. (М. Садовский)(先后关系)

(30) Когда люди молоды и весна на дворе, все кажется веселым и радостным. (К. Станиславский.)(完全同时关系)

(31) Однажды Михаил Аверьяныч пришел после обеда, когда Андрей Ефимыч лежал на диване. (А. Чехов)(部分同时关系)

俄语有一些时间性熟语结构也可以表示时序关系,这主要指带有 не 和 как 的句子,它们强调两个事件之间间隔极小或者没有间隔,而且第二个事件的发生是突然的、出乎意料的:

(32) Но не успел я этого сделать, как уже стал раскаиваться. (Л. Толстой)

(33) Еще солнце не закатилось, как уже все было готово. (В. Шишкин)

汉语表示两个事件先后紧接,常用"才……就"、"刚……就"等句式。如果用"一……就"则表示两事之紧接更有间不容发之概(吕叔湘 1990:376)。

第六章　俄汉语时间范畴的形式系统　　　　　　　135

(34) 一见到了我的衣服，一句话不说，就拿起来走去，远远的坐大路上，等候我要穿衣时来同他会面。(沈从文)

其次，一些并列复合句也可以表示时序关系，它们大多表示同时意义。俄语和汉语中的连接词分别包括"a, и"和"而, 却, (一) 边……(一) 边……, 一面……一面……"。例如：

(35) Он в освещенном вагоне, на бархатном кресле сидит, шумит, пьет, — а я вот здесь, в грязи, темноте, под дождем и ветром—стою и плачу. (Л. Толстой)

(36) В аудитории громко разговаривали студенты и что-то тихо бубнил себе под нос лектор. (选自 под ред. Величко 2004)

(37) 许多次，我在电话中一边同母亲说话，一边想象母亲苍老的模样，眼见为实的母亲让我惊讶不已。(刘醒龙)

而俄语连接词 и 引导的并列复合句还可以表示异时关系，动词采用完成体形式：

(38) Ему отвели квартиру, и он поселился в крепости. (М. Лермонтов)

此外，汉语有时虽是同时意义，却只用一个"一边"："大家死劝着，她才一边骂着走了回来"。一般用了关系词还可以用"着"，也可以不用"着"。如果没有关系词，在两个动词后面加"着"也可以表示同时关系："吃着碗里的，望着锅里的"；"想着你来又惦记着他"(吕叔湘 1990: 382)。

俄语中还有一些具有对别意义的并列复合句也可以表示先后时序关系，其连接词主要是 в то время как, между тем, тогда как, по мере того как 等：

(39) В то время как на берегу моря пасмурно и сыро, в горах ясно, сухо и тепло. (В. Арсеньев)

另外还有一些带有条件、原因和结果从句的主从复合句，也可以表示先后时间关系。这在俄汉语中都是如此。例如：

(40) Если она изъявит чистое раскаяние и переменит жизнь свою, я женюсь тогда на ней. (Н. Гоголь)

(41) В поэме было точно названо место действия, так что не спутаешь. (В. Мамонтов)

(42) 我如果考试不及格,妈妈要气恼的。(选自网上"词酷")

(43) 由于我们提前采取了措施,因此这次溃堤没有造成什么损失! (同上)

从上可见,在表示同时或先后的时序关系时,复合句可以提供更为具体和细微的信息,譬如指出是完全同时还是部分同时,事件之间是否有间隔以及间隔的长短,还可以指出事件的起讫时刻,是否中断以及超前、过早、突然等以及同时性的成比例性、交替性或者限制性等信息。但是,汉语连接词数量不如俄语那般丰富。

再者,带同等谓语的句子也可以表示非制约性时序关系。俄语中主要通过动词的体来区分同时(НСВ)和先后(СВ)意义,而汉语更多地依靠虚词和词序手段。例如:

(44) Матвей положил руки в карманы своей жакетки, отставил ногу и молча, добродушно, чуть-чуть улыбаясь, посмотрел на своего барина. (Л. Толстой)

(45) Увидав эту улыбку, Долли вздрогнула, как от физической боли, разразилась свойственною ей горячностью, потоком жестоких слов и выбежала из комнаты. (Л. Толстой)

(46) 母亲瘸着腿走出人群,下了道坡,拾起那顶帽子。母亲把帽子戴到我的头上,压了压帽顶,又正了正帽檐。(刘川北)

(47) 帽子静悄悄地躲在道破子下面的灌木棵子旁边,无动于衷地仰着脸瞅着这一群人,也安然地瞅着母亲。(刘川北)

2. 词汇手段

词汇手段首先是指一些表示时间顺序和接续意义的副词,俄语中包括 одновременно、вначале、сначала、потом、позже、вскоре、наконец、сразу、тотчас же、сейчас же 等;汉语则主要指"同时、先、再、又、就、才、便、起初、后来、然后、随后、不久、马上、转而、顿时、即刻、立即、霎时、马上"等。这些词语经常出现在各种复合句和带同等谓语或连动式的句子中,表示时间顺序,使得事件之间的时间关系更为明确,同时可以表现故事情节的起始、突转、断续、张弛、疏密等特征。

(48) Совсем молодой умерла его любимая жена, а вскоре от апоплексического удара и сам. (Е. Карпов)

(49) Вронский улыбнулся с таким видом, что он не отрекается от этого, но тотчас же переменил разговор. (Л. Толстой)

(50) 信写好念给他听听,随后必把大拇指翘起来摇着,表示感谢和赞许。(沈从文)

(51) 曲曲折折走了好一会,又上了许多石阶,才到山上寺里。(朱自清)

(52) 我吃了饭,在屋里坐了一会儿,觉得有些无聊,便信步走到那书房里。拿起报来,想再细看一回。忽然门钮一响,阿河进来了。(朱自清)

(53) 然而我的笑貌一上脸,我的话一出口,却即刻变成空虚,这种空虚又即刻发生反响,回向我的耳目里,给我一个难堪的恶毒的冷嘲。(鲁迅)

另外,一些时间代副词也可以表示时序意义,它们往往作为照应手段出现于篇章中,表示同时意义。俄语中主要指 в это время,汉语则是"这时(候)"。例如:

(54) ... Доктор вышел проводить до ворот своего приятеля почтмейстера. Как раз в это время во двор входил жид Мойсейка, возвращавшийся с добычи. (А. Чехов)

(55) 老拱挨了打,仿佛很舒服似的喝了一大口酒,呜呜的唱起小曲来。这时候,单四嫂子正抱着他的宝儿,坐在床沿上,纺车静静的立在地上。(鲁迅)

3. 词序手段

"两个句法单位的相对次序决定于它们所表示的概念领域里的状态的时间顺序"——该时间顺序原则(The principle of temporal sequence)在汉语中得到了验证(见戴浩一著,黄河译1988),即当两个汉语句子由时间连接词(如"再"、"就"、"才")联结起来时,第一个句子中事件发生的时间总是在第二个句子之前。不含连接词的连谓结构同样也遵循这一原则。当两个谓语词表示连续的行为动作时,它们之间的次序依据概念领域里的时间顺序。例如:

(56) 我们工作一结束,他就来了;

(57) 你给他钱,他才给你书;

(58) 张三上楼睡觉。

这一条件原则对俄语也适用。Бондарко(Отв. ред. Бондарко 2003: 240,261;Бондарко 1999:217)指出,在时序表达中,词序起着非常关键的作用。在没有专门标记的情况下,述谓的次序基本反映了行为之间的次序。这在无连接词的复合句和带同等谓语的句子中尤为突出。不过,与汉语不同的是,俄语动词的体和时也起着很重要的作用。一般情况下,只有完成体动词的连用才表示时间的先后顺序。例如:

(59) Вот увидимся—поговорим. (Л. Толстой)

(60) Умри я сегодня, что с вами будет?(А. Пушкин)

(61) —Я так хочу машину.
     —Будет. Разбогатею—купим. (С. Довлатов)

(62) Все зашевелилось, проснулось, запело, зашумело, заговорило. (И. Тургенев)

(63) И вот Егор Иванович собрался. Завернул деньги в портянку, натянул сапоги, взял в руки палку и пошел. (М. Зощенко)

(64) Мышлаевский выронил папиросу изо рта, откинулся и захрапел сразу. (М. Булгаков)

有时,用于历史现在时的未完成体也具有这样的功能:

(65) Встаю, одеваюсь, выхожу в коридор. (Ф. Искандер)

第二节 俄汉语中的时位对比研究

时位范畴的对比研究包括俄汉各自的研究状况、概念的理解、术语的修订和表达手段及其言语机制。

2.1 俄语时位范畴研究综述

在俄语研究历史上,尽管早已有人注意到具体的行为(Я пишу теперь; Я писал, когда он вошел)和习惯性行为(Я недурно пишу;

Пишу по вечерам)之间的区分(Потебня 1977:90—91),但这一现象不曾被看成是一个独立的语义范畴。把该现象首先提升到语义范畴层面的是Эрвина Кошмидер。Кошмидер 把这类现象称作时位①范畴(德语为 Zeitstellenwert)(Koschmieder 1934;1979,转引自 Отв. ред. Бондарко 2003:231),并且认为,时位是有着各种语言表达手段的独立语义范畴,这一范畴包含两个对立的意义,是由两个对立意义组成的统一体:其中之一指的是行为和事件在时间中具有独立位置的意义;另一个是超时间意义(Отв. ред. Бондарко 2003:231)。Кошмидер 指出,根据时位的表达特征,世界上的语言可以分为两类:一类是具有专门区分时间定位性和非定位性的语法手段的语言;另一类是缺乏这种语法手段的语言。在后一类语言中,时位意义在上下文和具体情境中可以通过词汇手段采用描写方式表达(Koschmieder 1934;1979,转引自 Бондарко 1999:450)。Кошмидер 对这一范畴在波兰语和土耳其语中的表达手段进行了研究,并且得出结论:这一问题的研究对探寻斯拉夫语动词体的功能规律有着重要意义。但是,他对俄语的这一问题没有做深入研究。可以说,Кошмидер 确立了有关时位的最基本和最原始的概念,他为这一问题的研究奠定了理论基础。

对俄语时位范畴进行全面研究的是 А. В. Бондарко。Бондарко 深受 Кошмидер 的影响,他沿袭了 Кошмидер 的术语,并将它译为 временная локализованность。他对时位的概念内涵、语义类型以及表达形式做了全面而详尽的分析。

首先,Бондарко 对这一概念进行了更为详细的阐释。Бондарко 指出,这一术语包含两个方面的内容:一是行为和情景在整个单向时间流中所处位置的具体性和确定性,也就是它们相对于某个时刻的固定性;二是行为和情景在时间流中所处位置的非具体性和非确定性,这包括行为的重复性、一贯性和泛指性,后者也称为超时间性(временная обобщённость)。这两种情况可以分别用"时间定位性"(временная локализованность)和"时间非定位性"(временная нелокализованность)两个术语来表示。时间定位性和非定位性最终都反映着客观现实,尤其是

---

① 关于术语问题请见下文。

非定位性反映着人类活动和周围世界中的周期性过程。二者的区别主要在于：时间的定位性意义反映时间的单向性和不可逆性，指语言中所反映的各种过程和事件在单向的、不可逆的时间流中的具体位置；而非定位性意义反映的则是过程和现象的规律性和非规律性重复的客观事实，它往往带有概括性和评价性意义，或者含有惯例性意义（С ним это часто случается），或者带有格言特征，这指的是超时间意义（Что ни делается, всё к лучшему）(Отв. ред. Бондарко 2003:210; Бондарко 1999:443－444)。Бондарко 认为，时间定位性和非定位性意义是任何话语都必然表现的特征之一，因为任何话语都必然反映出时间定位性和非定位性的区分，即具体性和非具体性，这一区分有时体现在同一个话语中，即同一话语可以反映定位性和非定位性的对立，二者构成一个复杂的定位性和非定位性情景，其对立性此时尤为凸显（Отв. ред. Бондарко 2003: 212)。如：

(66) Прейн слушал его внимательно, как доктор слушает рассказ пациента. (Д. Мамин-Сибиряк)

(67) Князь Андрей пожал плечами и поморщился, как морщатся любители музыки, услышав фальшивую ноту. (Л. Толстой)

其次，在时位的语义划分方面，Бондарко 与 Кошмидер 也有所不同。他认为时间非定位性不只是包括超时间性，还包括简单重复性（простая повторяемость）和平常性或者惯例性（обычность или узуальность）。也就是说，Бондарко 把时间非定位性分为三种基本语义类型：(1)简单重复性意义；(2)平常性（惯例性）意义；(3)时间泛指性（超时间性）意义（Отв. ред. Бондарко 2003:217－218)。简单重复性指的是无规律的、发生在具体时间片段中的重复行为。简单重复性意义可以直接观察得到，并且可以在记忆中再现，其本质特征是这一重复的行为的主体是具体的 (Бондарко 1999:454)。如：

(68) Молча и неподвижно сидя у стены на соломе, Пьер то открывал, то закрывал глаза. (Л. Толстой)

(69) Еще сколько-то часов проходит. Мы сидим... Сначала я каждые пять минут на часы поглядывал. А потом запретил себе. (Л. Пантелеев)

平常性(惯例性)意义指超出具体时间片段的、可以观察得到的、具体行为的重复，既包括现实的重复又包括可能的、潜在的重复，行为的重复不只是在这一个情景中，还存在于其他类似的情景中。因此，平常性意义总是具有一定程度的典型性，它概括的是说话人或者以他为代表的一群人的经验，其本质性特征是主体可能是具体的，也可能是泛指的。如：

(70) У меня есть странная особенность: я быстро схватываю в живом разговоре и поразительно тупа в чтении... (Ю. Нагибин)

(71) Счастливые люди не вызывают во мне зависти, даже если они очень счастливы, ни раздражения, даже если они очень довольны: вообще никогда не вызывают никаких дурных чувств. (Л. Гинзюург)

超时间性表达的是一般规律，常常体现在谚语、成语或体现一般规律性的判断中。说话人在保留自己观点的同时，还表达了普遍真理。在这种情况下，说话人成为了整个人类的代言人，其本质特征是主体和客体都必须是泛指的，整个情景具有最高程度的普遍性(Отв. ред. Бондарко 2003:217—218;Бондарко 1999:454—455)。如：

(72) Кто не может взять лаской, тот не возьмёт и строгостью. (А. Чехов)

(73) Ребёнок, который переносит меньше оскорблений, вырастает человеком, более сознающим свое достоинство. (Н. Чернышевский)

再者，在时位的表达手段方面，Бондарко 的观点也与 Кошмидер 不同。他把时位看成是一个功能语义场(функционально-семантическое поле)，并且指出这一范畴不仅具有意义层面，而且还有表达层面。他认为时位是由各个语言层面相互作用的手段来表达，俄语没有表达时位的专门语法形式，但是有一些语法范畴可以起到关键的作用，例如动词的体和时。一般情况下未完成体既可以表示定位性，也可以表示非定位性；而完成体则通常表示定位性的意义，尤其是完成体过去时形式。如：

(74) Прейн слушал его внимательно, как доктор слушает рассказ пациента. (Д. Мамин-Сибиряк)

(75) Князь Андрей улыбался глядя на сестру, как мы улыбаемся, слушая людей, которых, нам кажется, что мы насквозь видим. (Л. Толстой)

(76) Князь Андрей пожал плечами и поморщился, как морщатся любители музыки, услышав фальшивую ноту. (Л. Толстой)

此外,时间定位性和非定位性之间的区分不只是体现在专门的语法形式的对立上,不只是局限于述谓范围,俄语中有一系列比语法形式更为复杂的表达形式也对时间定位性意义的表达起着重要的作用,譬如状语和主体以及客体特征。如:

(77) Он тогда ошибся—Он часто ошибался.

状语和主体以及客体特征在时间非定位性意义上体现得尤为明显。如(Отв. ред. Бондарко 2003:226—230):

(78) Сначала я каждые пять минут на часы поглядывал...(Л. Пантелеев)

(79) Старый человек иногда загрустит, а отчего—и сам не знает. (М. Осоргин)

也就是说,时位范畴的语义对立需要通过一系列手段来表达,这涉及的不仅仅是述谓范畴及其状语特征,还牵涉主体和客体范畴。语言系统各个层面上的表达手段相互作用得以体现时位意义。Бондарко 通过以下例子对此进行了说明:

(80) В тридцать четвертом году, когда в отставке был, он книгу написал. Вот эту. Генералы, когда они в отставке, любят книги писать. (К. Симонов)

在这个句子中,动作行为的时位意义的区别是通过以下对立关系来实现的:(1)体现时间定位性的手段包括具体的主体(он),属于过去某个时刻的具体行为(написал),以及具体的客体(книгу);(2)体现时间非定位性的手段则是泛指主体群(Генералы, когда они в отставке),表达泛指意义的现在时(любят),以及泛指的客体(книги)(Бондарко 1999:444—445)。

Бондарко 把行为时间的具体性和不具体性与主体和客体的具体性和不具体性结合在一起,也就是说,时位范畴涉及行为、主体、客体以及整个情景。因此,Бондарко 认为,时位不只是一个语义范畴,而是一个语言范畴,对这一问题的分析应该建立在整个话语层面上,应该考虑到话语中与该问题有关的所有因素(Отв. ред. Бондарко 2003:226—228)。

Бондарко 对时位范畴的时间非定位性意义及其在俄语中的各种表达手段进行了详细的分析。这也是 Бондарко 对时位范畴研究的发展的贡献之一。

总的来说,Бондарко 对时位范畴的阐释是与功能语法理论(теория функциональной грамматики)的发展紧密相关的,是建立在功能语义场(функционально-семантическое поле)和情景范畴(категория ситуации)基础上的,是在研究俄语以及其他斯拉夫语动词的时体意义和功能的过程中形成的。

И. Н. Смирнов 对俄语中的时位范畴也进行了研究(Смирнов 2000, 2001,2008)。他基本采用 Бондарко 的分类方式,但是,与重点分析时间非定位性的 Бондарко 不同的是,他更为详细探讨的是时间定位性现象,注意到了定位性的细微语义特征,并且对定位性意义进行了详细的分类,提出了点状和线性定位性(точечная и линейная локализованность)的概念。点状定位性属于那些在非持续时刻完成的行为,而线性定位性则是在一定时间段内完成的行为特征(Смирнов 2000:135)。按照 Смирнов 的观点,时间定位性的表达主要和动词体的潜在语义相关,动词体与时制意义相互作用共同表达时间定位性意义。他认为,现在时总是和说话时刻吻合,因此,这一类型的话语在时间轴上总是确定的;过去时则需要时间和空间标记(即状语成分),有时候还需要主体的共同作用。也就是说,Смирнов 同样注意到了时位范畴和主体概括性程度以及状语成分之间的关系,他把主体范畴理解为述谓特征的携带者,即行为发生者或者状态的携带者,俄语中的行为主体总是以词法形式体现出来,在双部句中主体的表达形式是第一格主语,Смирнов 对俄语中主体意义与时位范畴的关系做了详细的描写(Смирнов 2001:14)。

2.2 汉语时位范畴研究综述

汉语时间范畴语义系统主要包括时相、时制和时态三个方面(陈平

[1988]、龚千炎[1991,1994,1995])，此外，学者们对时点和时段问题也进行了独立的研究(见何亮 2007)。对于与俄语时位相关的语言现象，汉语似乎并未做专门的探讨和研究，但在涉及其他时间范畴时也有简单提及，譬如经常和反复的行为和事态（"我每天做操/夏天常打雷"）便是放在了时态（也就是时体）中的非完整体的事态，即持续情状中了（张济卿 1998：17—25)。另外，吕叔湘先生在说明动作的时间性时也曾提到永恒性和习惯性以及超时间意义。他指出，一个动作有时候与时间并不发生关系，例如永恒性和习惯性的动作：

(81) 太阳打东边出来，打西边落下去；
(82) 与朋友交，言而有信。

即使一个动作不是超时间的，我们也不必一定表示其时间。如：

(83) 孟子见梁惠王；
(84) 你去我不去。

吕先生指出，后一种情况中的第一个例句明明是过去的事情，第二句明明是未来的事情，可是两个例句中都没有时间标记。假如我们要表示一个动作的时间性，我们可以用种种时间词来表示那些时间。"我们不感觉有标明的必要，我们就不标明，这是汉语异于印欧语的地方"（吕叔湘 1990：227）。应该说吕叔湘先生在这里所说的"时间"就是时间定位性，而"超时间"就是非定位性意义的一种。但是，吕先生并未把这一问题提升到理论层面上来，也并未提供相应的术语。在后来的汉语时间研究中，对这一现象的阐述基本上还是停留在吕先生的研究成果上，并未有更深入的研究。再者，汉语的时点研究也包含着时位范畴的内容，时点表示时间的位置，指时间流上的一个时刻或特指相对于说话时间的一个时间。时点回答"什么时候"的问题，可以用"这个时候/那个时候"来指称，在汉语中时点可以进入"在/到 X 的时候"格式中 X 的位置（何亮 2007：34)。这实际上就是时间定位性意义，同时证明汉语中的时位与时制紧密相关。

可以说，俄语中的时位范畴在汉语中也是存在的，不过汉语没有像俄语那样明确、清晰地冠之以专门术语并且加以系统研究。

2.3 我们的补充和修正

我们认为，Бондарко 对时位的阐述是比较清晰合理的，这既包括他

对 Кошмидер 观点的理论性补充和阐释,也包括他对该范畴语法标志的重新定位和对俄语时位的具体分析等。我们在对俄汉语时位范畴进行对比分析时,即采用 Бондарко 的上述观点。但是,对 Бондарко 的阐释,我们做以下两点修正和补充:一是关于术语问题;二是关于语义类型的划分问题。

在术语问题上,Бондарко 用同一个术语(временная локализованность)来表示具有包孕关系的两个概念:其一是包含时间的定位性和非定位性两个方面的、高一级的概念,即时位;另一个是处于这一概念之下、与时间的非定位性相对立的下位概念,即时间定位性。我们认为,这在逻辑上是不合理的。因此,我们所采用的术语与 Бондарко 有所不同,我们把高一级的上位概念"временная локализованность"称为"时位",把它之下的两个对立性概念分别称为"时间定位性"和"时间非定位性"。这一点已经体现在上文中。

对于时位的语义类型,我们认为,Бондарко 把简单重复性归入时间非定位性,这种做法是过于强调动词体的功能所造成的结果。

对于这一问题,有持不同观点的学者,如 Т. Булыгина(1982:18—19)。Булыгина 把时间定位性理解为在某个时刻或者某个时段发生的或者发生过的、具体的现实行为和过程,以及与某个时间片段相关的情景和状态,因此,她把简单重复性归入时间定位性意义,认为它属于一个更大的具体情景。① Бондарко 把简单重复性归入时间非定位性意义,并指出其理由在于:尽管动作或行为属于更大的具体情景,但其中每一个重复的行为体现的都是时间非定位意义。也就是说,整个情景是具体的,可以观察到的,但其中每一个重复的、相互交替的行为并未固定在同一个时刻。另外,在非定位性情景中既可以用完成体也可以用未完成体,譬如可以用完成体将来时表示现在时(Отв. ред. Бондарко 2003:219)。

以上不同观点的产生与简单重复性的复杂特征不无关系。与具体的一次性行为相比,简单重复性行为已经失去一次性行为所具备的单独情景,但从另一方面来说,简单重复性行为又与某个确定的时间片段相关。

---

① Булыгина 不仅把 Бондарко 的简单重复性归为时间定位性范畴,而且把带有具体主体的平常性(惯例性)也归入了时间定位性范畴(Булыгина 1982:47)。对此,我们赞同 Бондарко 的观点,认为平常性(惯例性)属于时间非定位性范畴。

我们认为,固然在俄语中,时间的定位性和非定位性与动词体有着密切的关系,表达定位性意义一般使用完成体动词,表达非定位性意义则一般使用未完成体动词。但是,简单重复性指的是发生在具体时间片段中的行为的重复,而且这一重复行为的主体是具体的,这与非定位性中的平常性(惯例性)意义不同,平常性(惯例性)是超出具体时间片段的行为的重复,这种行为的重复不只是发生在某一个情景中,而是可以发生在类似的多个情景中,它具有一定的典型性,其主体可能是具体的,也可能是泛指的。简单重复性尽管在形式上与非定位性意义中的平常性(惯例性)一样经常使用未完成体动词,但是它在意义上与平常性(惯例性)有着很大的差别。此外,Бондарко 的分类观点也许对有语法体范畴的俄语来说具有一定说服力,但对于那些没有动词体范畴的语言来说(比如汉语)则显得有些牵强。而时位范畴是一个普遍的语言现象,它不是俄语特有的现象,这种划分或多或少带有片面性。再者,既然涉及的是语义类型,那么不应该以形式作为主要参考标准,而应以其语义特征为准。

  事实上,Бондарко 本人在这一问题上的阐述也显得有些模糊。他说,尽管有时候时间的定位性和非定位性(具体性和非具体性)的对立与行为的一次性和重复性(多次性)的对立可能会部分交叉,但二者并不能完全等同。通常情况下,动作行为可以是重复的,但同时又是具体的,在时间上是确定的。也就是说,多次性也可以是具体和定位的,表示在具体的时间片段里多次发生的具体行为。具体的多次行为既可以用完成体动词,也可以用未完成体动词。由此可以说,一次性和多次性定位性之间存在一定的差别(Отв. ред. Бондарко 2003:219)。Бондарко 这里所说的多次性定位意义其实与简单重复性吻合。另外,Бондарко 对这一问题的模糊态度还体现在他以下的描述中,他说:语言事实本身就具有双重性和过渡性(Отв. ред. Бондарко 2003:219)。可见,在某种意义上,Бондарко 也可能把简单重复性看做是时间定位性和非定位性之间的过渡现象。

  因此,我们赞同 Т. Булыгина 的观点,把简单重复性归入时间定位性范畴。如此说来,我们所得出的时位范畴的语义类型包括两大类:一是时间定位性,二是时间非定位性。前者包含具体一次性行为和简单重复性行为,后者包括平常性(惯例性)行为和超时间性行为。

  综上所述,时位是意义和形式的统一体。在俄语中,时位范畴不属于语法范畴,因为它没有专门的词法或者句法表达手段,即没有专门的、对立的语法表达手段。时位意义在俄语中的表达手段分布于语言系统中的各个层面,它们之间相互联系、相互作用共同表达时位意义。这主要包括动词谓语的体和时形式、主体的确定性和不确定性、时间和空间标记成分以及其他状语成分。这些手段在时位意义的表达过程中起着不同的作用,其中起首要作用的是动词的体和时形式。

下文就俄汉语中时位的表达手段及其言语功能做一番分析,重点探讨的是时间定位性和非定位性的区分性手段。鉴于汉语对这一问题研究的薄弱性,我们主要沿袭 Бондарко 的研究思路和方法,并尝试把俄语的相关研究成果运用于对汉语时位范畴的研究。

2.4 俄汉语时位的表达手段及其言语机制

2.4.1 动词的体和时形式

在俄语时位的表达中起首要作用的是动词的体和时形式,俄语动词的体和时是密切相关,不可分割的。

一般情况下,未完成体可以自由地参与时位的各种意义的表达,既可以表示定位性,也可以表示非定位性。定位性如例(85)、(86)、(87)、(88),非定位性如例(89)、(90)、(91)、(92):

(85) Приглашаю вас на ужин.

(86) Прошу к столу.

(87) Он радостно, прстально и вместе с тем робко смотрел на входившую и медленно приподнимался. В гостиную входила Анна.(Л. Толстой)

(88) Сергей говорил, а Всеволода Андреевича занимали не только его слова, но и лицо.(В. Карелин)

(89) Девушки часто плачут беспричинно.(М. Горький.)

(90) Сумма углов треугольника равняется 180 градусов.

(91) Если Белинский сильно горячился и закашливался, Герцен говорил какую-нибудь остроту, которая смешила Белинского и других.(А. Панаева)

(92) Он купил мотоцикл и теперь уезжал на работу на мотоцикле,

а потом, наверно, гонял по городу или даже за городом, потому что приезжал, когда все уже вернулись с работы. (В. Лидин)

而完成体则通常表示定位性的意义,尤其是完成体过去时形式。如:

(93) Астреин молча надел пальто, взял шапку и ушел. (А. Куприн.)
(94) Григорий и Акулина вышли из ворот и вскоре очутились в барской передней.(Д. Григорович)

但是,这并不是说时间定位性和非定位性的严格区分是取决于动词的某一种体和时形式,而是说完成体形式更倾向于参与时间定位性意义的表达,它们只有在特别的句法结构和上下文中才可以参与非定位性意义的表达(Отв. ред. Бондарко 2003:220,227)。譬如一般认为,超时间性谓语只能用未完成体动词现在时,但是,有可能出现使用完成体动词过去时和将来时的情况。这两种情况都常见于谚语和警句中:

(95) Что с воза упало, то пропало.
(96) Кто заключил в себе талант, тот чище всех должен быть душою. (Н. Гоголь)
(97) Не разгрызешь ореха, так не съешь и ядра.
(98) Дружбу за деньги не купишь.
(99) Два медведя в одной берлоге не уживутся.

这时,完成体过去时表示行为的一贯性似乎是通过某个已经完成的事实来体现的,即用一个具体的事实来代表其他类似的事实。这种用法特别强调一系列类似事实中的某一个,并且形象地表现出似乎是已有结果的事实(Бондарко 1999:459)。而完成体将来时一般用于表示行为之间的先后关系,这时,将来时意义已经弱化。这种情况很少见,一般需要上下文的支撑,包括时间状语、泛指主体和句子结构等。如:

(100) Если какая бы то ни была женщина, не примеченная охотником, неожиданно перейдет ему поперек дорогу, охотник теряет надежду на успешную охоту. (С. Аксаков)
(101) Где я лисой пройду, там три года куры не несутся. (С. Аксаков)

(102) Бывает так, что захочет вдруг забыть себя человек, — все забыть. (С. -Ц.)

(103) Право, позавидуешь иногда чиновникам. (М. С. -Щ.)

此外,完成体将来时还可以表示交替重复出现的行为,尽管这属于时间定位性范畴,但显然是违背了俄语动词体的一般性规律的:

(104) Посмотрите, что делает заяц: то вскочит, то ляжет, то перевернется, то подымет уши, то прижмет их. (К. Аксакова)

可见,在表示时位意义时,俄语动词的体和时形式尽管起着十分重要的作用,但是,其功能分界并不是十分严格的,这进一步说明,俄语时位并非语法范畴,它的表达还需要很多其他手段的参与。

汉语动词本身没有体和时的区分,以上俄语情况在汉语中都需用其他手段来表现,这主要是时间和空间状语以及其他手段(详见下文)。不过有时候,汉语的时制形式(着、了、过)和动作方式手段(一下,一次)也会起辅助作用,但起关键作用的仍旧是时间状语,因为这些辅助手段(时制形式和动作方式手段)既可以对应于时间定位性,又可以对应于时间非定位性。如:

(105) 婆婆生日那天,我一大早给她打电话,说买了礼物让别人帮忙捎回去了……下班回家的路上,我忽然想起,今年是婆婆的母亲去世的第一年。(王小蕊)

(106) 回到婆婆家已是晚上9点,婆婆特地到村口迎接。那晚,婆婆一直攥着我的手,连我去厕所也跟着。我忽然明白,在爱你的人面前,怎样的表达都是值得的。(王小蕊)

(107) 我从小就很怕冷,从来不喜欢在雪中等待任何人。但是那天我一直在那静静地守候着,我也不知道为了什么。等着等着,就看见她缓缓地走过来,说路好滑。然后,我转身走了。(方慧)

(108) 冬天的一个早上,他在楼下等她,她在楼梯里接电话。我从她身边走过,走到小区那里看到了他。他对我笑了一下,一点也不暧昧,只是很礼貌地笑了一下,你能理解吗?(方慧)

(109) 一路上还算顺利,但傍晚时分,天空中再一次飘起了雪花,而且越下越大。他的车沿着山路艰难地前行,忽然,砰的一声,车子陷入一个塌方的坑里。夜已经很深了,他下车查看情况,却一脚踩空,重重地摔了出去,再想站起来,只感觉右脚钻心地痛。(安若彤)

2.4.2 主体和客体的确定性特征

关于主体对时位意义的作用,Бондарко指出,述谓行为的时位意义和主体的具体性和泛指性之间的相互关系一般遵循以下规则:其一,如果主体是具体的,那么述谓行为可以是具体的、一次性的,也可以是平常的、重复的(即对该主体而言是典型的),如:

(110) Маша принимает лекарство——Маша не принимает лекарств;
(111) Виктор Иванович принимает экзамен в соседней аудитории——Он всегда принимает экзамен в соседней аудитории;
(112) Он ошибся——Он часто ошибается.

但这时行为不可能是泛指的。最高程度的泛指性行为只能对应于泛指的主体,这包括某一类主体(如 человек, люди, всякий, любой, каждый, кто-тот 等)或者一些抽象事物(如 время, жизнь, история, среда 等);其二,如果主体是泛指的,那么述谓行为不可能是具体的,即使是人类或抽象事物等作主体,其述谓行为也只能是泛指的(Отв. ред. Бондарко 2003:216;Бондарко 1999:455—456)。如:

(113) Каждый человек носит в себе зачатки всех свойств людских. (Л. Толстой)
(114) Никакая истина одинаково не представляется двум людям. (Л. Толстой)
(115) Ведь кто оглядывается назад на жизненном пути, тот превращается, как жена Лота в библейской легенде, в каменный столб. (Н. Морозов)
(116) Кто не может взять лаской, тот не возьмёт и строгостью. (А. Чехов)
(117) Кто за все берется, тому ничего не удается.
(118) Человек без родины——соловей без песни.

观察汉语,可以发现,在主体对行为时位意义的功能规律上,汉语与俄语基本一致。在具体的主体表达上,汉语和俄语基本是一致的,都是很明显的;而类同俄语的泛指主体有"人,人类,人们,每个人,任何人,谁—谁,有些人"以及"时间,人生,生活,历史,环境"等抽象泛指意义的名词,其述谓行为只能是泛指,即属于时间非定位性意义。如:

(119) 人都有不良情绪,偶尔会感到抑郁,寝食无欢,只愿闭门独守——能及时排解就好。(陈敏)

(120) 人和故乡的距离变得越来越短,甚至比从居住地到工作单位的时间还要短。人们不再觉得回老家是件有神圣感的事情,因为平时每天的通勤路程比它都要复杂、痛苦。人和故乡的距离感渐淡,故乡的分量也渐轻,因为回新家比回老家让你觉得更重要。(林奇)

(121) 任何人的成功都是从磨练中得来的。挫折和失败并不是人生中的意外,而是一个人成长道路上的必然,是生活最珍贵的馈赠。(余华)

(122) 吃饱穿暖之后,人类的花花肠子就多了,幸福的内容变得五花八门。人类开始载歌载舞,点燃篝火;开始找一些没用的东西,比如兽牙,挂在自己脖子上,无缘地高兴,而且特高兴。人类的精神生活拼命催生人类的物质生活,于是有了强权制度,身强力壮者霸占一切,享受不平等带来的巨大快乐。人类就是在这种不平等中加快了进化的脚步。(马未都)

(123) 所有人回到故乡的第一件事,就是去吃怀念已久的食物,但一半的人会发现,再也找不到当年的店,甚至这种食物都有可能消失了。这还不是最惨的,最惨的是另一半人找到了美食,却发现它失去了当年的味道。(林奇)

(124) 谁不为生活,有时在报上看到血案主角竟是八九十甚至百岁的老人,真是惊骇至说不出话来。整个人生,其实一句话可以讲完,便是与生活搏斗。(亦舒)

(125) 世界每分每秒都在变化,自己的变化肯定也会在不知不觉中悄悄滑来。所有的变化都势不可当。所以,在观望世界的时候,我们自己也要经常"照镜子",而且,还要看到"镜子的背

面"。(陈染)

此外,俄语和汉语都可以采用人称代词来表示泛指主体,这主要指第一人称复数。此时,句子的主体或者是以说话人为代表的一个群体,或者是最高泛指程度的世人或人类,后一种情况也常见于成语和谚语中。如:

(126) Мы умеем читать книги только в детстве и ранней юности. Для взрослого чтение—отдых или работа; для подростки—процесс бескорыстного и неторопливого узнавания книги. (Л. Гинзбург)

(127) Князь Андрей улыбался, глядя на сестру, как мы улыбаемся, слушая людей, которых, нам кажется, что мы насквозь видим. (Л. Толстой)

(128) Что имеем, не храним, потенявши, плачем.

(129) 我们永远在怀念故乡,但同时又哀叹故乡已经不再是当年那样,把故乡变得面目全非的并非别人,而是我们自己。(林奇)

(130) 不是只有明星或政坛人物才可以引领潮流或掌控局面,我们普通百姓也都有各自的影响力。(查一路)

(131) 我们一般理解的尊重都是自下而上的,仰视的时候,尊重油然而生。但多数时候我们遇到的是平视甚至俯视,这时我们还能不能保持尊重?怎样保持?(马未都)

(132) 我们承认今天的社会具有等级差别,无论我们回避与否,等级无时无刻不在。(马未都)

与汉语不同的是,除了第一人称复数,俄语还可以用第二人称复数来表示泛指主体,与第二人称单数形式不同之处在于保留动作属于谈话对方的意义,也可能意味着动作者还包括第一人称。如:

(133) Обведите взглядом строения—и вы почувствуете: камни все помнят. (В. Песков)

(134) Это была именно та красота, созерцание которой, бог весть откуда, вселяет в вас уверенность, что вы видите черты правильные. (А. Чехов)

俄语甚至可以用第一人称单数来表示泛指主体,不过,动作属于说话者这种意义此时并未消失。这种情况主要出现在谚语和警句中。这也是汉语中没有的现象。如：

(135) Чужую беду—руками разведу.

(136) Я мыслю, следовательно, существую.

再者，无论俄语还是汉语，都可以通过具体名词的语法数形式来体现主体的具体性和泛指性。有时候，具体名词的单数主体可以表示种类概念的泛指主体意义，这也常见于谚语中。俄汉语都是如此。不同的是，汉语的单数主体之前还可能出现单数意义的数量词"一个"。① 如：

(137) Старый человек иногда загрустит, а отчего—и сам не знает. (М. Осоргин)

(138) Неисповедимы пути, по которым доходит до правды ревнующий человек. И Родька дошел. (И. Бунин)

(139) В поле пшеница годом родится, а добрый человек всегда пригодится.

(140) Старый друг, лучше новых двух.

(141) Рука руку моет.

(142) Лес по дереву не тужит.

(143) 一个人患上抑郁症，起因各不相同，复杂而又微妙。(陈敏)

(144) 当冰凉的铁轨上躺着一个血腥的生命，一个母亲的心再也经不起碾轧。在生日那天结束自己的生命，也许，这是世界上最让一个母亲心碎的事情。(李晓)

(145) 一个国家可以失去一位诗人；而一个母亲，根本不能失去孩子。(李晓)

(146) 已故德国社会学大师卢曼说得好："当一个人对世界完全失去信心时，早上甚至没办法从床上爬起来。"(梁文道)

(147) 比如食品，我不可能亲自检测任何送到我嘴边的东西，但是我会相信生产商爱惜商誉。一个老板不可能保证生产过程的每

---

① 有时候，在俄语用具体名词的复数形式表示泛指主体时，汉语有可能使用其单数形式。如："Медведи у волков не гащивают！Лисы к зайцам не хаживают！(Г. Николаева)；猫哭耗子假慈悲；奔忙，使作家无法写作，使音乐家无法谱曲，使画家无法作画，使学者无法著述。(龙应台)"

一个环节的正确,但是他会相信他聘用的管理人员。(梁文道)

(148) 一个女子对孩子的爱,是先有了责任,尔后是付出,然后才产生了爱,就像鲜花是开在泥土里的一样,爱是产生在全力的付出之中。男女的爱要是消失,就没有付出也没有责任了,而母子之爱,却会永恒,因为你总在不停地付出着。(陈丹燕)

但是,在某些情况下,俄语和汉语泛指主体的出现情况及其表达稍有不同。这主要反映在俄语特有的单部句中,即俄语的泛指主体除了以上所列的某一类主体和抽象现象之外,还可以通过泛指人称句和不定人称句来体现。这两种句子中均不出现主体①,其泛指意义通过句子本身的泛指和不定人称结构来体现(Отв. ред. Бондарко 2003:225—226)。

泛指人称句的谓成分用动词单数第二人称来表示,其主体是以说话人为代表的一类群体,说话人以此句式来呈现自己的经历是泛指的,也就是说,俄语泛指人称句本身就表示其行为主体具有泛指意义,由此来体现动作和事件在时间上的非定位性意义。如:

(149) Бегу—спишь, спишь да и выспишь. (В. Даль)

(150) ... так всегда бывает, когда увидишь то, о чём думал много лет. (К. Паустовский)

(151) Когда натупает зима, каждый раз прощаешься с тем, к чему уже привык за лето... (В. Лидин)

(152) Всё, о чём мечтаешь, приходит или не тогда, когда надо, или не в том виде, как хочется. (В. Конашевич)

不定人称句的述谓成分则用动词复数第三人称来表示,其行为主体是除说话人之外的其他所有人。如:

(153) В семьях охотников всегда сушат сухари. (В. Астафьев)

(154) Знала Настена: стареют с годами, а душой можно остыть и

---

① 俄语泛指人称句中可能出现第二人称单数作为主体。如:Да и вообще ничего не забывается, не проходит бесследно. Какие-то клетки умирают в тебе, их уже не восстановить, ты носишь в себе эти мертвые клетки. (Ю. Нагибин); Мало ли чего не бывает в жизни! Разве все запомнишь, что случилось с тобой год назад! (Ю. Казаков)

раньше лет...（В. Распутин）

(155) Мужей бросают из-за страха, из-за отчаяния.（К. Федин）

(156) На селе поговаривают, будто она совсем ему не родственница.（Н. Гоголь）

此外,在许多俄语成语和谚语中也采用泛指人称句和不定人称句,这时候,其主体往往指的是泛指程度最高的世人或人类。如：

(157) Подальше положишь, поближе найдешь.

(158) Что посеешь, то и пожнешь.

(159) Тише едешь, дальше будешь.

(160) Без труда не вытащишь и рыбку из пруда.

(161) Того не берут, чего в руки не дают.

(162) Злом не воюют во имя добра.

(163) Рано снарядились, да поздно в путь пустились.

(164) Соловья баснями не кормят.

单部句及其功能意义是俄语特有的语言现象,汉语没有这样的句法结构,在表示类似俄语泛指人称句意义时,可以采用第二人称单数主体"你",也可以采用上文中所述泛指主体(人,人类,人们,每个人,任何人,谁一谁,有些人,我们)。如：

(165) 当爱神给你打电话的时候,你要立刻告诉他,更要紧的是给你的意中人去电话。你应恳求他不要忘记,并且最好立刻就打。当死神给你打电话的时候,你要正告他,他拨错了电话号码！（刘心武）

(166) 那些对你说"我早就跟你讲过,不要如何如何"的人,他们现在的话你简直一句也不要听；那些对你说"我早就想到了,可一直没好意思跟你讲"的人,他们现在的话听不听两可；那些直接对你现状提出建议的人,他们的话才值得倾听。（刘心武）

(167) 车子从店前一晃而过。我忽然找到了那个下午我对她唐突表白的动机。正因为你不再幼稚,你才敢向曾经启发了你少年美感的女性表示感激,为着用这一份陌生的感激,再去唤起她那爱美的心意……当你克服了虚荣走向陌生人,平淡的生活

里会处处充满陌生的魅力。(铁凝)

　　有时候,时间定位性和非定位性的对立还可能体现在客体的具体性和泛指性上,其功能规律与主体基本相同,即具体的客体既可以对应于述谓行为的时间定位性,也可以对应于述谓行为的时间非定位性,而最高程度的泛指客体只能对应于述谓行为的超时间非定位性。如:

(168) Если судьба обрушится раз на кого бедою, то ударам ее и конца не бывает.(Ф. Достоевский.)

(169) В тридцать четвертом году, когда в отставке был, он книгу написал. Вот эту. Генералы, когда они в отставке, любят книги писать.(К. Симонов)

(170) Иван Авдеевич на вид почти не переменился, пожилых людей война вообще меньше меняет, чем молодых.(К. Симонов)

(171) Тимошин не захотел упоминать о той истине, что, если человек винит окружающих, обычно он сам больше всех виноват.(В. Лидин)

(172) Человека лень не кормит, а здоровье только портит.

(173) Труд человека кормит, а лень портит.

　　而在汉语中,客体对时位的作用主要体现在超时间意义的非定位性上,即用"人,人类,人们,每个人,谁—谁,时间,生活,历史,环境"等作为客体时,有时候,也可能是表示泛指意义的具体客体:

(174) 冬天里收到一张贺卡,那是一张薄薄的纸片,犹如一片红叶,想象它能够燃烧起来,瞬间就提升了周遭的温度。一条祝福的短信,也能让人读出春暖花开。(查一路)

(175) 寒冷,让人心变得悲悯和仁慈,同时,寒冷也最能唤起人心中对于同类的爱。(查一路)

(176) 离家这么多年,我早已习惯了和人保持客气的距离—我不会给人敬酒夹菜,也不会嘱咐别人多加一件衣裳,但是在我的心里,我仍然喜欢中国式的温暖。(林中洋)

　　不过,客体对时位的作用不如主体大,因为客体常常可以不出现。此外,从以上例句中可以发现,客体对时位的作用常常伴随着主体的作用。

综上所述，尽管俄汉语在主体对时位意义的作用上是基本一致的，但是二者在主体本身出现的方式及其具体性/泛指性的确定上还存有差异，这时，其他语法和词汇因素起着重要的作用，有时还需要上下文的作用。通过上述例证可以发现，尽管主体和客体的具体性和泛指性特征对时位的意义判断起着很重要的作用，但是俄语仍离不开动词体和动词时以及句式结构的作用，而汉语则需要其他词汇（如时间状语等）的辅助作用，有时候主体和客体只是起着辅助的作用。

2.4.3 时间状语成分

时间状语成分也是判别时位意义的主要手段之一。在这一点上，俄语和汉语相一致。一般情况下，表示经常性和重复性意义的时间状语属于时间非定位性意义，如俄语 иногда, часто, обычно, всегда, редко, каждый раз, каждый год, ежегодно, ежедневно, по субботам, по вечерам①，汉语如"经常，常常，往往，有时，偶尔，每次，每年，每逢周末"等。例如：

(177) Прежде я каждый вечер перед сном заходила в папин кабинет... А теперь, когда ни зайдешь, там он. (В. Каверин)

(178) Бык, он ведь всегда так: сначала шагнет, а потом стоит думает. (М. Шолохов)

(179) По вечерам появлялись на улицах страшные люди, каких раньше никто не видывал. (А. Толстой)

(180) Изредка мы обгоняли буйволов, волочивших арбы. (К. Паустовский)

(181) 片子很长，长到父亲过世二十年后的现在，它还不时在我脑海里上演着。（吴念真）

(182) 一晃过了二十年，大弟的儿子都上大学了。母亲跟他住在一起，隔三差五围拢在一起吃火锅，一派融融之乐。（凸凹）

(183) 我是从不炒股的，然而每天不想听也会听到几次，所以也算了

---

① 俄语还可以采用"Бывает"来表示平常性（惯例性）意义：Бывает ведь так: уехал человек, которого боялись, он уже не у власти, и тут-то начинается, на ушко:《Вы знаете...》. (Овечк); Так бывает, когда люди ведут разговор вокруг да около, скрывая то главное, что им хорошо известно. (Ю. Сбитнев)

解点儿情况。(梁晓声)

(184) 从前,我家离我就读的中学不远,上学走路大约需十分钟,每天清晨我都要在途中的一家小吃店买早点。(铁凝)

(185) 有些时候,你往往会做些"傻事",但你知道,这不为别的,为的是亲人的心。(王小蕊)

(186) 望街成了他唯一的乐趣,除了刮风下雨,爷爷天天按时按点地去那里,就这样十几年过去了。(李佩红)

而属于时间定位性意义的时间状语往往是一些表示具体时点意义的词汇和词组。以说话时刻为分界点,时点既可以表示过去的时间,也可以表示现在的或将来的时间,俄语如:в древности、раньше、вчера、в прошлом году、год назад、на прошлой неделе、однажды、в детстве、сегодня、сейчас、в настоящее время、в этом году、в это время、завтра、послезавтра、в будущем、через год 等;汉语如"远古"、"现代"、"过去"、"大前年"、"前年"、"去年"、"大前天"、"前天"、"昨天"、"有一天"、"目前"、"当初"、"上周一"、"上个月"、"现在"、"今天"、"今年"、"当代"、"此时此刻"、"将来"、"明年"、"明天"、"后年"、"大后年"、"后天"、"大后天"等。请看例句:

(187) Я вам не сын. Я обманул вас вчера. (А. Вампилов)

(188) Сейчас хазяин придет, ужинать будем. (В. Панова)

(189) В Крыму, в Мисхоре, прошлым летом я сделал изумительное открытие. (А. Куприн)

(190) Однажды, осенью, на возвратном пути с отъезжего поля, я простудился и занемог. (И. Тургенев)

(191) Мы подружились ещё малышами, поскольку жили в одном дворе. Потом, в юности, у нас появилось общее хобби. (Т. Бессонова)

(192) С этого времени началась новая жизнь для Алексея Александровичаи для его жены. (Л. Толстой)

(193) Дорогой Алексей Сергеевич, пьесу я получил вчера в 8 часов вечера, но не двумя днями раньше, как вы обещали... (А. Чехов)

(194) 消息吓了我一跳,我奇怪,昨晚上还看到她,她还约我今天去玩,今早怎么就会被杀?(沈从文)

(195) 一天,我和朋友在一个闹市区游逛,朋友突然想要去银行取款,我懒得陪他过马路,就在这边街口等。刚等一会儿就觉得无聊,开始打量起店铺来了。(余秋雨)

(196) 上次若跟他们部队去了,现在早腐了烂了。上次碰巧不死,一条命好像是捡来的,这次应为子弹打死也不碍事。(沈从文)

(197) 大石舫也是乾隆时作的,七十年前才在上面加个假西式楼房,五色玻璃在当时是时髦物品,现在看来不免会感觉俗恶。(沈从文)

(198) 九月一号,村里很多小伙伴都在爸爸妈妈的陪同下,背着崭新的书包去两公里之外的村小学报到。那天,张猛起了个大早,给爸爸煮好饭,又扶爸爸起来洗漱完毕,看爸爸吃完早饭,才背起书包小跑着往学校去。(梅寒)

(199) 14岁那年,我曾与死神擦肩而过。那年,某国领带人来访,学校组织我们在大桥上夹道欢迎。正是秋天,天上下着零零落落的雨,江风从四面八方吹来,从早上8点一直11点多,始终不见车队的影子。(叶倾城)

(200) 2000年7月的一天,河南郑州某医院,以为已经进入弥留状态的老人把自己的4个孩子叫到病床前,挣扎着给他们做最后的交代……那年7月9日,这位叫陈宪章的老人带着对人世无限的留恋和对爱人常香玉的无限牵挂静静离去。(梅寒)

此外,还有一些与说话时刻无关的时点意义的状语,它们既可能表示时间定位性意义,又可能表示时间非定位性意义。如:в два часа, в субботу, в конце месяца, вечером, утром, днем, зимой, летом 等;汉语如"两点钟"、"周日"、"上午"、"下午"、"早上"、"晚上"、"春天"、"冬天"等。这时,句子中的其他时位手段起关键的作用,俄语是动词的体,而汉语则是其他时间状语和主体。如:

(201) Начали дом строить весной, а зимой закончили. (Е. Карпов)

(202) Днём на этих брёвнах посиживали мальчишки, плевались из папоротниковых трубок, лупили из рогаток по воробьям.

Вечером здесь всегда было безлюдно, укромно. (Е. Шишкин)

(203) Положим, Риф(собака) дома. Сколько забот. Опять вставай в шесть утра и гуляй с ним, спи на работе. (А. Якубовский)

(204) За время болезни старосты Артамонов дважды приходил к нему. (М. Горький)

(205) К полуночи комната выстывала. Он бесшумно открывал железную дверцу печи, складывая костериком с вечера приготовленные дрова и щепки и, сидя на корточках, поджигал их. (Г. Бакланов)

(206) Ложилась я темно-темною, зарей вечернею, поздным-поздненько. А вставала я утром раным-раненько, в красно-красную зорю утреннюю. (Ю. Сбитнев)

(207) 上午看完了周庄,下午就滑脚去了同里镇。(余秋雨)

(208) 沿着荷塘,是一条曲折的小煤屑路。这是一条幽僻的路;白天也少人走,夜晚更加寂寞。(朱自清)

(209) 儿时,母亲经常打孩子,不是轻描淡写地吓唬,而是很实在地打。但到了冬天,我们姐弟就算犯了再大的错,她都忍着。冬天里哭泣,泪流下来,挂在脸上,寒风一吹,脸上的皮肤容易皲裂,又痒又痛,这是不是母亲不打孩子的原因?(查一路)

(210) 大二的夏天,一个蝉声如瀑的中午,我无意中在报纸上看到了某国政变、领导人被暗杀的消息。而他根本不会知道,曾有一个异国的女生因他而死。从不曾愈合的伤口又被撕裂……(叶倾城)

(211) 第二天一早,天还未大明,船还不开头,小豹子就在被中咕喽咕喽笑。我问他笑些什么,他说:"我夜里做梦,居然被那横蛮军人打了一顿。"(沈从文)

在复合句中,主句中行为的时位可以通过时间从句来体现,也就是说,时间从句可以看成是一种时间标记。时间从句与主句可以构成同时、先时和后时关系,时间从句中的行为往往是属于某一确定时刻或片段,就如同上述带前置词的名词和副词状语一样,时间从句也可以帮助确定主句行为的时位。表示具体性时间的从句体现主句行为的时间定位性,表示经常性和重复性时间的从句体现主句的时间非定位性。也就是说,在带有时间从句的多述谓结构中,主句行为的时位意义取决于从句的时位意义,即:如果从句行为属于时间定位性,那么主句行为也属于时间定位性,如例句(212)—(215);如果从句行为属于时间非定位性,那么主句行为也属于时间非定位性,如例句(216)—(220)。通过例句分析,可以看出,俄语复合句中的时位与动词体是紧密相连的,有时候主体也起着重要的作用:

(212) Когда окончилась репетиция, я пошел за кулисты.(М. Садовский)

(213) Когда я уходил вечером из вашей палатки, ты даже не посмотрела на меня.(В. Чивилихин.)

(214) Когда Иван Ильич на цыпочках зашел потушить у него лампу, Рощин спал.(А. Толстой)

(215) Когда истечет срок моего отлучения от университета, уеду в Москву.(М. Горький)

(216) Когда она улыбалась, два ряда белых зубов так и сверкали. (Д. М.-Сибиряк)

(217) Когда Павел говорит с Наташей, его строгие глаза глядят мягче.(М. Горький)

(218) Когда поднимался ветер, то на поверхности озера вздумывались и бежали мелкие короткие волны.(А. Куприн)

(219) Когда людей незаслуженно унижают, он не может стоять в стороньке и молчать.(Ю. Трифонов)

(220) Когда люди молоды и весна на дворе, все кажется веселым и радостным.(К. Станиславский)

而汉语则需要时间状语和主体的辅助作用。体现时间定位性的例子如(221)—(224),体现时间非定位性的例子如(225)—(229):

(221) 爸爸说这些时,张猛就站在他的背后,坐在轮椅上的爸爸比站着的他还要高。(梅寒)

(222) 直到天慢慢转暗,外头霓虹灯逐渐亮起来之后,父亲才开口说:"暗了,我带你去看电影,你晚上就睡这边吧!"(吴念真)

(223) 应该就是我在床上胡思乱想的时候,她喝下了满满一瓶洗厕液。当父母被她的呻吟和挣扎声惊醒时,一切都已经来不及

了。(叶倾城)

(224) 在我十六岁离家之前,我们一家七口全睡在同一张床上——那种把木板架高,铺着草席,冬天加上一层垫被的通铺。(吴念真)

(225) 儿子的相片一张一张从老家寄过来,一次一个样儿,她看着照片,眼泪哗哗地往下掉。每到这个时候,他就安慰她说,今年春节一定回去。(安若彤)

(226) 年年桐花开的时候,我总想起那妇人,那位不过花潮花汐而不知有花的妇人,并且暗暗嫉妒着。(张晓风)

(227) 我在《中国时报》副刊当编辑时,常去催稿。(林清玄)

(228) 如果在菜市场看到一个老人为了几棵白菜讨价还价,你是否会不屑?或者,在街上看到一个老人从垃圾桶里翻拣回收物,你是否会掩鼻而过呢?(孙海光)

(229) 信任原本就是一种最重要的社会资源。我们打开水龙头时,要相信里头流出来的水没有毒;我们过马路时,要相信所有汽车都会在亮红灯的时候停下来;我们睡觉时,要相信屋顶不会无缘无故塌下来;我们遇事报警,要相信警察不是盗贼的同伙。(梁文道)

有时候,一些时间复指词汇也可以起到确定时位意义的作用,俄语主要包括时间指示代副词 тогда 和一些与之同义并起副词功能的词组,如 в это время, в эту минуту, в то время。汉语则有"这时(候),那时(候),当时"等,其定位性和非定位性意义取决于这些时间词汇所指代的时间中行为的时间确定性和不确定性,但大多为时间定位性意义,如例句(230)—(235),偶尔也可能表示时间非定位性意义,如(236):

(230) И скоро, скоро бури след в душе моей совсем утихнет — тогда-то я начну писать поэму песен в двадцать пять. (А. Пушкин)

(231) Но мамы дома не было. Она не вернулась и назавтра. И тогда бабушка Анфиса пошла в милицию. (Ю. Сбитнев)

(232) Лестница наверх, в ее комнату, выходила на площадку большой входной теплой лестницы. В то время, как она выходила из

гостиной, в передней послышался звонок. (Л. Толстой)

(233) 中午的时候，一场雪又飘飘扬扬地下了起来,天色也很快转暗。我们把炉子烧旺，把窗帘拉上,准备打牌消磨时光。这时候,地震了。(王族)

(234) 这车夫扶着那老女人，便正是向那大门走去。我这时突然感到一种异样的感觉,觉得他满身灰尘的后影,刹时高大了,而且愈走愈大,须仰视才见。(鲁迅)

(235) 玉顺嫂是我第二次来时认识的,那是在冬季,也是在河边。当时我要过河那边去,她要过河这边来,我俩相遇桥中间。(梁晓声)

(236) 比如地震,说不定在人们熟睡的时候就突然来了,顷刻间弄个天翻地覆,那时候,人的什么荣誉呀、感情呀、思想呀,统统化为乌有……(王族)

当时间定位性通过时点手段体现时,会与时制手段发生重合。但是,时间定位性的表达不一定通过具体的时间状语,有时候,即使是确定的时间定位性也不一定与时间状语有关,而只需通过句子的述谓来表达,俄语中这时起关键作用的是述谓动词的时体形式,因此,时间标记不是俄语时位的主要表达手段,它们可以加强或者减弱时位意义。如(Отв. ред. Бондарко 2003：214)：

(237) Поезд прибыл в 8 часов 25 минут——Поезд прибыл.

而汉语则主要是通过时间状语和主体来体现时位意义的。

2.4.4 谓语动词的词汇意义

动词的词汇意义在俄语时位的表达中并不是主要的手段,但有时候会起关键作用。

首先,俄语中有一些表示轻微间断性行为的动词(побаливать, покрикивать)、多次重复性行为的动词(бывать, захаживать)和以往习惯性行为的动词过去时(певал, сиживал, хаживал),它们往往表示行为的简单重复性意义(Отв. ред. Бондарко 2003：228)。汉语没有动词可以独立表示这种意义,一般需要通过其他词汇(数量词或者副词)或者动词的重复使用来表示,如："不时叫几声"、"常常看望"、"偶尔走走"、"时不时哼一哼"。

其次，Золотова（2001：345－346）指出，一些表示可见行为（наблюдаемые действия）的动词和不可见行为（ненаблюдаемые действия）的动词也可以表示时位意义。可见行为动词一般表示时间定位性（偶尔也能参与表示时间非定位性），如：лить，мазать，линовать，мести，ломать，мигать，不可见行为动词一般表示评价意义，则只能表示时间非定位性意义 ловчить，лукавить，малодушествовать，ротозействовать（转引自 Отв. ред. Бондарко 2003：228）。我们认为，如果说前一类动词既可以表示时间定位性，也可以表示时间非定位性，那么后一类动词则只用于表示时间非定位性，因为这些行为往往是具有评价性意义的一贯特征和品质，符合时间非定位性的本质特征。这在汉语中也是如此，如"见机行事，老奸巨猾，胆小怕事，粗心大意，聪明过人"等抽象的不可见行为总是表示时间非定位性意义。

此外，表示种类、等级和属性以及喜好的动词一般表示时间非定位性意义，如：относиться，принадлежать，любить，нравиться（Селиверстова 1982；转引自 Отв. ред. Бондарко 2003：228）。事实上，这类动词也属于前文所说的不可见行为。汉语也是如此，如"属于，与……相关，喜爱，具备"等。

再者，在用运动动词作述谓成分的句子中，动词的定向和不定向特征也可能表现行为的时位意义。一般情况下，定向运动动词表现行为的时间定位性意义，而不定向运动动词表现行为的时间非定位性意义，如：бежать—бегать，везти—возить，вести—водить，нести—носить（Отв. ред. Бондарко 2003：229）。关于这一点 Потебня 做了如下分析：在类似"Кого везете？Что несете？Куда идете？"的句子中，其行为事实上就是"когда я вас спрашиваю"（我问此话）时发生的；类似"Что вы несли？Куда вы шли？"的句子中行为发生在"когда я вас встретил"（我遇见你）的时候。这两类行为都具有时间上的定位性；而类似"Куда вы ходите мимо моего окна？Что вы носите под мышкой？"的句子中的行为则是多次的，即具有时间上的非定位性。不过，Потебня 强调，运动动词参与表示时位意义的规律并不是绝对的，而只是一种倾向性，有时候需要上下文才能得以确定。如：

(238) —Что вы делаете и чем занимаетесь по вечерам?

—Иду в театр.

在这个对话中,定向运动动词 Иду 表示的则是重复的行为,即具有时间上的非定位性意义,实际意义是:хожу в театр, бывало иду...(Потебня 1977,转引自 Отв. ред. Бондарко 2003:229—230)。汉语运动动词没有定向和不定向之分,该意义是通过词汇手段或其他时位手段来体现的。

2.4.5 其他手段

有时候,句子的时位意义并非通过以上所说手段体现,而是通过其他一些因素来判断的。我们把这些因素都归入时位的其他表达手段,因为它们并不是关键或者主要手段。

其一,是上下文和其他语境因素。Бондарко(Отв. ред. Бондарко 2003:214—215)指出,语法时和时点词汇是时位的主要体现手段,但有时候,表达时位意义只需话语中表现了在时间中占有确定位置的、具体的行为,不一定需要有表示具体时间的成分。它们有时可以隐含在话语中。如:

(239) Вон бежит собака.

这里表示说话时刻的时间定位性标记是直接引语中的空间词 Вон。空间定位和时间定位联系起来,这是最具体的时间定位性,是现实现在时中直接观察到的定位性,这样的标记常常是一些指示代词和空间词汇,俄语常见的是 вот, вон,如:

(240) Мы имеем к вам... одним словом, я вас попрошу сюда, вот сюда, к дивану. (Ф. Достоевский)

有时候,一些起着吸引注意力和打开话匣作用的动词(常常采用命令式形式)也隐含着此时此刻的时位意义,常见的如 слушай, посмотри, видишь 等。汉语也有这种情况,常采用"瞧、听、看"等动词的命令式。上下文也可以是其他的说明,例如:

(241) Это повторялось снова и снова. Дядя заболевал, потом выздоравливал. (С. Довлатов)

其二,是语体因素。超时间性意义往往用现在时表示,因为它与具体时间脱节,其主体也往往带有最高程度的泛指性。但是,在一些表示规则、法则、条例、公式、一般原则和普遍规律的公函行文和科技语体中,其主体既可以是确定的,也可以是不确定的。这时语体起着重要的作用。如:

(242) Гнездо с яйцами тщательно оберегается... если гнездо потревожил человек или зверь, страусы разбивают яйца и ищут для гнезда новое место. (В. Песков)

(243) Если описывается памятник, ранее по тому же списку изданный, указывается факт издания и степень его точности. (В. Щепкин)

(244) При нагревании тела расширяются.

(245) Синтетический материал не мнется.

(246) С этим делением искусств перекрещивается другое, не менее существенное. (В. Жирмунский)

(247) 一般人的"抑郁"事出有因,比如失恋、失业、生病、欠债……时过境迁也就好了。而有的人好比内存太小的机器,对不良印迹念念不忘,难以解脱,就会发展成严重的抑郁症。还有一部分人的"抑郁"来自性格和遗传,生来孤僻、内向,不擅长与人交往,自我要求很高,受到挫折往往会自责、自卑,甚至发展到狂躁,形成病症。(陈敏)

(248) 美国芝加哥大学、哈佛大学和加利福尼亚大学的研究人员发现:正如感冒病毒可能通过接触传染给他人一样,孤独感也具有"传染性"。(《读者》2010 年第 6 期:17)

(249) 美国的个税基本以家庭为单位,将一年所有的收入累加起来,然后除掉所有的豁免和抵扣,剩下的才是应税收入。(别傲)

(250) 经济越发达,物价越高,这个常识经年累月深埋在民众大脑中。(熊剑峰)

其三,是句子的逻辑语义因素。Н. Д. Арутюнова(1976)认为,句子深层的语义内容是命题,按照句子的命题结构、词在句子中的指涉功能以及词所在的句位等因素可以对句子的语义进行归纳和分类,由此得出句子的"逻辑语义类型"(логико-семантические типы предложений)。就俄语而言,可以分出四种逻辑语义类型的句子:品评句(предложения качественной характеристики)、命名句(именующие предложения)、等同句（идентифицирующие предложения）和存在句（бытийные предложения），例证分别如下：

（261）Он поехал на дачу；
（262）Этот город называется Шанхай；
（263）Писатель этого романа——Максим Горький；
（264）Среди моих друзей есть спортсмен.

我们认为，就句子的逻辑语义类型与时位的关系来说，应该呈现以下规律：品评句既可能属于时间定位性范畴，也可能属于时间非定位性范畴，而命名句、同一句和存在句一般属于时间非定位性范畴。这是由逻辑语义类型的一个重要特点所决定的，即以词的指涉功能作为分析的基础。指涉是词与它所称名的事物之间的关系，它所确定的是词与具体交际行为现实所需的关系。对于句子的逻辑语义类型来说，最重要的是具体指涉（конкретная референция）和概念指涉（понятийная референция）。具体指涉时，词（多为名词）所表示的必须是说话人和受话人都知道的客体（多为具体事物，如 стол，телевизор，комната，дом 等），也可为抽象事物（如идея，мысль，истина 等）。具体指涉的语言标志是名词前可加指示代词этот。概念指涉时，词不与现实中的事物相联系，而与人们对现实的思考有关。可见，这与主体的确定性密切相关。此外，起关键作用的还有句子的述谓特征。可以说，除了品评句之外，其他三类句子的述谓动词都属于不可见行为，其特征是平常性和惯例性，有时是超时间性。这与上文中的动词语义因素有部分重合。

句子的逻辑语义结构是句子的深层语义结构，是经过高度抽象和概括、不含民族语言特征的、通用的纯语言结构。汉语中，命名句、同一句和存在句常用"叫"字句、"是"字句、"有"字句来表示：

（265）有个小孩名叫婉君。
（266）我们身边似乎永远有一批"装腔作势"的人：没钱的人装有钱，有钱的人装贵族。商人在官员面前装孙子，贪官在人民面前装清廉。(《读者》2012年第1期:59)
（267）希望不仅是人的一种意识特征，而且是一种本体论现象，人的本质同希望有着不可分割的内在联系，希望是根植于人性之中的人类需要,是人的本质的结构。希望是我们身体的一部分,是我们的耳朵,是我们的眼睛,是我们的血液,我们借它看到,凭它听到,靠它存活下去。(韩松落)

2.5 时间定位性和非定位性的交替使用及其言语功能

在俄语中,时间定位性和非定位性的交替可以分为两种情况,一是它们在多述谓结构中同时出现;二是它们在同一篇章中交替出现。

第一种情况多发生在带有定位复指从句的多述谓复合句中,或者表示相似、雷同、与规范相符合的意义,或者表示特殊性、优越性、超越规范的意义。如:

(268) Вошел улыбающийся человек в короткой поддевке, какие в провинции носили опереточные знаменитости и куплетисты. (А. Толстой)

(269) Я предстал на сцене в своем обычном костюме, в каком ходила тогда вся местная молодежь. (Г. Скребицкий)

(270) Шестой день того апреля был сумрачный, дождливый, один из тех, каких всегда бывает немало ранней весной в Авиньоне. (И. Бунин)

(271) Повернулась Танюшка——перед ней помещение, какого она отродясь не видывала. (П. Бажов)

(272) Мы сами вот теперь подходим к чуду, какого ты нигде, конечно, не встречал. (И. Крылов)

(273) Он сказал эти слова таким строгим голосом, какого я никогда не слыхивал. (С. Аксаков)

(274) Никогда он не ощущал такого сильного, неисходного, томящего чувства одиночества, какое теперь охватило все его существо. (Н. Помяловский)

时位对立意义的交替使用使句子获得一种鲜明的对别修辞意义,而两种对立的时位意义也显得更为突出和明显。这种情况常见于文学作品中。这种多述谓语结构在汉语中往往是以简单句形式或者并列复合句形式出现,其对别意义不如俄语那般强烈。如:

第六章　俄汉语时间范畴的形式系统　　　　　169

(275) 他从未有过像此刻一样强烈的感受;
(276) 他说此话时表情非常严肃,这种严肃我从未见过。

　　第二种情况也常见于文学篇章中。篇章可能以表示时间定位性意义的句子开始,随后出现表示时间非定位性意义的句子,并依次循环。反之亦然。俄汉语均如此。如:

(277) Все счастливые семьи похожи друг на друга, каждая несчастливая семья несчастлива по-своему.

　　　　Всё смешалось в доме Облонских. Жена узнала, что муж был в связи с бывшею в их доме француженкою-гувернанткой, и объявила мужу, что не может жить с ним в одном доме... (Л. Толстой)

(278) Окончив письма, Степан Аркадьич придвинул к себе бумаги из присутствия, быстро перелистовал два дела, большим карандашом сделал несколько отметок и, отодвинув дела, взялся за кофе; за кофеем он развернул ещё сырую утреннюю газету и стал читать её.

　　　　Степан Аркадьич получал и читал либеральную газету, не крайнюю, но того направления, которого держалось большинство. (Л. Толстой)

(279) 罗伯十分喜爱知更鸟的叫声,因此,平日里他会模仿它们的各种叫声。在一次情歌大赛上,当罗伯展示这项绝技时,全场响起了雷鸣般的掌声。一个喜欢知更鸟的女孩子,因为罗伯才艺出众而喜欢上了他,他的生命从此与幸福融合在一起。(古保祥)

(280) 最早发现我有一点文学才能的是一个姓张的高个子老师。他教我们语文,是我们的班主任。他的脸上有很多粉刺,眼睛很大,脖子很长,很凶。他一瞪眼,我就想小便。有一次他在课堂上训我,我不知不觉中竟尿在教室里。他很生气,骂道:"你这熊孩子,怎么能随地小便呢!"我哭着说:"老师,我不是故意的……"(莫言)

(281) 我有一位沉默寡言的朋友。有一回他来看我,嘴边绽出微笑,我知道那就是相见礼。我肃客入座,他欣然就席。我有意要考验他的定力,也守口如瓶。二人默对,不交一语,壁上时钟滴答滴答的声音特别响。我忍耐不住,打开一听香烟递过去,他便一支接一支地抽了起来,吧嗒吧嗒之声可闻。我献上一杯茶,他便一口一口地合羽呷,左右顾盼,意态肃然。(梁实秋)

在篇章中,时位对立意义的交替出现不仅使得篇章获得一种时间错位的效果,而且让篇章句子上下衔接、语义连贯。因此,这是篇章意义结构的一种体现手段。

本章小结

以上就时序的审视可以做如下小结:一是俄语时序的表达手段几乎遍及语言的各个层面,包括词法、句法和词汇,而汉语则主要分布在词汇和句法层面。这与汉语本身没有词形变化的特征不无关系。而在同一个层面上,两种语言的时序表达手段的功能规则大致相同;二是语法因素对俄语时序的表达起着非常关键的作用,这主要指动词的时—体综合体。而汉语则是词汇手段更为普及和重要,几乎每个层面上的表达方式都需要词汇手段的辅助;三是在句法层面,俄语复合句及其连接词的意义和功能更为灵活多样,数量也较为丰富;而在词汇层面,汉语词汇数量和功能(主要指时间副词)都更为丰富,四是时间顺序原则对俄汉语都适应,但是俄语会受到动词时—体形式的制约。

而关于时位我们得出如下结论:时间定位性和非定位性的表达不能仅仅归结为专门的语法形式的对立,语言系统包括一系列更为复杂的综合表达手段,它们分布在各个语言层面并相互作用共同表达时位意义。俄汉语的这些手段都包括述谓特征、定位性和非定位性的标志性状语以及主体和客体的具体性和概括性特征等,而俄语中还包括动词的时体特征。此外,上下文、语体特征以及句子的逻辑语义特征对时位的表达也起着重要的作用。如果说动词的体是俄语时位的主要手段,那么时间状语和主体特征则是汉语时位的主要手段。这完全符合两种语言的形式结构特点。此外,无论是俄语还是汉语,这些手段都不是单独起作用的,而是密切联系、相互作用的。因此,在考察句子的时位特征时,不能只看其中某一个因素,而是要考虑到话语的所有因素。再者,时位与时间范畴的其他语义类型紧密相关,尤其是时体和时制。它们的表达手段可能重合,比如动词的时体和时间状语等。最后,无论是在复合句还是篇章中,时位的两个对立性意义——时间定位性和非定位性——经常交替使用,可以达到特殊的言语效果。

第七章 俄汉语空间和时间范畴的语法学研究

学界以往对空间和时间范畴的研究主要集中在它们的语义类型和表达手段上，近年来随着语用学、篇章学、语言文化学、认知语言学等新兴学科的发展，人们对空间和时间范畴所涉及的语用、认知、篇章和文化问题越来越感兴趣，由此，反而一直忽视了一个非常重要的问题，即空间和时间形式的语法问题。这是一个传统问题，也应该是值得我们给予重视的问题，因为一切语言问题都应该是以语法为研究基础的。

第一节 语法学视域的空间和时间范畴研究

1.1 研究的内容

我们认为，空间和时间形式的语法问题主要包括三个方面的内容，一是空间和时间形式的句法功能，这主要指它们在句子中所充当的一般性和扩展性句法成分；二是空间和时间形式的句法分布，这主要指它们在句子中的重叠、连用、独立、独用、否定、疑问等情况；三是空间和时间范畴对句法的制约作用。陆俭明先生(2003a：163－185)从第三个角度出发，就汉语数量范畴、领属范畴和自主范畴对句法的制约作用进行了分析。他列举了许多我们平时不太注意的有趣现象，譬如某些句法组合必须要求有数量短语同现，如"动作—受事—结果"的双宾结构，其数量短语是不能缺少的，"他抓了我一道血印子"，我们不能说"他抓了我血印子"。而某些句法组合是排斥数量短语的，如疑问代词"什么"作定语，其中心语是不能含有数量成分的，如果表达需要非得用数量词，那么"什么"必须放在数量词后面："什么人"→"什么两个人"(这个例子是不正确的)→"两个什么人"。那么空间和时间范畴是否也对句子起着一定的制约作用呢？其具体表现是怎样的呢？就空间范畴来说，如果句子表示动态空间关系，那么俄语往往选择运动动词作谓语,汉语句子中则会出现"来、去"等运动意义的动词。如:"Завтра Нина уезжает в Москву;火车往上海开去。"同样时间范畴对句子也有一定的限制作用,就俄语来说,如果表示动作持续的时间,即时段意义,那么往往选择未完成体动词作谓语:Нина читала два часа. 而表示一次性动作开始和结束的时间,即时点意义,那么谓语动词常常选择完成体:Нина встала в семь часов.

本章主要就上面所列的前两个问题做详细分析,即空间和时间形式的句法功能和句法分布。

1.2 语料的选择

由于空间和时间的表达手段丰富多彩,可以说遍布语言的各个层面。限于篇幅,又鉴于俄汉语各自的语言特征,也是为了便于比较,我们选择副词作为主要的分析对象,因为俄语时空意义的另一种主要表达手段——前置词需要和名词间接格搭配,名词具有形式变化,不便与汉语进行比较,而副词在俄语中没有形式变化,与汉语更为接近,同时它们是两种语言中最为常见和功能最为相似的一种时空手段。因此,在时间范畴方面,俄汉语中的时间副词是我们的主要分析对象;而在空间范畴方面,俄语中我们还是主要选择副词,汉语则选择方位词,因为汉语中的空间副词非常少见,方位词才是汉语空间的基本表达手段。当然,在具体的分析中,我们也会涉及一些其他手段,比如俄语中的前置词,因为俄语前置词既是空间又是时间的主要表达手段。

现代俄语对副词的描述是(胡孟浩主译 1990 上册:948—950;ЛЭС 2002:322;王超尘等 1988:482—488):副词指无词形变化的实词[①],表示动作、状态和性质的特征。其句法特点表现在:第一,用来修饰动词、静词(形容词和部分名词)或其他副词,并以依附联系与它们相连接;第二,主要用作句中状语,并可以自由地用作谓语,也有作定语的少数情况;第三,可作限定语,说明整个句子。按词汇意义,副词分为纯性状副词和疏状副词,纯性状副词下面又分为动作方式副词(громко, по-весеннему, пешком)和程度副词(очень, немного, дважды),疏状副词下面则分为地

[①] 例外的是能构成比较级形式的副词。

点副词(рядом, недалеко, назад)、时间副词(завтра, рано, вовремя)、原因副词(сгоряча, сослепу, созла)、目的副词(напоказ, назло, нарочно)。根据副词是表示特征还是指示特征，所有副词分为实义副词和代副词，其中代副词包括：人称副词(по-моему, по-вашему)、反身副词(по-своему)、指示副词(здесь, так, тогда)、修饰副词(всячески, иначе, везде, всегда)、疑问副词(где, когда, почему)、不定副词(где-то, когда-нибудь, кое-куда)和否定副词(нигде, никогда, негде, некогда)。

由于汉语没有词形变化，所以很难从形式上来对副词进行描述，再加上汉语中副词确定的原则和标准不够明确，所以在汉语中究竟哪些词可以归入副词，历来就有不同的看法。有的从句法功能上来对副词下定义，有的从意义上来给副词划范围。但是无论采取哪一种方式，都很难把副词和其他相似或相关词类区分开来，甚至至今副词到底是属于实词还是虚词这一问题都没有得到统一的答案。而对于那些兼有其他功能的兼类或同形副词，更是众说纷纭，莫衷一是。

张谊生(2000:10)通过对汉语副词研究历史的回顾以及存在的问题的分析，给副词做了以下定义："副词是主要充当状语，一部分可以充当句首修饰语或补语，在特定条件下一部分还可以充当高层谓语或准定语的具有限制、描摹、评注、连接等功能的半开放类词。确定汉语副词的基本原则应该是：以句法功能为依据，以所表意义为基础。"依据这个定义和分类标准，他把汉语副词分为了十大类：描摹性副词、评注性副词、关联副词、否定副词、时间副词、频率副词、程度副词、范围副词、协同副词、重复副词。其中时间副词如："正，刚，已，马上，顷刻，顿时，少顷，立刻，永远，然后，旋即，早就，暂且，已经，曾经，一向，一直，起先，起初，向来，历来，从来，随即，终于，迟早，早晚，霎时，刚刚，猛然，突然，原来，当即，正在，立即，即刻，快要，从此，先后，平时，至今，随后，就要，仍旧，一朝，一旦，一度，早早"等等。

可见，张谊生没有划分出空间副词，这可能是汉语空间意义的表达不能缺少方位词的原因。事实上，汉语也存在空间副词的，但是数量非常有限。按照张谊生的定义，像具有指代性意义的空间词语(这里，那里，这儿，那儿，这边，那边，近处，远处，深处，远方，反面，正面，对面，四处，到处，随处，无处)应该属于副词，而类似的时间词语(这时，那时，随时，无时)也应该属于副词。

综上所述,现代俄语和汉语对副词的描述都比较粗略,主要集中在它的语法特征和语义分类上,其结论也比较单一:副词的词法特征和句法功能都比较简单,它们主要与动词、形容词和副词搭配,在句子中主要充当状语、谓语、限定语(汉语指句首修饰语),另外,汉语副词还有可能充当宾语。然而,在言语实践中,副词不仅使用频率很高,而且用法丰富多样,它在组配方式、语法意义、语用特点、篇章特征等方面都有着自己显著的特点。这在俄语和汉语中都是如此。我们以空间和时间副词为例来考察空间和时间形式的语法特征和句法功能,同时来证明副词在现代语言中的功能扩展。我们采用的路线是以俄语副词为出发点,同时来观察汉语的同类现象。在空间的描述中,汉语方位词也是我们的重点对象之一,而方位词又以纯方位词为主要对象,如单音型"上、下、左、右、前、后、里、外、内、中、间、旁、东、西、南、北"和双音型"之上、之下、以上、以下、以前、以后、以里、以外、以内、以东、以西、以南、以北、上下、左右、前后、上边、里面、左方"(吕叔湘 1990:195;齐沪扬 1998:3—6;储泽祥 1997:7)。

第二节　空间和时间形式的句法功能

在传统的观念中,空间和时间副词在句子中主要充当状语、谓语、限定语(汉语指句首修饰语),而汉语副词还有可能充当宾语。事实上,它们还可以作主语、定语、插入语、反应语、称呼语等,也就是说,它们几乎可以充当所有的句法成分。下面我们将一一来对副词的这些功能进行分析。

2.1 充当主语和补语

在一定语言环境下,俄语副词可以充当名词的功能,这主要指一些具有时间意义的副词,也包括个别空间副词,它们与形容词、物主代词、前置词等搭配,形成名词的特征。如:наше сегодня, отложить на завтра, оставить на потом。请看例句:

(1) Прикинем, что мы можем успеть сделать за сегодня. (В. Еременко)

(2) Какой хороший и красивый корабль подарил ты мне! Спасибо, Багик! Полный вперёд! (Ю. Сбитнев)

俄语副词的名词化决定了它充当主语和补语的功能,它们充当补语时主要是作前置词的补语。如:

(3) Завтра не будет похоже на сегодня. (И. Гончаров)

(4) А на потом что останется?

(5) ——На когда ты билеты взял? ——На сегодня. (Е. Земская)

(6) Когда ты просыпаешься, ты каждый раз заново появляешься из ниоткуда. (В. Пелевин)

(7) Дорога, по которой мы идем, ведет в никуда. (В. Пелевин)

在汉语时间方面,杨同用、徐德宽(2007:58)指出,汉语中凡时间词语和名词性的时间短语都可以作主语和宾语,但副词除外。如果介词或方位词是副词性短语也没有这个功能。张谊生(2000:11)认为,汉语时间副词只能充当状语和句首修饰语(即俄语的限定语),不能充当主语和宾语(包括介宾),并且不受其他词语修饰。也就是说,汉语时间副词是不能作主语或者宾语的。因此,俄语中类似的时间情况在汉语中是通过时间名词来表现的,如:"今天,明天,将来"等。

在空间方面,汉语空间方位词和名词性时间词语一样可以作主语或宾语。方位词作主语常常出现在存在句中,而且常常成对出现(储泽详1997:278)。如:

(8) 上有天堂,下有苏杭;东有泰山,南有衡山,中有嵩山。

(9) 东,是几株杂树和瓦屋;西,是荒凉破败的丛葬。(林斤澜)

单音型方位词的重叠和连用形式也可以作句子的主语。如:

(10) 前前后后走着头颅沉重的农民。(莫言)

(11) 到九点半我到了戏园,里里外外全清锅子冷灶,由老远就听到锣鼓响,可就是看不见什么人。(老舍)

而方位词充当宾语时,主要以充当介词宾语最常见,这一点与俄语非常相似,俄语空间副词主要是作前置词的补语。如"从里到外,从上到下,从左到右,从前到后"等。请看例句:

(12) 再往里,就见一座卵石垒成的大墙院。(闻波)

(13) 老董跺脚又大跺,把地板跺出了一个洞,从中跑出一只白老鼠。(王蒙)

(14) 一会儿,人在前,犬在后;一会儿,犬在前,人在后。(杨民青、王文杰)

(15) 天在上,地在下。(蒋子龙)

有时候,方位词也可以跟在动词后面作宾语,这常常是一些以重叠或连用形式出现的方位词。如:

(16) 下面,满山烟雾灰沙,不辨东西南北。(老舍)

(17) 有一条小小的船,漂泊过东西南北。(琼瑶)

(18) 茶房说,连驶车的也不晓得东南西北。(老舍)

(19) 我不怕,我当过各样的巡警,里里外外我全晓得。(老舍)

单音型的方位词作动词宾语时,它们一般成对出现,前面动词相同。如"看东看西,看上看下,看前看后,看里看外"。一般情况下,不说"看南看北",但如果动词不同,那么"南"和"北"也可以成对出现,如"上南落北,走南跑北"等(储泽祥 1997:41)。

(20) 恂儿的心事,难道我不知道?可是等我闭了眼睛,那时上南落北,都由他去罢。(茅盾)

(21) 走南跑北,知道的世界愈来愈大。(蒋子龙)

而下面例句中的动词宾语则是方位词词组:

(22) 他只说他给人家熬活,死口不说在动在西。(陈忠实)

有些空间副词也可以作主语或者宾语,这往往是一些代副词。例如:

(23) 这里那里有一两声狗叫,这里那里偶尔有一两个人走动。(茅盾)

(24) 离我们那里不远处,有座大仙庙,求个娃娃的,顶灵验。(茅盾)

另外,类似"随处,到处,此处"等一些空间副词也可能充当主语或者宾语(储泽详 1997:146)。如:

(25) 虽然生长在各处,但是这次都来自北平。(老舍)

(26) 冯芝先生领我去逛黑龙潭,徐旭生先生住在此处。(老舍)

(27) 远处怕水,近处怕鬼。(蔡测海)

2.2 充当定语

我们先来看时间副词。不管是俄语还是汉语,长期以来,都认为副词和名词是不能互为直接成分的,即它们之间不可能存在修饰与被修饰的关系。这在汉语中尤为突出,这一问题在汉语界至今还存在很大争议,在很多的汉语语法书和教科书中甚至把能否接受副词的修饰作为区分名词和谓词的一项重要鉴别标准。但事实上,在活生生的实际言语中,尤其是在口语中,不管是俄语还是汉语,副词修饰名词的现象常有出现。

俄语副词可以修饰名词,起形容词的作用,这常常是一些程度副词或疏状副词,如:совсем старик, слишком практик, очень женщина, чтение хором, шаг назад, волосы ежиком, кофе по-венски, почти поэт。有时某些空间和时间副词(вечером, дома, вперёд, назад)也有这个功能。如:дом напротив, Москва сегодня, шаг назад。也就是说,这些副词可以依附于名词,表示事物的特征,在句中作非一致定语(王超尘等 1988:483—484)。

汉语的情况有所不同。汉语只是承认副词可以与名词搭配,但并没有提到副词作定语的情况。张谊生认为(2000:154),如果"不仅仅停留于结构平面分析这种组合关系,而是将其置于句法、语义、语用的三维系统中,加以综合研究;如果我们不仅仅静态地、孤立地看待这一现象,而是将其置于动态的、相互联系的、更加广泛的语言环境中加以全面考察;如果我们不仅仅局限于对副词本身的研究,而是将研究的触角深入到那些被修饰的名词及其语义和功能中去,那么,我们还是可以发现一些隐藏在这些特殊的语言现象背后的规律的"。从句法平面看,副词修饰名词只是一种结构组合关系,但如果深入分析这一现象,就可以发现,副词之所以能够修饰名词,其深层的原因和制约的因素其实并不仅仅在于修饰语副词,而主要在于那些被修饰的名词,这些名词或者是具有特定的语义基础,或者是功能发生了转化。他认为,能够被时间副词修饰的名词主要是具有顺序义的一类名词。这类名词可以分为两类,一种是本身具有顺序义,一种是本身没有顺序义,语言环境使之临时获得顺序义。本身具有顺序义的名词主要有两类:时间名词和指人名词。

时间顺序义又可以分为两个次类:循环时间名词和延续时间名词。

前者指该序列在时轴上周而复始,循环往复。如一个月份的序列:上旬、中旬、下旬→上旬;四季的序列:春夏秋冬。这其中有两种情况比较特殊:不等距周期和间隔性周期。不等距指各名词之间在时轴上间隔距离不相等或模糊不清。如我国国定假日的序列:元旦、春节、劳动节、国庆节→元旦。间隔性是指前一循环与后一循环之间有或长或短的一段时差。如:20年代、30年代……90年代→20年代。

延续时间名词指该序列在时轴上持续向前、有始无终。如:"一天、两天、三天、四天……"

而指人顺序义名词也可以分为两类:衔位名词与年龄名词。前者如:"学士、硕士、博士"。后者如:"儿童、少年、青年、壮年、中年、老年"。

临时顺序义名词大多是处所名词,某些处所名词如果正好位于同一系列的各个点上,那么它们就有了顺序义。如:"上海、苏州、无锡、常州、镇江、南京……"

所有具有顺序义的名词都是发展变化的序列中的一个阶段,或者说都是时间或空间坐标上的一个点。由于点与点之间的演变递进乃至周而复始都是按部就班、顺利发展的,通常不需要外力就可以自行完成,所以这类名词在句法功能上都可以相当自由地谓词化。既然这类名词都可以直接充当谓语,那么它们当然也就都可以直接接受时间副词的修饰了。这大致有三种情况:表示尚未达到某一点;表示已经达到某一点;表示正好或再次达到某一点,如:

(28) 快国庆啦,大家都忙着准备文艺节目呢!(《现代汉语八百词》)
(29) 中秋过后,秋风是一天凉比一天,看看将近初冬;我整天的靠着火,也须穿上棉袄了。(鲁迅)
(30) 我已经四十多岁的人了,死了也没关系。(杨朔)
(31) 都大姑娘了,还这么疯疯癫癫地满街乱跑,像话么?(易水)
(32) 那天正好清明,上坟祭祖的人很多……(魏崇)
(33) 又星期天了,这下可要好好玩一玩了。(向东)

上述例句中例(28)和例(29)表示尚未达到某一点;例(30)和例(31)表示已经达到某一点;而例(32)和例(33)则表示正好或再次达到某一点。有时,表示已经达到和尚未达到的时间副词可以交替共现或配合使用。

可见俄语中副词与名词搭配作非一致性定语和汉语中副词修饰名词

是不完全相同的,尽管他们都是和名词搭配,但是俄语副词在句子中充当定语的功能,而汉语副词则具有谓语的功能。前面俄语中时间副词作定语的情况在汉语中对应的是汉语时间名词加定语的标记成分"的"字。从某种意义上来说,汉语中几乎任何词语都可以作定语,但是很多是需要加定语的标记成分"的"字。

在空间方面,汉语几乎所有的单音型纯方位词和部分双音型方位词都可以直接作定语,无需加定语标记成分"的"字。如"左手,右手,上铺,下铺,里屋,外屋,外院,东北角,西南方向,上下铺位,前后楼房"等。请看例句:

(34) 南房里三个汽车夫……正推牌九。里院,晚饭还没吃完。(老舍)

(35) 男女分了组:男的在东间,女的在西间。(老舍)

(36) 模范不模范,从西往东看,西头吃烙饼,东头喝稀饭。(赵树理)

(37) 赵姓人住前街,杨姓人住后街,从老辈就这么盖屋,似乎自然而然。(尤凤伟)

(38) 星月无光,只是东北角天空一片浓烟,慢慢地向正北方蔓延。(茅盾)

另外,个别代副词也可以直接作定语。如"当地":

(39) 彭见亮找到当地一家地方文学刊物编辑部,进门毕恭毕敬地唤了几声"老师",想问问"行情"。(阎欣宁)

而大部分其他形式的空间方位词和空间副词作定语时一般都需加标记成分"的"字。如:

(40) 里里外外的事,没有我不晓得的。(老舍)

(41) 矿区那边的年轻人似乎总是用鄙夷的眼神望着公路这边的村里人,村里的年轻人却在向往着公路那边的世界,希望变成那里的公民。(张一弓)

(42) 屋顶白。墙壁白。分明还没有被主人的生活污染过。上下左右的白衬托着,男人的脸显得黧黑。(梁晓声)

2.3 充当呼语

俄语中有些句法现象一直处于很特殊的位置上，它们一直游离于句子成分之外，如呼语、插入语、确切语、接续语、说明语①，它们与独立成分和同等成分一起被放入简单句的繁化范畴，也就是说它们被看做是同一平面的内容。应该承认，从对句子影响的功能角度来说，这些语言现象确实都可以使句子的形式和意义得到繁化，但从句法角度来说，它们之间的关系并不是平等的。如果说插入语和呼语是平等的，确切语、说明语和接续语是平等的，独立成分和同等成分也是平等的，那么这三类语言现象之间的关系却不是那么简单。在传统的语法中，独立成分和同等成分的分类是从句子成分的角度出发的，也就是说，它们被承认是一种特殊的句子成分，而其他几种现象却是从功能和意义的角度出发的。

我们知道，繁化的简单句与非繁化的简单句处在不同的层面上，扩展的简单句同样与非扩展句也是不同层面上的内容。但是，扩展的手段（定语、状语和补语等）被承认是句子的成分，即次要成分，而繁化的手段却一直游离于句子成分之外。在这一点上，邓福南（1980：123）对汉语句子成分的划分对我们很有启发。他认为，汉语中的句子成分可以分为一般成分和特殊成分。一般成分包括传统的主语、谓语、宾语、定语、状语、补语等；特殊成分指一般成分所不能概括的，包括同位语、象声语、呼语、序次语和插语等。我们觉得，一个词或词的组合一旦进入句子，即使它不同于别的虚词或实词，也应该起一定句子成分的作用了。那我们不妨也承认，就如句子有非扩展和扩展之分而产生了主要成分和次要成分一样，句子的非繁化和繁化之分也会产生一般成分和特殊成分。一般成分指传统的主要成分和次要成分（主语、谓语、补语、定语、状语等），特殊成分指插入语、呼语、确切语、接续语、说明语。而句子成分的独立和同等完全是另一个角度的问题，关于这个问题我们在下文中将有论述。

呼语一般由人的姓名、职位、亲属关系的名称及其联合方式来表示的。这在俄语和汉语中是相同的。俄语如："Нина, Иван Иванович, товарищ директор, господин ректор, папа, бабушка, тётя"，汉语如"李

---

① 尽管后三者有时被归为独立成分，但这种做法明显与他们本身对独立成分的理解是不一致的。而且独立成分本身在俄语句法中的定位就不够明确。

丽,王强,小李,厂长,经理先生,爷爷,妈妈,儿子"等。但是,在无拘无束的俄语口语中,呼语的表达方式显得异常丰富,副词也可以用作呼语,这常常是一些空间意义的副词①,如:

(43) Эй, наверху, спускайтесь сюда!

(44) —Вы сейчас выходите?
　　—Нет, не выхожу.
　　—а впереди?
　　—Тоже не выходят.

(45) Эй, там, в лодках, не лезь под колеса! (Б. Полевой)

汉语也有类似的表达方式,但不同的是,它是在空间词语后面加"的"字后才能起到这个功能的,如:"前面的,下车吗?";"后面的,快跟上!"

2.4 充当插入语②

在现代俄语里,插入语往往是放在句子的独立扩展成分(或称单句的繁化)中来论述的,如 1952—1954 年《俄语语法》(Грамматика русского языка)以及大量的语法专著和教材,而《80 年俄语语法》(胡孟浩主译 1990)则把它并入了"主观情态意义的形成和表达手段"中。现代汉语里的插入语一般也是被包括在句子的独立成分中,如张志公的《汉语》(1953)和《汉语语法常识》(1959)、黎锦熙、刘世儒的《汉语语法教材》(1957)以及一些现代汉语语法教材,只是少数的语法书将其一部分放入了附加语里,如吕叔湘、朱德熙的《语法修辞讲话》(2005),另外,王力的《中国现代语法》(1954)把它称为"插语法",而别的著作都没有提及这种成分。

俄汉语都主要是从以下几个方面来对插入语进行解释的:(1)从句法功能来看,它们与基本句及其成分不发生语法上的联系(这一点决定了它与状语的区别),此外,它们在句中的位置是自由的,可位于句首,也可位

---

① 一些其他空间形式也可以用作呼语,常见的是前置词和名词词组。如:Вы там, на катере, давайте к причалу!; Вернись-ка, ты, в шляпе!; Во втором ряду, прекратите разговоры!; Послушайте, за кустом, перестаньте прятаться! (例句选择《1980 年俄语语法》[胡孟浩主译 1990])

② 关于该问题详见《插入语在言语交际中的功能——俄汉语对比分析》(姜宏 2001)。

于句中,在口语中甚至可以放在句末;(2)在语义功能上,它们主要表达主观情态意义,即表示说话者对话语内容的态度与说明(这决定了与嵌入语的区别,后者表示对话语内容的补充说明);(3)在语调上常自成语段,朗读时语速较快,声调较低,书写时,常用标点符号与基本句隔开。在以上几个方面,俄语和汉语关于插入语的论述基本上是相吻合的。此外,它们都特别强调插入语的主观情态意义功能,如 1980 年版《俄语语法》(胡孟浩主译 1990)称之为"唯一的"功能,而张静的《汉语语法问题》(1987)则认为插入语"只"表示说话人对情况的推测、估计,或表示说话人的态度,并且它们都是以此为标准来对插入语进行分类的。

俄语中的插入语由此分为了七类:(1)表示突出强调,以期引起谈话对方注意的插入语,如:напоминаю, повторяю, поверите, заметьте, представь себе, что важно, например;(2)对报道内容给予情感评价的插入语,或者说是表示各种主观态度的插入语,如:на счастье, к стыду, к изумлению, не дай бог, пожалуй, разумеется, кажется, действительно, некоторым образом;(3)表示言谈风格、叙说性质和方式的插入语,如:лучше сказать, вернее, грубо говоря, одним словом, проще сказать;(4)指明叙述内容各部分之间逻辑关系的插入语,如:с одной стороны, наконец, следовательно, во-первых, напротив;(5)指出话语内容来源和依据的插入语,如:по-моему, по слухам, с его точки зрения, говорят, как указывалось;(6)从度量、程度或限制角度说明话语内容的插入语,如:по крайней мере, в той или иной степени, самое большее, как правило;(7)说明实现话语内容时间的插入语,如:случается, как это бывает。

汉语把插入语基本上分为了 14 类(叶南薰原著,张中行修订 1985),这包括:(1)引起对方注意的插入语,如:"你看,你听,你猜猜";(2)表示对情况推测的插入语,如:"看样子,恐怕,想必";(3)表示对事实肯定的插入语,如:"不用说,真的";(4)对程度估计的插入语,如:"至少,充其量,大不了";(5)表明说话人自己态度的插入语,如:"依我看,依我说";(6)表明说话性质的插入语,如:"一般来说,严格地说,不瞒你说,说句良心话";(7)表达各种情感态度的插入语,如:"幸亏,好在,可惜";(8)表达信息来源的插入语,如:"听说,传说,据调查";(9)表示事物次序的插入语,如:"第一,一则,首先";(10)表示包括、排除或突出的插入语,如:"包括,除了,特别是";(11)表示更改或解释的插入语,如:"即,或,不";(12)表示补充的插入语,如:"此外,同时,话又说回来";(13)表示举例的插入语,如:"例如,比如说";(14)表示总结的插入语,如:"总之,一句话,总而言之"。

可以看出,汉语和俄语对插入语的分类在语义内容方面基本上是一致的,也都是比较全面的,只是在归类的操作上有些区别,各有侧重。

而从语法组织的角度看,俄语中的插入语可以说是多种多样的,其中有动词变位形式(согласитесь, признаюсь, я верю, мне кажется)、动词不定式(так сказать, смешно сказать)、副动词(вежливо выражаясь, говоря по совести)、各格形式的带前置词和不带前置词的名词和代名词(правда, спору нет, к сожалению, кроме того)、副词和述谓词(очевидно, наконец, верно)以及动词性和名词性熟语(собственно говоря, само собой, чего доброго)。在大部分情况下,插入语与其相应的实词及其聚合体保持着活的词汇和语法联系;这样的联系只有在熟语中才消失或削弱。而汉语中插入语的表达方式则较为单一,主要是一些动词性词组(你看,说不定,说真的)、介词词组(以我之见,据说)、副词词组(大不了,至少,幸亏,可惜)和一些固定性熟语(毫无疑问)。

由此可见,从表达方式的角度来讲,俄汉语中的插入语都既可以是词或词组,也可以是句子,也正因为如此,俄汉语对插入语这一现象都有着几种不同的称呼,如俄语里的 вводная конструкция、вводное слово 和 вводное предложение 之说,汉语里也有插说、插语法和插入语等说法。此外,也因为插入语往往被当做语言表达的一种方式,而不是被当做特殊的句子成分,所以有了如此之多的名称。我们觉得,一个词或词的组合一旦进入句子,即使它不同于别的虚词或实词,也要起一定的句子成分的作用了。因此,从句法的角度说,应该把它当做一种特殊的句子成分,我们统称之为"插入语"(вводное слово)。

同时也可以看出,副词是插入语的重要构成手段之一,如俄语中的 действительно, безусловно, верно, вероятно, видно, очевидно, возможно, странно, наконец, вдобавок, словом, итак, следовательно, так,汉语中则有"至少,幸亏,可惜,恐怕,确实,其实,大概,原来,果然,想必"等,而某些具有时间意义的副词也可以作插入语用,充当列举和顺序的逻辑连接纽带,如俄语中的 одновременно, наконец 等;汉语中的"首先,同时,最后"。

而在空间范畴方面,俄语空间副词和汉语纯方位词基本上不作插入语用。

2.5 充当反应语(релятивы)

反应词语是语言学家在口语研究中发现的一种新的语言交际单位,它指那些在言语中用来对交谈者的话语或环境做出反应的词。反应语在语法、语义和功能上都具有自己的特征,这些特征足以使它成为一种独立的语法单位。首先,反应语的来源不一,它们有的来自虚词(Ну да, Ну и ну, Да нет),有的来自实词(Ничего, Ладно, Идет, Беда),有的是固定的成语性组合(Как же так, Еще чего, Ничего подобного)。另外,反应语形式固定,使用功能是约定俗成的,不可分解的。再者,反应语与传统的句法成分不同,它们在对话中用作反应话语,其概括意义是对交谈者的话语或情景做出反应。这种反应可以表现为:说话人对前一话语的肯定或否定,同意或不同意;对话语或环境的评价及情感的流露,说话人的追问、命令、请求、问候、祝愿、告别、感谢等等(徐翁宇 1993:222—223)。

总而言之,反应词语具有惯用法的性质,它们的组成成分及组成方式都是相对固定的。1980 年版《俄语语法》(胡孟浩主译 1990,下卷:561)把这种反应词语称为在对话中用作答话,以表示肯定或否定的独词句(слово-предложение)。

空间副词是反应语的构成手段之一,这主要指那些虚词化了的副词,如:Где уж там! Где уж тут! Куда там! При чём тут! Чего там (тут)! 请看例句:

(46) —Давай я поеду, —вдруг неожиданно для себя бухнул Володька.
—Где тебе! Едва на ногах держишься. Лежи. (Ф. Абрамов)

汉语没有提出这一专门的术语,但是汉语中也存在这样的现象,其中空间疑问副词"哪里"就常用来作反应语。作为对赞美的谦虚回应:"哪里哪里,您过奖了"。

第三节 空间和时间形式的句法分布

从句法分布的特征来看,俄语副词主要有这样一个特点:灵活多样性。这首先指其分布十分自由——绝大多数副词都可以根据表达的需要,位于句中的任何一个位置;其次指副词在句中出现的方式也十分灵活多样,既可以重叠和连用,也可以独立和独用,还可以被否定和被扩展或被修饰。空间和时间副词也不例外。下面我们着重谈第二点,即空间和时间副词在句中出现的各种情况和方式。

3.1 重叠方式

重叠方式指的是,同一空间或时间副词或者方位词可以重复出现在同一句子的同一句法位置上。在这一点上,我们选择先从汉语出发,因为汉语在这个问题上已经有了比较详细的描述。

汉语中时间副词的重复往往是指那些独字副词,重复的副词之间不需要标点符号或者连接词,如"刚刚,常常,每每,时时,早早"等。

张谊生(2000:197—201)指出:汉语副词的重叠形式与非重叠形式存在以下三个方面的差别:语气上的轻与重、语气上的强与弱以及语体上的文与白。一般情况下,相同的意思,重叠形式比非重叠形式的语气更重一些,表示频率更快、程度更深和情态更切的意义。而时间副词主要表示频率更快的意义。如:

(47) 你常跟他在一处,他的行动你都知道,要是见他犯了旧错,常常提醒他一下,也就帮助了他了。(赵树理)

(48) 白天明刚分到新华医院时,常常到筒子楼里来找郑柏年。(苏叔阳)

(49) 等阿猫刚刚骑上墙头的时候,忽然间,听得一缕笛声远远飘来。(边震遐)

(50) 田中正自发觉小水有些像陆翠翠后,每每一见到小水,就勾动了一番心事……(贾平凹)

(51) 山峦时时变化,一会儿山头上幻出一座宝塔,一会儿洼里又现出一座城市,市上游动着许多黑点,影影绰绰的……(杨朔)

那些在语义上互相分化或搭配上互相补充的非重叠形式和重叠形式,由于不能互换使用,其语义之轻重,语气之强弱自然也无从直接比较。而人们之所以感到"早早来到,好好找找,频频挥手,屡屡获胜"中的重叠形式要比"早已来到,让我好找,捷报频传,屡建战功"中的非重叠形式语义更重、语气更强,显然不是通过替换比较得来的,而是通过其他副词与它们的差异、类推或者感染而来的(张谊生2000:200)。

在语体上,相比较而言,非重叠形式较多地带有文言色彩,重叠形式较多地带有白话色彩。但这不是绝对的,比如"乍,乍乍,顶,顶顶"都带有口语色彩,而"累,累累,略,略略"都带有文言风格,"常,常常,刚,刚刚"则都属于通用语体(张谊生2000:202)。

汉语中还有一种特殊的重叠指时间副词的交替重叠,即"AXAY"式重叠,如"屡X屡Y,时X时Y,渐X渐Y,乍X乍Y,忽X忽Y"等。这种形式表示交替重叠、变化不定,或者步步递进、层层深化,或者反复进行、结果相似的意义。如:

(52) 他忽然间改变了三种姿势,接连四个绝招儿,频频翻身跃马,忽上忽下,时跨时骑,左右腾飞,前后翻滚。(沙蠡)

(53) 整个石根岭,就如一幅静止的图画,随着太阳的时隐时现,色调一忽儿淡,一忽儿明丽。(赵国欣)

(54) 我们催促着母亲往炉膛添柴。火舌从灶口舔出来,母亲的影子贴上后墙,忽大忽小,班驳摇曳。罡风缠绕窗棂发出呜咽的叫声,屋里的温度升起来,热量向着寒冷四散突围。(查一路)

有时候,个别非独字时间副词也可以重复使用,如"时时刻刻,永永远远"等。这时它们的重复形式比较丰富,有可能出现标点符号。我们以"永远"这一非独字时间副词来说明这一点。请看例句:

(55) 三爷,你帮了我的大忙!我,只要不死,永远,永远忘不了你的恩!(老舍)

(56) 你出去!永远永远不要再来,我没有你这个亲戚!(老舍)

(57) 天青背地里捉住她的手,想着他对她的磨难,想着生死与共非人非鬼的未来岁月,就想抱了她的身子,永永远远地去保卫她,不惜以命相殉。(刘恒)

而在空间范畴方面,汉语空间方位词的重叠形式多种多样,十分灵活。

汉语中纯方位词的重叠形式常常构成四四型,是指两个纯方位词先重叠后再黏结在一起的四字格形式,重叠的方位词往往具有意义上的对立特征。储泽详(1998:54—61)称之为反义叠结类,即"D1D1D2D2"型。如"上上下下,前前后后,左左右右,里里外外,东东西西,南南北北"等。这类结构常常多个连用,对仗工整,节奏分明,有很强的描写作用,不但使句子显得精炼,而且读起来朗朗上口,极富乐感:

(58) 常阿利用石皂把父亲的脚上上下下前前后后抹遍,就咯咯咯吱吱吱地搓起来。(黎云秀)

(59) 一眼眼小煤矿的矿洞,像稚拙的儿童用墨汁浓重的毛笔画出的嘴。南南北北,上上下下,一处处没个顺序,也没个正规形状。(梁晓声)

(60) 里里外外、上上下下、轰轰乱乱、匆匆忙忙地吃了一顿饭,把个褚大娘子忙了手脚不闲。(文康)

汉语空间副词也有可能出现重叠情况,往往具有不确定的列举意义。如:

(61) 我们猜想着,哪处哪处起了火。(老舍)

俄语中同一空间或时间副词在同一句子的同一句法位置可以重复出现,表示特征或状态的强烈性,重复的副词之间可能出现连接词,或逗号和其他标点符号。如:

(62) Пережив это и сыграв до конца труса, Лушин вдруг ощутил себя идущим в полной темноте всё вперёд и вперёд.(Ю. Сбитнев)

(63) И так было долго-долго, пока Лушин не открыл глаза и не огляделся вокруг.(Ю. Сбитнев);

(64) Тут жили. Долго, долго. Папка твой и я.(Ю. Сбитнев)

(65) Снова и снова он вспоминал всё пережитое.(Ю. Сбитнев)

可以看出,俄语重叠方式同样也可以产生汉语的那些言语和修辞效果,相对于非重叠方式,它们也是语气更重、更强、更具有随意的口语色彩。通过对汉语时间和空间词语重叠方式的描写,我们可以看到,俄语在这一方面是比较简单的,其中一个重要的原因就是俄语词语需要词形变化。一般情况下,处于同一句子中的同一句法位置上的同一个词语不可能以同样的形式出现,除了不需形式变化的副词和虚词。因此,俄语在这一点上远不如汉语灵活多样。

但是,俄语的形式变化特征恰恰让它能够产生汉语中不可能的重叠方式,譬如重复出现的是同一副词的不同形式,如:

(66) Ложилась я темно-темною, зарей вечернею, поздным-поздненько. А вставала я утром раным-раненько, в красно-красную зорю утреннюю. (Ю. Сбитнев)

3.2 连用方式

这里指的不是一个副词说明另一个副词,而是两个(或两个以上)空间或时间副词处在同等句法位置上、有着平行句法关系的情况。也就是说,我们常见的一个副词修饰或限定另一个副词的情况不属于我们所理解的连用范围,即使两个副词有着同等的句法位置。譬如"开花时节,学校里哪儿都能闻到香味(鲁兵)"。

俄语中连用的副词之间可能出现连接词或者连字符,连用的常常是同义(近义)或反义副词,或者表达强调或对立意义,或者表示不定、选择其一等意义。如:

(67) Так бывает, когда люди ведут разговор вокруг да около, скрывая то главное, что им хорошо известно(Ю. Сбитнев)

(68) Ну и дурак! Папу не сегодня-завтра отпустят! (Ю. Сбитнев)

(69) Движется павой, ногу ставит чуть оттянув носок, этак вперёд и вбок (Е. Шишкин)

汉语中时间和空间副词的连用也很常见。两个连用的词语之间可以不出现连接词语,也可以有"或"或者"和"字出现。不用连接词语和用"或"字的方式都表示不定及二者择一的意义;用"和"字表示强调或对立意义。也就说,汉语的连用意义和俄语的基本一致。如:

(70) 涤洲张罗着逛这儿那儿,还要陪我到上海,都被我拦住了。(舒济)

(71) 水车用的茅篷像一些泡头灯,这里那里钉在那些"带子"的近边。(茅盾)

(72) 南边北边响起了警笛,那条黑影闪进聊驴儿胡同。(老舍)

(73) 他通过边门走到火化场的里面。里面和外面是两个不同的世界。(蒋子龙)

(74) 今天明天就会有消息了?

汉语方位词也可能出现连用情况。其实大多数双音型方位词就是单音型方位词连用后所产生的结果,这常常是一种反义词二字格形式。如"上下,左右,前后,内外,东西,南北"等。由两组这样的二字格形式可以构成一种四字格形式,它们其实也是一种连用形式。如"上下左右,前后左右,东西南北"等。请看例句:

(75) 礼堂的左右,东西两条绿径,树荫很密,几乎见不着阳光。(老舍)

(76) 铺户里外没有看热闹的。(老舍)

(77) 靠东墙正中一张条桌。左右南北摆着一对小平顶柜。(文康)

(78) 茶房说,连驶车的也不晓得东南西北。(老舍)

(79) 毛艳笑着,叫着,前后左右跳着,向老头发起连续进攻。(莫言)

(80) 我的上下左右都是阳光。(老舍)

(81) 鸽子越飞越高,明朗的青天也越来越高,在鸽翅的上下左右仿佛还飞动着一些小小的金星。(老舍)

而方位词的反义叠结类(见上一节重叠形式)在句子中也可以连用方式出现。如:

(82) 这就让建筑队上上下下以及他家左左右右的邻居笑痛了肚皮。(范小天)

(83) 方才前前后后里里外外嚷了这半天的,就是他。(文康)

(84) 于青前前后后左左右右,怎么都想不好。(裘山山)

有时,四字格形式和反义叠结类也可以连用。如:

(85) 他们辩论了一会儿,又上下左右、里里外外地搜索了一回,无结果地睡下了。(王蒙)

方位词的连用有时可以出现六字格甚至八字格形式。如:

(86) 他一张一张抽出来,对着大灯辨别前后左右上下,迅速把片子摆上阅片架。开亮架子上的灯光开关。(侯文咏)

(87) 天应该在上边,海应该在下边,它摇摆得厉害,我觉得像坐在一个滚动的球状容器里,分不清上下左右东南西北。(朱春雨)

单音型方位词也可以连用,它们往往成对出现,在对立意义的方位词之前往往有相同的词语出现。如果是动词,连用形式表示一种不定方向意义,或者表示动作反复的意义,或者表示在不同方位进行某一动作(储泽祥 1997:40—41),如"左看右看,东看西看,东闪西避,东奔西跑,东张西望,东躲西藏"等。一般情况下,只用"东"和"西",很少会用"南"和"北"。如果是名词,则表示范围涉及广泛,有"面面俱到"的意义。如:

(88) 庙里庙外,人声和锣鼓声,还有孩子们手里的小喇叭、哨子的声音,混合成一片骚音,三里路外也听得见。(茅盾)

(89) 这年头谁没有谎言,上至国家领导人,下至卖豆芽菜的老太太,人前人后,只要你肯听。(狄民)

3.3 独立方式①

在俄语句法学历史中,很长一段时间独立成分都被看做是缩减的从句(сокращенные придаточные предложения)。如 Ф. И. Буслаев 认为:"完全句缩减为名词、形容词和副词,也就变成了一种单独(отдельный)的句子成分"(Буслаев 1959,转引自 Валгина 1978:251)。这种观点受到了 А. А. Потебня 的批评。Потебня 对句子 Девица, босая, вышла на мороз 和 Девица вышла босая на мороз 进行了比较,并得出结论:同位语(在这里指独立成分)(девица, босая, вышла...)表达在行为发生前就有的特征,而谓语中的限定语(вышла босая)表达与行为同时出现或在其之后出现的特征。另外,同位语有对别和让步的意义,如 босая, а вышла 相当于 хотя босая, но вышла,而纯粹的定语(босая девица)没有这种意义(Потебня1977,转引自 Валгина 1978:252)。也就是说,Потебня 推翻了缩减从句的理论,并指出了句子的独立成分与其他成分之间的主要区别在于它的语义复杂性。

---

① 关于该问题详见《关于俄语句子独立成分问题的思考》(姜宏 2002)。

A. M. Пешковский 首先采用了"独立的次要成分"（обособленные второстепенные члены предложения）这一术语，并把它解释为"在韵律和节奏上，同时在与其他句子成分的关系上都类似于单独的从句（отдельное придаточное предложение）"（Пешковский 1956：416）。他认为，带独立次要成分的句子和不带独立次要成分的句子在语调上和逻辑重音上都有很大区别，这种区别意味着这是两种不同的句子形式，这不是一般的停顿，还有着特别的意义。Пешковский 详细分析了独立成分的各种不同类型及其独立的条件，并且按照词法属性对独立成分进行了分类，如独立的名词、形容词、副词、副动词等等。

Н. С. Валгина 认为，独立（обособление）是句子的次要成分较之其他成分以更多的独立性获得的意义和语调上的隔离性，因此，独立成分是意义和语调上都分离出来的句子成分，其本质在于它们含有补充报道的成分，即它们的半述谓性，它们与其他成分相比具有更重的分量。Валгина 是按句法功能来对独立成分进行分类的，如独立定语、独立同位语、由副动词和副动词短语表示的独立状语、由名词和副词表示的独立状语、独立的确切成分、独立的说明成分和独立的接续成分（Валгина 1978：246—251）。

而 О. Б. Сиротинина 和 Р. Н. Попов 承认，独立成分使句子在形式上和语义上都得到繁化，但同时指出，只有其中一部分构成半述谓结构，如副动词和副动词短语、形动词短语、独立同位语、独立的一致性形容词定语，而句子的确切成分、说明成分和接续成分可以繁化基本的述谓结构，也可以独立，但是它们并不构成半述谓关系（Сиротинина 1980：102—106，Попов 1986：348—349）。

我们认为，应该承认独立成分（也包括同等成分）是句子成分的一种表现形式，而不是它的一种类型，也就是说，独立成分和同等成分与一般成分和特殊成分是不同角度的内容。同时应该承认，独立是刻意的，任何句子成分都可以独立，一旦独立就是独立成分，只是有些非独立不可。其实关于这一点，有些语言学家已经无意识地承认了，如 А. М. Пешковский 认为，在例句 Однажды, осенью, он заболел 中，独立成分都是确定其前面意义更为一般的成分，因为按一般的一致、支配和依附程序这些成分并不相互从属，而是共同从属于同一个第三个成分，因此，要确定它们之间的相互联系,语言中除了音律—节奏手段(和某些连接词 то есть, именно, а именно)外别无他法。不管这种联系在逻辑上是多么明显,它还是可以让人意识不到,这样独立就不会出现。我们可以说：Однажды, осенью, он заболел,也可以说：Однажды осенью он заболел,而当我们想要表达这种联系时,就会采用独立(Пешковский 1956：420)。这说明,А. М. Пешковский 承认独立语是一种主观上的东西,或者说具有临时性。而 О. Б. Сиротинина(1980：106)则明确地指出了这一点,她说,独立是书面言语的手段,在真正的(说的,而不是读的)言语中是不使用独立的,因为繁化的句子结构在口头交际的条件下不仅对说话人,而且对听话人来说都是困难的(实际上在俄语口语中一般不使用副动词,这是口语的规范)。独立作为句子结构的言语繁化,是表达意义的一种手段。

汉语在这个问题上也存在着许多同样的矛盾。因此,邓福南(1980：123)对这个问题进行了如下阐释：汉语中的句子成分可以分为一般成分和特殊成分。一般成分包括传统的主语、谓语、宾语、定语、状语、补语等；特殊成分指一般成分所不能概括的,包括同位语、象声语、呼语、序次语和插语等。

如果我们采用邓福南的思路,区分开一般成分和特殊成分,同时承认独立成分在形式和意义上都具有独立性,它有狭义和广义之分。狭义指一般句子成分的独立,广义还包括了特殊句子成分的独立,从某种程度上来说,特殊成分总是独立的。由此而来,句子成分包括一般成分(主语、谓语、定语、状语、补语等)和特殊成分(插入语、称呼语、确切语、说明语、接续语等),而独立成分(包括同等成分)是从这些成分的不同表现形式演变出来的,它们是属于不同角度上的内容。这样一来,简单句的繁化则是指句子一般成分和特殊成分以同等或独立的形式出现,独立成分和同等成分也就不会与句子的特殊成分相混淆了。

综上所述,独立是句子的次要成分较之其他成分以更多的独立性而获得的意义和语调上的隔离性(Н. С. Валгина 1978：246)。它是一种主观上的、临时的具有一定修辞和语用功能的东西。既然俄语中任何句子成分或者说任何词性的词语都可以独立,那么空间和时间副词也不例外。它们主要是在充当状语时独立,而且这种情况不多见,主要发生在一般独立条件下①：

(90) Однажды, осенью, на возвратном пути с отъезжего поля, я простудился и занемог．(И. Тургенев)

(91) Глаза его смотрели куда-то в другое место, *далеко*, и там он будто видел что-то особое, таинственное．(И. Гончаров)

另外，副词作接续语或注解语时要独立：

(92) Было даже страшно, иногда．(М. Горький)

(93) В Крыму, в Мисхоре, прошлым летом я сделал изумительное открытие．(А. Куприн)

汉语不是任何句子成分或者任何词性的词语都可以独立，与俄语不同的是，汉语常常独立的恰恰是空间和时间状语，也有着一定的强调意义。如：

(94) 刚刚，它们还只是一些模糊不清、躲躲闪闪的剪影。(王家达)

(95) 其中一个护士用漠然的口气截住我焦急的询问："走啦。他非得要出院。刚刚。"(张辛欣)

(96) 一会儿，人在前，犬在后；一会儿，犬在前，人在后。(杨民青、王文杰)

汉语空间方位词的独立也很常见。如：

(97) 东，是几株杂树和瓦屋；西，是荒凉破败的丛葬。(林斤澜)

(98) 下面，满山烟雾灰沙，不辨东西南北。(老舍)

(99) 东南方，远远的，有一片红光，而且似乎还有黑黑的浓烟。(黄锦思)

(100) 手伸进怀里咔哧咔哧地挠着，左边右边，上上下下，挠得围住的人心惊肉跳的。(郑万隆)

---

① А. М. Пешковский(1956：419－436)把句子成分的独立条件分为一般条件(общие условия)和特殊条件(специальные условия)。一般条件指对任何次要成分独立都适合的条件，主要包括：两个句法上无联系的句子成分之间的相互关系、词序、独立成分的组成量、其他独立成分的相邻、说话人有意识的独立等；特殊条件指促使某些句子成分独立的条件。

本章小结

以上对俄汉语空间和时间的主要表达形式的词法特征和句法功能以及句法分布问题进行了分析,可以看出,这些形式在言语中的功能和分布非常灵活。而就两种语言来说,汉语更为多样化。此外,除以上所说情况之外,时空副词在一定上下文中还可能有其他功能和分布情况值得我们去挖掘,如被扩展和被修饰情况:无论是俄语还是汉语,副词在句子中都可以支配其他成分,或者被其他成分所修饰或者限制。汉语和俄语的例证分别如下:

(101) 我的上下左右都是阳光。(老舍)

(102) 有你在我左右,我没法子再笑。(老舍)

(103) 前些日子,他们在院子里似乎经常见面,有时还停下来谈上两句。(向东)

而俄语如:

(104) Много позднее, услышав "тойбо" в Сибири и сопоставив с давним тем разказом дядьки Старцева, понял, что странное и страшное это слово соответствует обычному "будто". (Е. Карпов)

(105) Незнакомец грузно вошел в вагончик, поглядел сначала на Гусейна, потом на Татарского, а потом на прикованного в лавке. (В. Пелевин)

第八章 俄汉语空间和时间范畴的篇章学和语用学研究

　　空间和时间既是重要的语法范畴,又是重要的篇章组成成分。空间和时间形式在单独的句子中所起的语法功能多种多样,它们几乎可以充当任何句法成分,除了主要充当状语外,还可以作主语、谓语、定语、补语、限定语、插入语、反应语、称呼语等。同时它们的语法分布也十分灵活,既可以重叠和连用,也可以独立和被否定。空间和时间还是重要的篇章范畴,空间和时间形式在篇章中具有独特的功能。如果说空间和时间范畴的语法问题得到了比较深入的研究,那么有关它们的篇章研究还远远不够。从篇章角度进行研究对空间和时间范畴本质及其语法规律的认识会更深入,也更有实用价值,因为事件的发生、发展变化和结束无不通过空间和时间线索来表现,因此空间和时间线索就成为篇章理解的一个重要途径。

　　从篇章角度来对空间和时间范畴进行研究是一个涵盖面很广的问题,本章重点探讨以下两个问题:(1)空间和时间词语在篇章中的功能;(2)空间和时间信息在篇章中的间接表现,即隐性表现手段。

　　也就是说,前一个问题我们涉及的主要是空间和时间词语,而第二个问题不受该限制,可能涉及词汇层之外的语言形式。

　　空间和时间在俄汉语中的表现形式多种多样,它们遍及语言的各个层面,其中词汇层面的表达手段在两种语言中都占有非常重要的地位,尽管有些语法学家认为时间系统是单纯的语法范畴,但也不得不承认时间词汇表现形式对其组成部分的制约作用。俄语中空间和时间的词汇表达手段主要包括具有空间或时间意义的前置词(如 в, на, перед, через)、副词(如 везде, недалеко, часто, утром)、名词的间格形式(如 полем)、动词(прийти, находиться)等。汉语中空间和时间的词汇表达手段则包括表示空间或时间意义的方位词(上、下、前、后)、副词(原来、然后、立即、最后)、名词(今天、明天)和少数连词(就、便、于是)。在本章中,我们仍旧选择具有空间或时间意义的副词作为分析的主要对象。但是,由于汉语空间关系的表达主要依靠方位词,因此,这也是我们分析的对象之一。

第一节 空间和时间形式在篇章中的功能

空间和时间副词在篇章中有着独特的功能,归纳起来主要有以下几个功能:1)语篇衔接功能;2)信息结构功能;3)影响叙事节奏的功能。

1.1 语篇衔接功能

空间和时间副词在篇章中最突出的功能是它们的衔接功能。在语篇中,句子与句子、语段和语段都是互相制约、互相联系的,它们并不是互不相干的句子的简单堆积,而是一些意义相关的句子为达到一定目的并通过一定衔接手段而实现的有机结合。构成语篇的句子必须意义相关,这是最起码的一个条件;反过来,尽管意义相关,却不合乎逻辑、机械按序排列起来的句子也不能构成篇章;而如果句子在意义上是关联的,排列次序也是正确的,但句子与句子之间并没有用合适的连接手段粘着起来,仍然没有完全具备语篇的条件,因为看不出意义的重心,把握不住逻辑思维的脉络。也就是说,句与句之间的黏着性和连贯性是任何语篇形式的特征。在语篇中,句子和句子、语段和语段都是互相制约、互相联系的,在它们之间存在着各式各样的连接纽带。正是通过这些连接纽带,语篇才能达到浑然一体,获得它的逻辑性和连贯性。连接纽带按其表现形式可以分为三大类:逻辑纽带、语法纽带和词汇纽带。在篇章中,充当衔接成分的除了连接词、代词、插入语以外,还包括一部分副词。从前后关联的角度来看,许多副词具有承上启下的连贯和衔接功能。空间和时间副词是一种不可忽视的语篇衔接手段,它们既可以充当逻辑手段,又可以充当语法手段,同时在词汇手段中,也是一种重要的表现形式。

1.1.1 充当逻辑手段

逻辑衔接手段指表示各种逻辑意义的连句手段,它们表示时间关系、空间关系、列举和顺序、增进和引申、对比和转折、等同和替换、过渡和总结、因果和推论等等逻辑意义。空间和时间副词不愧是逻辑纽带中的一

种重要手段,这在俄语和汉语中都是如此。它们起到的逻辑衔接功能主要有:

1. 充当时间关系的衔接手段

这主要指一些表示时间意义的疏状副词,它们主要表示以下三种意义:某个特定时间以前的事态发展;某个特定时间同时发生的事态;在某个特定时间以后的事态发展。这种手段最常见于以时间顺序为脉络的叙事文中,三种不同意义的时间词语常常一起使用,表示事情的发展过程和变化。俄语如:вначале、сначала、прежде、сперва、сейчас、теперь、потом、затем、раньше、позже、дальше等,汉语如:"首先,起先,起初,过去,原来,现在,同时,如今,然后,随后"等。请看例句:

(1) Сначала очень испугался, а потом очень обрадовался, а теперь—не знаю. (Е. Карпов)

(2) Мы пордужились ещё малышами, поскольку жили в одном дворе. Потом, в юности, у нас появилось общее хобби. (Т. Бессонова)

(3) Всё вокруг, такое доброе и привычное днём, сейчас было жутким, угрожающим каждому его шагу. (Ю. Сбитнев)

(4) После Сибири——армия, германская война, а потом и гражданская. (Ю. Сбитнев)

(5) Как пройдёшь кладбище, сворачивай к Плешковкому логу. Далее—по тропе, к Вятке. (Е. Шишкин)

(6) Надо было только быстрее достигнуть дна и как можно сильнее оттолкнуться ногами. Но дальше он ничего не ощутил, осознав себя уже на берегу. (Е. Шишкин)

(7) 原先,他以为拉车是他最理想的事,由拉车他可以成家立业。现在他暗暗摇头了,不怪虎妞欺侮他,他原来不过是一个连小水筒也不如的人。(老舍)

(8) 望着汤汤的流水,我心中好像忽然彻悟了一点人生,同时又好像从这条河上,新得到了一点智慧。(沈从文)

(9) 信写好念给他听听,随后必把大拇指翘起来摇着,表示感谢和赞许。(沈从文)

(10) 大石舫也是乾隆时作的,七十年前才在上面加个假西式楼房,五色玻璃在当时是时髦物品,现在看来不免会感觉俗恶。(沈从文)

(11) 我心中纳闷,照情形看来好像要杀人似的。但杀谁呢?难道又要枪决逃兵吗?难道又要办一个土棍吗?随即听人大声嘶嚷,推开窗子看看,原来那弁目军装业已脱去,已被绑好,正站在院子中。(沈从文)

这里还包括一些表示具体时间意义的副词。俄语如 однажды, сегодня, вчера, утром, днём, вечером, наутро 等。这在汉语中主要采用一些时间名词或者由虚词"某、有"加时间名词构成的词组,如"今天,昨天,明天,后天,早上,晚上,中午,一天,某一天,有一天"等,也包括一些副词性名词词组,如"这次,那次"等。例如:

(12) Однажды ранним утром Настена заглянула к нему в кабинет. (Е. Карпов)

(13) Однажды он предложил нам с Сашей Рачковым остаться пообедать. (В. Елесин)

(14) Наутро эти пятна квидал и Отто. (Р. Балакшин)

(15) 消息吓了我一跳,我奇怪,昨晚上还看到她,她还约我今天去玩,今早怎么就会被杀?(沈从文)

(16) 上午看完了周庄,下午就滑脚去了同里镇。(余秋雨)

(17) 一天,我和朋友在一个闹市区游逛,朋友突然想要去银行取款,我懒得陪他过马路,就在这边街口等。刚等一会儿就觉得无聊,开始打量起店铺来了。(余秋雨)

(18) 沿着荷塘,是一条曲折的小煤屑路。这是一条幽僻的路;白天也少人走,夜晚更加寂寞。(朱自清)

(19) 上次若跟他们部队去了,现在早腐了烂了。上次碰巧不死,一条命好像是捡来的,这次应为子弹打死也不碍事。(沈从文)

有些副词充当衔接手段,可以表示其他时间意义,如突然性、间隔性、重复性、持续性、终止性等,俄语如:скоро, вскоре, вдруг, неожиданно, наконец, ежедневно, иногда, всегда, часто, редко, снова, давно, долго 等,汉语如:"马上,顿时,顷刻,立刻,就,便,每,刚刚,突然,瞬间,有时,即

将,重新,最后,平时,偶尔,经常,从来,历来,早就,早晚"等。请看例句:

(20) И вдруг пришёл Пиля. Он возник внезапно, так же, как там на пристанях, и вовсе не в хмельном бреду, как успел убедить себя Лушин. (Ю. Сбитнев)

(21) И задремал. Вдруг его будто кто-то толкнул. (Е. Карпов)

(22) Он тихонечко посвистывал, потом крякал и наконец открыто возопил: Коська, выйди! (Е. Карпов)

(23) Совсем молодой умерла его любимая жена, а вскоре от апоплексического удара и сам. (Е. Карпов)

(24) Вскоре Виктор Петрович уехал на родину, в Красноярск, но связей с Вологдой не прерывал. (В. Елесин)

(25) 七转八弯,从简朴的街市走进了一个草木茂盛的所在。脸面渐觉滋润,眼前愈显清朗,也没有谁指路,只向更滋润、更清朗的去处走。忽然,天地间开始有些异常,一种隐隐然的骚动,一种还不太响却一定是非常响的声音,充斥周际。(余秋雨)

(26) 我吃了饭,在屋里坐了一会儿,觉得有些无聊,便信步走到那书房里。拿起报来,想再细看一回。忽然门钮一响,阿河进来了。(朱自清)

(27) 十九的早上,我正在屋里看书,听见外面有嚷嚷的声音;这是从来没有的。我立刻走出来看;只见门外有两个乡下人要走进来,却给阿齐拦住。他们只是央告,阿齐只是不肯。这时韦君已走出院中,向他们道:"你们回去吧。人在我这里,不要紧的。快回去,不要瞎吵!"(朱自清)

(28) 在家中虽不敢不穿鞋,可是一出了大门,即刻就把鞋脱下拿到手上,赤脚向学校走去。(沈从文)

表示时间关系的连接手段最常见于叙事文中,这种文章通常是以时间顺序为脉络的。事实上,这些时间词语在起到语篇衔接功能的同时,还可以提供事件发展的线索,在很多情况下,事件的起始、突转、断续、结束等变化都是通过时间词语来表现的。

2. 充当空间关系的连接手段

这主要指一些空间副词,主要表示事件发生的地点、运行的方向和所隔距离等。它们常用在描写自然环境、房屋布置、地形地貌的文字中充当连接手段,俄语有大量的空间副词,如 наверху, внизу, впереди, сзади, налево, направо, вокруг, далеко, поблизости, рядом, изнутри 等。汉语中空间关系主要依靠方位词来表示,如单音型"上、下、左、右、前、后、里、外、内、中、间、旁、东、西、南、北"和双音型"之上、之下、以上、以下、以前、以后、以里、以外、以内、以东、以西、以南、以北、上下、左右、前后、上边、里面、左方"(吕叔湘 1990:195;齐沪扬 1998:3—6;储泽祥 1997:7)。请看例句:

(29) Если войти, направо—кровать дочери, рядом письменный стол. (Р. Балакшин)

(30) Дорога резко уходит под уклон, я качу вниз, и вдруг этот самый асфальт обрывается, впереди—болото, а грунтовый объезд сворачивает влево чуть ли не под острым углом. (Т. Бессонова)

(31) 如东边的转轮藏,西边的另一个小建筑群,都有点展布不开。(沈从文)

(32) 前面几个兵士,中间一个十二三岁的小孩子,挑了两个人头,这人头便常常是这小孩子的父亲或叔伯。后面又是几个兵,或押解一两个双手反缚的人,或押解一担衣箱。(沈从文)

(33) 重庆市南北够狭的,东西却够长的。(朱自清)

(34) 路的左边,都是埋着死刑和瘐毙的人的丛冢;右边是穷人的丛冢。两面都已埋到层层叠叠,宛然阔人家里祝寿时的馒头。(鲁迅)

汉语中有一些空间副词也可以充当这种功能。如:"近处,远处,深处,远方,反面,正面,对面,四处,到处,随处,无处"。

(35) 遇到旱年的夏季,别处湖里都长了草,这里却还是一清如故。(朱自清)

1.1.2 充当语法手段

语法手段指利用动词的时、体形式以及照应、替代、省略、平行结构等,以达到连接上下文的目的。这一类纽带与逻辑纽带有时会出现交叉情况。空间和时间副词(主要指代副词)作为语法手段的功能表现在它可以充当照应手段。照应手段指通过恰当使用人称代词和指示代词以及物主限定词和指示限定词,使语篇意义获得连贯性,并且达到层次分明、结构严密和整体连贯的效果。俄语中最常见的空间指示限定代副词是 здесь, сюда, тут, там, туда, всюду, везде 等,汉语中则是"这里,这儿,那里,那儿,到处,随处"等。如:

(36) Жили она в Петербурге, туда забрала и мальчонку. Там он успешно закончил гимназию, университет, а потом решил учиться в Париже медицине. (Е. Карпов)

(37) Успех был большой, и я сразу же пошёл на массовую премьеру в кинотеатр. Там снова столкнулся с Астафьевым. (В. Елесин)

(38) На селе поветрие на танцы ещё не распространилось, здесь только плясали. (Е. Шишкин)

(39) 但我们住过一所房子,有一座小花园,是房东家的。那里有树,有花架。(朱自清)

(40) 于是我们一来便驻扎到这个祠堂中。这里有一个官药铺,门前安置一口破锅子,有半锅黑色膏药。(沈从文)

(41) 那河街既那么长,我最中意的是名为麻阳街的一段。那里一面是城墙,一面是临河而起的一排陋隘逼窄的小屋。(沈从文)

(42) 到城里时,我们所见到的东西,不过小摊子上每样有一点罢了!这里可就大不相同。单单是卖鸡蛋的地方,一排一排地摆列着,满箩筐的装着,你数过去,总是几十担。(沈从文)

充当语法手段的俄语时间词汇主要包括时间指示代副词 тогда 和一些与之同义并起副词功能的词组,如 в это время, в эту минуту, в то время。汉语则有"这时(候),那时(候)"等。请看例句:

(43) Паклин... отошел в сторону и приютился в уголку. Тогда посетитель опустился на стул. (И. Тургенев)

(44) Сразу вспомнилась первая встреча с Василием Ивановичем, письмо, которое прочел ему тогда,—там ведь тоже цитировались эти слова. (В. Елесин)

(45) Господи помилуй, Господи помилуй, Господи помилуй! —

говорила она про себя, пока заснула.

В это время внизу, в маленьком кабинете князя, происходила одна из тех часто повторяющихся между родителями сцен за любимую дочь. (Л. Толстой)

时间之流包括过去、现在、将来这样的三时时间链。从时间的流动性特征来说,现在时是较近的,过去时和将来时是较远的。因此,按理说叙述现在的事件应该用指近的"这时",而叙述过去或将来的事件应该用指远的"那时",这与指示代词"这"和"那"的性质有关。然而,杨同用、徐德宽(2007:104-106)指出,言语事实却不尽然。他们认为,这种纯粹记述现在事情的情况几乎是没有的,除了现场直播的广播电视节目之外,即使是虚构的小说,也是对过去(有时是将来)发生事情的描写或想象。但在小说中,"这时"的使用频率却远远高于"那时"。据统计,汉语的"这时"的使用频率(尤其在小说中)远远高于"那时",即使记述过去或将来事件的句子的连接也常用"这时"。作者这时候是把自己放在当时的情境中,同时也将读者带入自己的故事中,其视角是随故事情节的展开、发展而转换的。因此,用"这时"承接叙事句,给人一种身临其境的感觉,给读者的感觉会更亲切自然。例如:

(46) 地震了。很多天以来,我都担心阿勒泰回起风暴,那样的话,被拴住的这只狼就要遭罪了。村子里的房子建得结实,炉子烧得很热,就是刮再大的风,下再大的雪,人在房子里也无关紧要,但被拴住的狼能往哪里躲呢?

中午的时候,一场雪又飘飘扬扬地下了起来,天色也很快转暗。我们把炉子烧旺,把窗帘拉上,准备大牌消磨时光。这时候,地震了。(王族)

(47) 狼不时地扭头看我们一眼,表情极其复杂……这时候,那位最初抱这只狼到村庄里的牧民从山后骑马过来了,他是专门来看这只狼的……他已经把狼彻底当成了敌人,但这只狼身上却没有丝毫凶恶的东西,充斥在它眸子里的是一种绝望和忍耐,甚至还有一丝仇恨。这会儿它也许太惶恐了,对我们这么多人突然围上来,又表示出了丝丝紧张和慌乱。(王族)

以上例句虽然是对以往事情的记述和对未来事情的想象,但作者将自己置身于同时也将读者带入到当时当地的情境之中,似乎叙述的就是当前发生的事情。也就是说,"这时"和"那时"的选择是以作者的视角为前提的。小说是对过去(有时是将来可能)发生事情的描写,而作者在描写过去或将来的事情时,却将自己放在当时当地的情境之中,同时也将读者带入自己的故事之中,作者的视角是随故事情节的展开、发展而转换的。用"这时"好像有一种迎面扑来的感觉,而且上下文衔接更加紧密。

我们认为,杨同用、徐德宽的分析非常有道理,汉语中"这时"的使用频率确实远远大于"那时",而且"这时"确实给人一种亲临其境、迎面扑来的效果。但是,据我们的观察,这其中还存在着另一个倾向性。这首先要区分作者描述的是过去还是未来的事件。在第一种情况下,既可以用"这时",也可以用"那时"。当作者描述某个事件的具体发生状况时,即一个动作接着一个动作时,那么选择"这时"的情况更多,给人一种亲临其境或突如其来的感觉,这就是杨同用、徐德宽所说的情况;而当作者以描述某个事件作为另一个事件发生的背景时间时,那么选择"那时"较多,给人一种遥远的遐想感觉。

首先,请看第一种情况的例句,既用"这时(候)"也用"那时(候)":

(48) 老拱挨了打,仿佛很舒服似的喝了一大口酒,呜呜的唱起小曲来。
　　这时候,单四嫂子正抱着他的宝儿,坐在床沿上,纺车静静的立在地上。(鲁迅)

(49) 我们终于到了桃园里。大家都丧了气,原来花是真开着呢!这时提议人P君便去折花。(朱自清)

(50) 这车夫扶着那老女人,便正是向那大门走去。我这时突然感到一种异样的感觉,觉得他满身灰尘的后影,刹时高大了,而且愈走愈大,须仰视才见。(鲁迅)

(51) 我结婚那一年,才十九岁。二十一岁,有了阿九;二十三岁,又有了阿菜。那时我正像一匹野马,那能容忍这些累赘的鞍辔,辔头和缰绳?(朱自清)

(52) 那回我从家乡一个中学半途辞职出走。家里人讽你也走。那里走!只得硬着头皮往你家去。那时你家像个冰窖子,你们在窖里足足住了三个月。(朱自清)

(53) 我当然书也不读，字也不写，诗也无心再作了。那时我所以留在常德不动，就因为上游九十里的桃源县，有一个清乡指挥部，属于我本地军队。(沈从文)

(54) 我认为科学的农学无用了，于是决定改行。那时正是民国元年，国内正在革命的时候，也许写别的东西更有用处。(胡适)

而在第二种情况下，也就是当作者描述的是未来的事件时，尤其是以描述一个事件作为另一个事件的背景时间时，那么基本选择的是"那时（候）"。请看例句：

(55) 恂儿的心事，难道我不知道？可是等我闭了眼睛，那时上南落北，都由他去罢。(茅盾)

(56) 比如地震，说不定在人们熟睡的时候就突然来了，顷刻间弄个天翻地覆，那时候，人的什么荣誉呀、感情呀、思想呀，统统化为乌有……(王族)

据我们的观察，俄语的"В это время"和汉语"这时（候）"的用法非常相似，很像汉语描述过去事件发生的具体时间和顺序时所采用的"这时"。在很多叙述过去事件的篇章中，作者常常采用"В это время"，以此带给读者扑面而来的感觉，同时达到了结构紧凑的效果。如：

(57) Однажды Михаил Аверьяныч пришел после обеда, когда Андрей Ефимыч лежал на диване. Случилось так, что в это время явился Хоботов с бромистым калием. (А. Чехов)

(58) ... Доктор вышел проводить до ворот своего приятеля почтмейстера. Как раз в это время во двор входил жид Мойсейка, возвращавшийся с добычи. (А. Чехов)

而在描述某个事件是作为另一个事件发生的背景时间时，俄语倾向于用"Тогда"，这与汉语的"那时（候）"非常相似，给人一种遥远的遐想感觉。请看例句：

(59) На постоянное жительство в Вологду Астафьев переехал в конце 1970 года. Я тогда работал редактором Последних известий на областном радио. (В. Елесин)

(60) Этот разговор Лушин уже хорошо помнил. Отец с бабушкой

впервые поссорились. Раговаривали на кухне вполушепот, но он всё слышит. Вот тогда бабушка Анфиса и произнесла: — Не крещеный, что конь холошеный—нет ему роду, нету племени. (Ю. Сбитнев)

而在表示将来的时间背景时,俄语也倾向于用"Тогда",相当于汉语的"那时(候)"。如:

(61) Лет через десять—пятнадцать? Но тогда мы едва узнаем друг друга. (Ю. Сбитнев)

(62) И скоро, скоро бури след в душе моей совсем утихнет-тогда-то я начну писать поэму песен в двадцать пять. (А. Пушкин)

有时候,"Тогда"起到连接词的功能,表示"在这种情况下;如此一来"的意义。如:

(63) Но мамы дома не было. Она не вернулась и назавтра. И тогда бабушка Анфиса пошла в милицию. (Ю. Сбитнев)

俄语中 в то время 和 в ту минуту 往往和由 как 引导的时间说明句一起出现,很少单独使用。这时它们起连接词的作用,而不是代副词。如:

(64) Лестница наверх, в ее комнату, выходила на площадку большой входной теплой лестницы. В то время, как она выходила из гостиной, в передней послышался звонок. (Л. Толстой)

(65) Он стоял, не снимая пальто, и что-то доставал из кармана. В ту минуту как она поравнялась с серединой лестницы, он поднял глаза, увидал ее, и в выражении его лица сделалось что-то пристыженное и испуганное. (Л. Толстой)

时间指示代副词除了指明时间外,在叙事文体中往往还有承上启下的功能,它们对前后两部分的衔接与连贯,对语气的舒缓,都起着重要的作用。前面例句中的时间指示代副词似乎可以删除,但显然删除后语气突兀,连贯性减弱并显得不够自然。因此,时间词语作为语法手段的语篇衔接功能就得以体现。

1.1.3 充当词汇手段

词汇衔接指语篇中出现的一部分词汇相互之间存在语义上的联系，或重复，或由其他词语替代，或共同出现。词汇纽带的两个重要手段：关键词的重复和同义词、反义词的使用都与空间和时间副词有紧密的联系。

在篇章中，空间和时间副词常常是重复的词语。避免重复是一种重要的修辞手段，但是，在不引起累赘的前提下，恰当地利用词汇的重复，也可起到篇章纽带的作用。通过关键词的重复，可以达到主题突出的效果。这在俄语①和汉语中都很常见，其中时间副词的重复更为常见，尤其在叙事文体中，因为时间是事件发展的重要线索。如：

(66) Вам везде все надо! Вы везде свой нос суете! (Ю. Сбитнев)

(67) Я снова приехал в Голчаны под вечер. И снова, как в прошлый раз, меня охватило неприятное чувство. (Т. Бессонова)

(68) Она была больна, и с приближением весны здоровье ее становилось хуже. Домашний доктор давал ей рыбий жир, потом железо, потом лапис, но так как ни то, ни другое, ни третье не помогало и так как он советовал от весны уехать за границу, то приглашен был знаменитый доктор. (Л. Толстой)

(69) Незнакомец грузно вошел в вагончик, поглядел сначала на Гусейна, потом на Татарского, а потом на прикованного в лавке. (В. Пелевин)

(70) 瑞宣有时候陪着祖父来上钱家串门儿，有时候也独自来。(老舍)

(71) 山峦时时变化，一会儿山头上幻出一座宝塔，一会儿洼里又现出一座城市，市上游动着许多黑点，影影绰绰的……(杨朔)

(72) 记得大白天太阳很好时，我就常常爬到墙头上去看驻扎在考棚的卫队上操。有时又跑到井边去，看人家轮流接水，看人家洗衣……有时来了一个挑水的老妇人，就帮着这妇人做做事，把桶递过去，把瓢递过去。我有时又到那靠近学校的城墙上去，

---

① 有时候，俄语中重复出现的是同一副词的不同形式，如：Ложилась <u>темно-темною</u>, зарей вечернею, <u>поздным-поздненько</u>. А вставала я утром <u>раным-ранехонько</u>, в красно-красную зорю утреннюю(Ю. Сбитнев)。

看那些教会中学学生玩球……(沈从文)

(73) 不久,又听到三表兄已成为一个孩子的父亲了。不久,又听到小孩子满七天时得惊风症殇掉了……(沈从文)

(74) 各个人家开了门,各个人家的门里,皆飞出一群鸡,跑出一些小猪,随后男女小孩子出来站在门限上撒尿,或蹲到门前撒尿,随后便是一个妇人,提了小小的木桶,到街市尽头去提水。(沈从文)

而汉语中方位词的重复也很常见。如:

(75) 海上有个岛,岛上有座山,山上遍地开鲜花,满树结果子,就叫花果山。(鲁兵)

值得注意的是,关键词的重复,不仅能起到篇章纽带的作用,而且能达到一定的修辞效果。但必须指出,任何修辞手段都必须用得恰到好处,如果用之不当或者到处滥用,就会引起相反的效果。

而同义和反义空间和时间副词的使用也是随处可见。如:

(76) Впереди была жизнь, позади плен и гибель. (М. Лермонтов)

(77) Удар этот, видимо, ещё впереди, но и оглянуться назад полезно. (С. Кара‐Мурза)

(78) Начали дом строить весной, а зимой закончили. (Е. Карпов)

(79) Прежде он чувствовал, что без этого дела жизнь его будет слишком мрачна. Теперь же занятия эти ему были необходимы, чтобы жизнь не была слишком однообразно светла. (Л. Толстой)

(80) Днём на этих брёвнах посиживали мальчишки, плевались из папоротниковых трубок, лупили из рогаток по воробьям. Вечером здесь всегда было безлюдно, укромно. (Е. Шишкин)

(81) Сначала я рассеянно слушал, а потом не выдержал. (Т. Бессонова)

(82) 原先,他以为拉车是他最理想的事,由拉车他可以成家立业。现在他暗暗摇头了,不怪虎妞欺侮他,他原来不过是一个连小水筒也不如的人。(老舍)

(83) 这时作家说,当初画家夫妇是以恋人的心情看到房子,充满了愉悦、憧憬,如今则换成买主的身份,梦便被蒸发掉了。(张国立)

(84) 你起初不知道按钟点儿喂,后来知道了,却又弄不惯。(朱自清)

(85) 贬到了外头,这里走走,那里看看,只好与山水亲热。(余秋雨)

(86) 遇到旱年的夏季,别处湖里都长了草,这里却还是一清如故。(朱自清)

汉语方位词的同义或反义同现也很常见:

(87) 于是看到了一个床铺,下面是草荐,上面摊了一床用旧帆布或别的旧货做成脏而又硬的棉被……(沈从文)

(88) 这时节天气太冷,大门必已上好了,屋里一隅或点了小小油灯,屋中土地上必就地掘了浅凹火炉膛,烧了些树根柴块。(沈从文)

从以上例句可以看出,空间和时间副词(包括汉语方位词)作为语篇衔接手段的功能类型多种多样,而从衔接方式和连贯模式来看,它们有这样两个特点:多层性和交叉性。多层性指由空间和时间副词(包括汉语方位词)连接的语言单位在结构形式上可以有多个层次,既可以是连接句子成分以组成简单句,也可以是连接前后分句以组成复合句,还可以连接一组句子以组成篇段。而交叉性指空间和时间副词(包括汉语方位词)充当的各种衔接手段在形式上会出现交叉现象。

1.2 信息结构功能

俄语中某些副词具备固定的信息功能,在话语中或者只作主题,或者只作述题,这常常是一些时间副词或者表示时间意义的空间副词。只作主题的时间副词往往表示两个行为或事件的相对时间,如:обычно, вскоре, вдруг, тут, зачастую, затем, изредка 等。它们常位于句首,不带逻辑重音。汉语中也是如此,一些后时意义的时间副词也主要充当主题的功能,指出新信息的出现。如"才,就,随后,随即,接着,继而,转而,立即,当即,立刻,顿时,霎时,马上"等:

(89) Совсем молодой умерла его любимая жена, а вскоре от апоплексического удара и сам. (Е. Карпов)

(90) Пошёл Клюге справить нужду, только сел, вдруг откуда ни

возьмись летит русская мина.（Р. Балакшин）

(91) 在家中虽不敢不穿鞋,可是一出了大门,即刻就把鞋脱下拿到手上,赤脚向学校走去。（沈从文）

(92) 一见到了我的衣服,一句话不说,就拿起来走去,远远的坐大路上,等候我要穿衣时来同他会面。（沈从文）

(93) 不久,又听到三表兄已成为一个孩子的父亲了。不久,又听到小孩子满七天时得惊风症殇掉了……（沈从文）

俄语中只作述题的时间副词常常具有评价意义,如 Редко, нечасто, нескоро, далеко, поздно, рано, близко 等,它们常位于句尾,如果位于句首,需要用专门的语调突出:

(94) О кадрах приходится писать нечасто.

(95) Новый год уже близко.

这些副词的固定信息功能通过与一般副词的比较可以得到更明显的阐释。我们可以说:Новый год скоро——Новый год уже близко,也可以说:Скоро Новый год,却不能说 Близко Новый год. 同样,可以说:Потом перерыв——Затем перерыв,也可以说:Перерыв потом,却不能说 Перерыв затем。

另外具有空间和时间意义的代副词一般也只作主题,如"здесь, там, тогда"等,因为它们本身指代的就是上文已经出现过的空间和时间信息。这在汉语中也是相同的。如:

(96) Слева от меня лежала речная низменность, за ней слегка поднимались к горизонту тоже пустые поля, там только что село солнце, горел закат. （И. Бунин）

(97) Раз в два года убегали из тюрьмы арестанты, тогда ловили их всем городом.（Б. Пильняк）

(98) 于是我们一来便驻扎到这个祠堂中。这里有一个官药铺,门前安置一口破锅子,有半锅黑色膏药。（沈从文）

(99) 那河街既那么长,我最中意的是名为麻阳街的一段。那里一面是城墙,一面是临河而起的一排陋隘逼窄的小屋。（沈从文）

(100) 自己是长子长孙,所以不到十一岁就说起媳妇来了。那时对

于媳妇这件事简直茫然,不知怎么一来,就已经说上了。(朱自清)

(101) 本来前一晚是"月当头";也许十一月的月亮真有些特别吧。那时九点多了,湖上似乎只有我们一只划子。(朱自清)

1.3 影响叙事节奏的功能

对篇章叙事节奏有影响的主要是时间副词。如同音乐一样,语篇(尤其是文艺作品)也有节奏,这指的是叙事节奏,它主要表现故事情节的起始、突转、断续、张弛、疏密等特征。叙事节奏虽然不完全依赖于时间,但是时间能够影响节奏。这在表示先后时间意义的叙事篇章中尤为明显。张谊生(2000:299)将表示后时的时间副词分为两类,一类是两事相承,依次发生,如"才"、"就"、"后来"、"随后"、"随即"、"接着"、"继而"、"转而"等;一类是前事刚完,后事紧接,如"立即"、"当即"、"立刻"、"顿时"、"霎时"、"马上"等。前一类词语给人以时间间隔长的感觉从而达到节奏舒缓的效果;而后一类词语给人以时间间隔短的感觉从而达到节奏紧凑的效果。例如:

(102) 曲曲折折走了好一会,又上了许多石阶,才到山上寺里。(朱自清)

(103) 一见到了我的衣服,一句话不说,就拿起来走去,远远的坐大路上,等候我要穿衣时来同他会面。(沈从文)

(104) 在家中虽不敢不穿鞋,可是一出了大门,即刻就把鞋脱下拿到手上,赤脚向学校走去。(沈从文)

(105) 我仔细一看,它的嘴里吐着白沫,不知道它是紧张成这样的,还是刚才狂奔累的。后来,我回到乌鲁木齐,向许多动物学家请教,他们都无法解释一只狼为什么会那样恐惧。(王族)

(106) 然而我的笑貌一上脸,我的话一出口,却即刻变成空虚,这种空虚又即刻发生反响,回向我的耳目里,给我一个难堪的恶毒的冷嘲。(鲁迅)

据我们的观察,俄语也是如此,但是俄语这类时间副词远不如汉语丰富。前一类词语如 сразу, тотчас же, сейчас же, 后一类主要包括 потом, затем, дальше, позже, 如:

(107) Вронский улыбнулся с таким видом, что он не отрекается от этого, но тотчас же переменил разговор. (Л. Толстой)

(108) Как пройдёшь кладбище, сворачивай к Плешковкому логу. Далее—по тропе, к Вятке. (Е. Шишкин)

(109) Надо было только быстрее достигнуть дна и как можно сильнее оттолкнуться ногами. Но дальше он ничего не ощутил, осознав себя уже на берегу. (Е. Шишкин)

(110) Она провела разрезным ножом по стеклу, потом приложила его гладкую и холодную поверхность к щеке и чуть вслух не засмеялась от радости, вдруг беспричинно овладевшей ею. (Л. Толстой)

很明显,例句(107)中的后时意义词语 тотчас же 带给叙事结构的是一种紧凑的效果,而例句(110)中先后出现的两个后时意义词语(потом 和 вдруг)则带给同一个叙事结构以截然不同的节奏。

俄语中那些表示持续性、间隔性、交替性、重复性等时间意义的副词常常体现的是一种节奏舒缓的效果,而表示突然性的时间词语往往带给叙事以节奏紧凑的效果。因此,一些表示持续性时间意义的词语(долго, много)和一些表示时间间隔性和交替性或者重复性意义的词语(часто, редко)和一些表示突然性时间意义的词语(вдруг, неожиданно)也有后时意义副词的两种功能。另外,一些描述性副词也可以起到这两种作用,如 медленно, быстро 等。有时候,这些词语可以与后时意义词语一起使用分别起到减缓和加快节奏的作用。如:

(111) Вронский покатился со смеху. И долго потом, говоря уже о другом, заказывался своим здоровым смехом, выставляя свои крепкие сплошные зубы, когда вспоминал о каске. (Л. Толстой)

(112) Много поздее, услышав «тойбо» в Сибири и сопоставив с давним тем разказом дядьки Старцева, понял, что странное и страшное это слово соответствует обычному «будто». (Е. Карпов)

例句(111)中的持续性时间词语 долго 和后时意义词语 потом 放在

一起更加体现出叙事的缓慢节奏。例句(112)中的 Много позднее 也是如此。

汉语中也是如此。表示持续性时间意义的词语如"很久"等,表示时间间隔性和交替性或者重复性意义的词语如"经常,常常,往往"等,表示突然性时间意义的词语如"突然,忽然,瞬间"等,而描述性副词则有"猛然,赶紧,飞快,慢慢地"等。请看例句:

(113) 那一鞠躬真是与众不同,鞠下去时,上半身全与讲桌平行,我们只看见他一头的黑发;他然后慢慢的立起退下。(朱自清)

(114) 前些日子,他们在院子里似乎经常见面,有时还停下来谈上两句。(向东)

(115) 刚刚出来几天,就常常被一种说不清、道不明、莫名其妙的情绪搅得睡不安然。(冯苓植)

(116) 他忽然间改变了三种姿势,接连四个绝招儿,频频翻身跃马,忽上忽下,时跨时骑,左右腾飞,前后翻滚……(沙蠡)

(117) 我对大家说:"看,狼,它……"一句话没说完,突然又地震了。大家赶紧冲出院子,跑到了一片平坦的地方。(王族)

(118) 一阵脚步声响,一眨眼,已经拥过了一大簇人。那三三两两的人,也忽然合作一堆,潮一般向前进;将到丁字街口,便突然立住,簇成一个半圆。(鲁迅)

(119) 话一说完,猛然向那深井里跃去。几个人赶忙抢到井边时,只听到冬的一声,那矿工便完事了。(沈从文)

事实上,很多其他时间词语也具备这样的功能。一般来说,时间直径大,叙事节奏就松缓;而时间直径小,叙事节奏就紧凑。不同时间词语的不同排列可以达到不同的效果,从而带给读者以不同的审美感受。请看例句:

(120) Через год в городе уже совершенно забыли про Ивана Дмидрича, и книги его, сваленные хозяйкой в сани под навесом, были растасканы мальчишками. (А. Чехов)

(121) Он сел опять, ожидая приезда гостей, чтобы уехать незаметно. Через пять минут вошла подруга Кити, прошлую зиму вышедшая замуж, графиня Нордстон. (Л. Толстой)

(122) Наконец он улыбнулся, поглядел вверх на небо и, кладя псалтырь в карман, сказал:—Finis! Через минуту бричка тронулась в путь... (А. Чехов)

以上三个例子采用的是同一种时间表现方式,但由于时间直径的不同,它们所产生的叙事节奏也不同。汉语也是相通的。如:

(123) 山峦时时变化,一会儿山头上幻出一座宝塔,一会儿洼里又现出一座城市,市上游动着许多黑点,影影绰绰的……(杨朔)

(124) 整个石根岭,就如一幅静止的图画,随着太阳的时隐时现,色调一忽儿淡,一忽儿明丽。(赵国欣)

(125) 不久,又听到三表兄已成为一个孩子的父亲了。不久,又听到小孩子满七天时得惊风症殇掉了……(沈从文)

(126) 过了很长时间,谁也不愿意到房子里去,两次地震,而且时间相隔不长,谁都会害怕第三次马上就要来临。(王族)

需指出的是,节奏的松弛与紧凑是相对的,毕竟时间词语的层次不只是两个。盛玉麒(2001)认为:时间具有主观性的一面,时间形式是在客观基础上对行为主体的主观描写,其紧张的节奏也是通过作者的叙述来表现的(转引自杨同用、徐德宽 2007:134)。有时,这甚至是通过人物的感受来体现的。下面的例子充分证明了这一点:

(127) Прежде, бывало, когда ждешь на вокзале поезда или сидишь на экзамене, четверть часа кажутся вечностью, теперь же я могу всю ночь сидеть неподвижно на кровати и совершенно равнодушно думать о том, что завтра будет такая же длинная, бесцветная ночь, и послезавтра... (А. Чехов)

(128) 十二点钟我们从武陵动身,一点半钟左右,汽车就到了桃源县车站。(沈从文)

第二节 时间信息在篇章中的间接表现(或隐性手段)

无论是俄语还是汉语,其空间和时间范畴都有着专门的表达方式,这既包括词汇的也包括语法的方式,这些方式在篇章中的出现就明确了事件发生的空间和时间特征。换句话说,这些专有的空间和时间表现方式,都有着明显的形式标志,都属于空间和时间的直接或者说显性表达方式。而在篇章中,空间和时间意义可以通过间接或者说隐性的方式来表现。这指的是通过语义方式暗含空间和时间信息的表现方式,这种方式将空间和时间意义蕴含在字里行间,有空间和时间之意却无空间和时间之形。这在文学作品中尤为突出。文学作品常常通过场景烘托气氛,空间和时间信息往往在场景的描写中得到体现,这常见于一篇文章或某部作品一个章节的开始。在行文当中,作者往往通过对景物的描写间接表明空间和时间。自然环境、房屋布置、地形地貌与空间意义紧密相关,而天象、物候与时间的联系最为密切。在一定情况下,社会活动也可以反映出人物所处的空间和时间背景。作品通过这类描写,既可以使读者熟悉人物生活的环境以及环境烘托下人物的形象和性格特征,又可以使读者了解当时的空间和时间背景。由于人类对宇宙和大自然以及生活环境的理解和认识大致相同,所以俄汉语在这方面的表现是基本一致的。

　　空间大到宇宙,小到房间甚至某个具体的物体,如书桌;而时间也是大到世纪,小到分秒。文学作品中,作者常常通过对自然环境、房屋布置、地形地貌以及天象、物候的描写来交代事件发生的时空条件。

　　本章节我们主要探讨时间在篇章中的间接表现[①],可以说,在文学作品中,相对于隐性空间来说,隐性时间出现的频率要高得多。

　　作者常常通过对景物或者事件的描写间接表明时间。与时间密切相关的景物通常指天象和物候,而事件主要指人的社会活动。此外,空间移位也常常隐含着时间的流动。

2.1 通过天象表现

　　时间本是看不见摸不着的东西,但人们却能感觉到不同时间刻度的景象。这种景象之一就是天象。天象主要指宇宙天体、日月星辰的变化。最常见的是太阳和月亮,还有一些其他自然景观,如下雪、结冰、打霜、梅雨等。它们的变化反映一天或者一年中的时间变化,如一天的早晨(太阳出来或者天亮了)、中午(太阳当头)和晚上(月亮出现或者天黑了)等,也

---

① 虽然我们没有专门谈及隐性的空间信息,但是文中不少地方出现了这样的现象。

可以是一年中的春（花开了或者树绿了）、夏（天热了）、秋（树叶黄了落了）、冬（下雪了）等季节。如：

(129) Женщину под солнцем размочило: ночь она спала плохо, голова была тяжелой, и чувствовала она несвежесть во всем теле. (В. Распутин)

(130) Но вот наконец, когда солнце стало спускаться к западу, степь, холмы и воздух не выдержали гнета и, истощивши терпение, измучившись, попытались сбросить с седя иго. (А. Чехов)

这两个例子通过对太阳温度和太阳落山的描述，分别体现了"白天"和"黄昏"的时间信息。再例如：

(131) По сторонам встала темнота. Чтобы не оцепенеть, Тамара Ивановна на заднем сиденье, пригибаясь и выворачивая перед стеклом голову, принялась высматривать в небе звездочки. (В. Распутин)

(132) Совсем темно, пора возвращаться домой. (В. Распутин)

以上例句通过对天黑的描述，分别表达了"黄昏"和"夜晚"和时间信息。

汉语中这样的例子也是屡见不鲜。如：

(133) 灰的幕，罩上一切，月不能就出来，星子很多在动。（沈从文）

(134) 暮色压顶了，山渐渐显得神秘起来。我边走边想，这座山也够劳累的，那一头，爱晚亭边上，负载着现实的激情；这一头，层层墓穴间，埋藏着世纪初的强暴。（余秋雨）

(135) 这天晚上，师生俩在一起竟然没有谈分别的事，而是通宵校订了《参同契》一书，直到东方发白。（余秋雨）

这几个例子通过对"月"和"星子"、"暮色压顶"和"东方发白"的描述分别交代了"夜晚"、"黄昏"和"清晨"的时间信息。再如：

(136) 地震了。很多天以来，我都担心阿勒泰会起风暴，那样的话，被拴住的这只狼就要遭罪了。村子里的房子建得结实，炉子烧得很热,就是刮再大的风,下再大的雪,人在房子里也无关紧要,但被拴住的狼能往哪里躲呢?

中午的时候,一场雪又飘飘扬扬地下了起来,天色也很快转暗。我们把炉子烧旺,把窗帘拉上,准备打牌消磨时光。这时候,地震了。(王族)

(137) 那时正值湿雾季节,每天照例总是满天灰雾。山峦,河流,人家,一概都裹在一种浓厚湿雾里。(沈从文)

这些例句通过"下雪"和"湿雾"的描写分别指明了"冬天"、"春季"。

2.2 通过物候表现

物候主要指植物的生长、开花、结果,动物的各种生活规律,包括鱼类产卵、禽类生蛋、候鸟迁移、动物冬眠,大都与气候的冷暖变化有一定关系,而气候的冷暖变化则与一年四季的转换有关。例如:

(138) Был ясный морозный день. У подъезда рядами стояли кареты, сани, ваньки, жандармы. (Л. Толстой)

(139) Сохранившаяся листва теперь будет висеть на деревьях уже до первых зазимков. Чёрный сад будет сквозить на холодном бирюзовом небе и покорно ждать зимы, пригреваясь в солнечном блеске. А поля уже резко чернеют и ярко зеленеют за кустившимся озимями.... Пора на охоту! (И. Бунин)

请再看汉语中这样的例子:

(140) 呵,在这样的月色里,我们一同进入一个夸大的梦境。黄黄的月,将坪里洒遍,却温暖了各人的心。草间的火萤,执了小小的可怜的火炬,寻觅着朋友。(沈从文)

(141) 画家带着妻子再去找那栋小屋。小屋仍在树林中,可是一切都变了,枯叶散步在房子四周,夏天的太阳不见了,树林里显得阴湿沉闷。这时作家说,当初画家夫妇是以恋人的心情看到房子,充满了愉悦、憧憬,如今则换成买主的身份,梦便被蒸发掉了。(张国立)

以上两个例子则是通过动物和植物的变化来交代时间背景的。前一例中"火萤"指明是夏季。而后一例中的"枯叶"和"夏天的太阳不见了"则说明是秋天到了。另外，前一例中对"月色"的描写则同时交代了"夜晚"的时间信息。再例如：

(142) 月亮初圆，星子颇少，拂了衣裙的凉风，且复推到远地，芦苇叶子，瑟瑟在响。金铃子像拿了一面小锣在打，一个太高兴了天真活泼的小孩子。（沈从文）

例句中的"金铃子"不仅告诉我们事情发生在夏季的夜间，而且提供了空间信息：南方①。

2.3 通过事件表现

有时候，人物的某些社会活动也可以反映出人物所处的时间背景。如起床、上班、吃饭、下班、就寝等等，在一天中都有较为固定的时间。另外，节假日的生活习惯和庆祝方式也各有特点，而一年四季衣着打扮也会有所不同。因此，在文学作品中，对人的各种社会活动的描写有时也有指示时间信息的功能。如：

(143) К чаю больших Долли вышла из своей комнаты. Степан Аркадьич не выходил.（Л. Толстой）

(144) За обедом он поговорил с женой о московских делах, с насмешливою улыбкой спрашивал а Степане Аркодьиче.（Л. Толстой）

例句(143)中的喝茶时间指的是下午四点左右，因为作者在前文中已经做过交代，故事中的人物在这个时间有喝茶的习惯。而例句(144)的午饭时间按照常理自然指的是中午时分。再如：

(145) Сквозь морозный пар виднелись рабочие в полушубках, в мягких валеных сапогах, переходившие через рельсы загибающихся путей.（Л. Толстой）

---

① 类似这样的例子再如：天空是一片灰蒙蒙的苍茫，鸟儿去了沉寂的北方。火烧云沉到山的那一边，山冈上，风一阵冷过一阵，蒿草在风中萧瑟。（查一路）例中的"鸟儿去了沉寂的北方"和"蒿草"提供的空间信息是：南方，在广西、广东和贵州一带。

该例中对气候的描述以及对人物穿着的描写告诉读者的是,此事正值冬天。事实上,上文中的例(138)也属于这种情况,对寒冷天气以及人们所从事的运动(雪橇)的描写可以判断出时间背景是冬天。

请看汉语中的例子:

(146) 今晚在院子里坐着乘凉,忽然想起日日走过的荷塘,在这满月的光里,总该有另一番样子吧。(朱自清)

(147) 河面大小船只泊定后,莫不点了小小的油灯,拉了蓬。(沈从文)

例句中的"乘凉"和"点灯"两件事情分别交代了"夏季"和"晚上"的时间信息。

而在节日的描写上,由于不同民族的生活习性、传统习惯不完全相同,所以不同语言所采用的描述内容会有所不同。譬如俄罗斯的"谢肉节"、中国的"中秋节"等等。

而下面的例子更具有代表性,对话似乎答非所问,而实际上交际双方依靠共同的语境知识(平时一切活动都是六点开始)进行逻辑推理实现了交际目的,答话的真实含义是:Сейчас шесть часов.

(148) —Который час?

—Всё в доме поднялось. (А. Грибоедов)

通过这类描写,作者既可以使读者熟悉人物生活的环境以及人物的形象和性格特征,又可以使读者了解当时的时间背景。而读者主要是通过一般常识这一大语境和有关人物的背景知识这一小语境以及正常的逻辑推理来推断时间信息的。①

不论是天象还是物候,还是人的社会活动,都可能与时间线索相联系。但有些情况下,它们提供的时间背景却不是唯一的,也就是说某些隐性时间具有不确定性,比如礼花的出现,可能是各种重大的节日。在这种

---

① 事实上,这个例句反过来也可以用来证明隐性空间意义。如:

—Где папа сейчас?

—Сейчас уже 6 часов.

如果家人都知道"爸爸"每天六点钟之前已经回到家中,那么这个对话提供的信息其实是:Папа дома. (爸爸在家里。)

情况下,我们只能根据上下文来确定具体的时间信息。

本章小结

空间和时间的篇章研究涵盖的问题还有很多,譬如空间和时间形式在篇章中的组合模式、空间和时间形式在不同语体中的表现特征、空间和时间形式在篇章层次分析中的作用(这主要指空间和时间形式的管界问题)等等。限于篇幅,本章只是探讨了相关的两个问题。通过对这两个问题的分析,我们可以得出结论:空间和时间范畴在篇章中有着重要的研究价值,其形式所起到的功能丰富而独特,其意义表达的方式多样而特别。

第九章 俄汉语言时间范畴的文化认知研究[①]

时间作为物质世界所有事物和过程赖以存在的主要形式,是人类日常生活和认知的重要成素,因此,时间自古至今都是各个学科研究的主要对象之一。时间问题最初出现在自然科学中,是物理学研究的对象和成果。物理学家发现了时间的基本初始特征,如单向性、不可逆性、直线性、不间断性、无止境性和均匀性等。物理学对时间特征的界说奠定了其他科学理解时间的基础。譬如:哲学和历史学就依据物理学研究成果把时间置入进步、发展、变化、革命等视域予以考量。语言学家们也研究时间,他们研究的是语言时间,主要包括两个方面:一是时间的物理特性(包括数量和质量特性)在语言中的反映和表征问题;二是观察人类关于时间的知识是怎么获得的,即对时间的认知过程和规律做出解释,并且分析其中所包含的文化信息。

近年来人们的注意力开始转向语言时间的文化认知研究(见 Арутюнова 1999;Логический анализ языка:Язык и время 1997;Михеева 2003)。这显然是受语言学研究的最新范式——人类中心论的驱动和影响。语言学家们跳出语言符号系统本身开始转向对语言符号的使用者——"说话的人"——的研究,即探索操语言的人的思维或意识特质及其与语言符号之间的关系。这是当代人类中心论思想在语言学研究中的集中体现,无疑是符合语言研究发展趋势的。这是因为:任何一种自然语言反映的都是一定的民族对世界的认知方式和观念化方式,语言范畴(即世界图景的成分)构成了人的世界知识/观念系统的基础;而根植于民族语言中的世界知识/观念系统又使语言意义或思想的表达成为可能。时间就是这样一种既是知识/观念系统,又表达语言意义或思想的综合性

[①] 由于国内学界在空间范畴的文化认知研究方面已取得不少成果(见储泽祥(1997)、齐沪扬(1998)、方经民(1999)、蓝纯(1999,2003)、刘宁生(1994)、张凤(2001)、任雪梅(2004)、徐英平(2005)、彭文钊、赵亮(2006)等),因此本章主要以时间为例。

范畴。也就是说,它既是认知范畴,是语言世界图景的重要成素;又是文化观念,是民族语言文化知识的不可或缺的组成部分。时间模式多种多样,可以是自然时间、周期时间、种族时间即朝代时间、圣经时间、神话时间、历史时间、文学时间、天文学时间、心理学时间、社会学时间等。甚至一个具体时代的一个具体的人可能形成几个不同的时间概念,它们之间不仅不会相互对立,而且反而相互作用。以上都证明时间问题需要用综合的方法研究。时间问题的解决需要自然科学和人文科学成果的相互补充。而跨学科的研究也是最基本的难点,要把不同学科对时间的各种概念和理解综合起来,尤其是文化的。因此,语言时间的文化认知研究可列为语言文化学的内容之一,具有广阔的发展前景。

本章首先建构语言时间的文化认知研究框架,然后将对主观时间做重点分析。

第一节 俄汉语言时间范畴的文化认知研究构架

我们认为,俄汉语言时间的文化认知研究内容应该包括以下几个主要问题:(1)主观时间的文化认知特征;(2)时间观念的文化认知特征;(3)远指和近指时间的文化认知特征;(4)隐性时间的文化认知特征。本节旨在建构俄汉语言时间的文化认知研究框架,概要地描绘语言时间文化认知研究的基本内容,以为今后具体分析和阐释确定基本思路。

1.1 主观时间的文化认知特征

上文已经提到,科学的时间观来自物理学对时间的认识,即单向性的、不可逆的、不间断的、无止境和均匀流逝的等。然而,人们对于时间除了科学、客观的认识之外,还有日常的理解或者说主观感受,这与人对时间的主观感知过程密不可分。对时间的主观认识内容之一是对时间的经历,尤其是对时间运动的速度和间断性的经历。譬如我们有时感觉时间过得很慢,有时感觉时间过得很快,有时觉得时间停止流失,有时甚至感觉时间在跳跃、在倒流等。主观时间似乎富有弹性,长短不一,快慢不匀。就如"散文家周涛把时间比喻为猴皮筋,说时间对排队的人磨蹭,对急迫的人拖延,对找时间的人躲闪,对赶时间的人飞跑。他还说时间亦如抓不住的鼬鼠。人们把时间关在漏、晷、钟、表里面,就仿佛关着一只松鼠"(柳再义《广州日报》2009－05－01)。这些都在客观上就使主观时间具有了文化认知的基本特征。因为很显然,主观时间与人的认知和民族文化问题相关联,语言学中的主观时间需要用集语法学、篇章学、文化学和认知学等于一体的综合方法来进行研究。我们认为,对主观时间的文化认知特征的研究内容主要涉及以下几个方面:

(1) 主观时间和文学时间的相互关系及其在人的认知中的作用和功能。人们对于主观时间作为文学时间的一个所属内容有着不同的理解。因此,这一问题有待于进一步探讨。

(2) 主观时间的语义类型。可以考虑从自然时间特性的对立性出发来划分主观时间的语义类型。譬如非均匀性意义的主观时间、间断性意义的主观时间、可逆性意义的主观时间、有止境性的主观时间等。这些语义类型的出现频率是否预示着人们对客观时间各个特征的主观认知规律呢? 这同样是文化认知视域需要回答的问题。

(3) 主观时间的文化认知维度,如不同语言对主观时间的表达手段,包括词汇、语法、上下文和语境以及各种隐性手段等,其中有关主观时间结构的第一人称优势问题和主观时间的构词手段问题还需做进一步的探讨(Широкова 2009:277－283)。

(4) 主观时间的体现环境和主观时间的言语功能,前者主要指主观时间常常得以出现的文学情节和篇章句式特征,及其所反映的民族文化内涵和认知方式规律等;而后者主要包括情感表情功能、文学篇章功能以及在跨文化交际中的作用等。

(5) 影响主观时间的各种因素,包括生物学因素(如大脑的生物基础)、心理学因素(如注意力、情绪、预期和前后背景等)、社会文化学因素(如不同民族对迟到现象的不同的理解)、文学和修辞效果因素等。

1.2 时间观念的文化认知特征

任何一种自然语言都以自己特定的方式来感知和反映世界。语言范畴作为一种世界图景,本质上体现着人们认知世界的文化观念。时间是一种综合性范畴:既是观念范畴又是语言范畴,既是认知范畴,又是文化观念,因为时间作为语言世界图景的重要成素,也是一个民族语言文化知识的组成部分。事实上,几乎没有哪一种文化标志能够像时间一样描绘文化特征,像时间一样体现文化,像时间一样与时代、人的认知、人的行为、人的生活节奏以及对事物的态度紧密关联(Гуревич 1984:103)。可以毫不夸张地说,对时间的认知是人对整个世界认知不可分割的重要组成部分。在时间流逝的同时,历史的进程在发展变化,一系列的概念和形象也在发生变化,时间是这些进程和变化的刻度和标志;每一个民族和每一种文化都有自己的历程和认知时间的方式;每一个历史时期的文化都有着自己对时间的阐释,并为时间范畴的内容填充做出了自己的贡献,由此才有了原始社会,中世纪和复活复兴时代之说。总之,每一种文化和时代刻印着特定民族认识世界和解释世界的时间模式,这些模式又反映着属于这一文化的统一认知方式。这就是时间观念的文化认知特征。

时间观念的文化认知特征的提出,旨在发现时间观念的语言文化和语言认知本质及其根源,找到时间的语言观念在不同民族语言世界图景中的相同和不同之处。这一点也是语言学界有关时间的文化认知研究涉及得较多的一个问题。但以往学界大多只探讨时间隐喻的表达手段方式(包括语句、词汇和成语谚语等),及其所体现的语言世界图景和蕴含的民族文化内容(其中最多的是成语和谚语)等。不仅细致度和全面性远远不够,对其成因和功能的审视更是少有问津。我们认为,时间观念的文化认知研究还包括以下若干内容:

(1) 时间观念的语言体现方式和具体形式及其特征。方式中不只是包括人们涉及最多的时间隐喻,还应该包括其他的修辞手段,比如借代等。另外,时间观念的具体形式不只包括以往涉及最多的成语和谚语,还应该包括一般时间词汇(如"повременить","проспать","ожидание","час настал","миг удачи","добрый час","черный день","вороньи дни")、句子,甚至篇章等语言单位。在这一问题上,值得探讨的还有这些方式和形式的语义特征,及其相互关系以及时间观念体现的条件等,譬如隐喻和换喻在时间观念形成过程中的相互作用。我们知道,在时间观念化的过程中,除了隐喻外,换喻也起着重要的作用,二者之间的相互作用既体现在观念层面,也体现在语言层面。再譬如,哪些时间观念形式可以独立体现,而哪些还需要上下文和语境的支持等,这些都需要做认真的文化认知探讨;

(2) 时间的语言世界图景以及不同民族时间观念的形成过程,其中还包括时间的语言形式所体现的文化价值,包括民族心智成素、思维定式、先例现象等;

(3) 通过时间隐喻来观察不同民族时间观念的发展和变化,其中包括时间观念隐喻的产生根源、变化趋势及其成因(宗教信仰、人类经验、整个文化背景、社会的价值取向),以及时间观念的时代特点等;

(4) 探讨时间的空间隐喻对人的认知的作用机理问题,由此来说明人的认知时间与认知空间的相互关系。作为人类认知的最基本范畴,空间和时间几乎是所有社会和人文学科理论中最重要的范畴。它们紧密相关,不可分割,但又各自独立,是一个二元对立的统一体,因此,观察时间观念就必然要对空间观念做出合理的解释。只有这样,整个研究过程才会变得更为简约而流畅,得出的结论也将更为客观和科学。

1.3 远指和近指时间的文化认知特征

在语篇中,句子与句子、语段和语段都是互相联系和互相制约的,在它们之间存在着各种各样的连接纽带。正是通过这些连接纽带,语篇才能达成浑然一体,获得它的逻辑性和连贯性。大量研究表明:动词的时、体形式以及照应、替代、省略、平行结构等语法手段就是重要的语篇连接纽带;时间副词(主要指代副词)作为语法手段的功能,表现在其可以充当照应手段,即通过恰当使用人称代词和指示代词以及物主限定词和指示限定词,从而使语篇意义获得连贯性。譬如:俄语中最常见的是 в это время, в эту минуту, тогда, в то время,汉语是"这时(候)"、"那时(候)"等时位词所组合成的时位短语。其中的指示词在篇章中回指上文的时间,因此它们在篇章中具有连贯上下文和承上启下的功能。除此之外,从说话人的角度来看,它们又反映着说话人作为观察者对时间距离的感知,感觉离自己近的时间用"这"来回指,感觉离自己远的时间用"那"来回指。这就是时间的近指和远指。从更广的意义上来说,时间的远近是属于"时间指示"(временной дейксис)里的内容,它们表达话语的主观性,即说话人在话语中的自我表露。这是人类中心论思想的又一典型体现。在语言学中,"主观性"(subjectivity)这一概念总是与"自我"(self, ego)的意思联系在一起,在不同语言层面上都有所体现,体现为说话人在话语中的自我表露(self-expression)。这种自我表露或表达说话人对所表达内容的态度,或反映说话人的观点、态度、感情(沈家煊 2001:268—275)。在这个意义上,语言的主观性即话语的主观性。可以说,主观性现象在自然语言中随处可见,说话人总是通过各种语言手段(包括语音语调、词汇、词法和句子结构以及身势表情等)来体现"自我",主观性的标志性体现手段指的是语言中普遍存在的空间指示语"这"、"那",人称代词"我"和"你",趋向动词中的"来"和"去",方位词中的"上"、"下"、"前"、"后",某些时间状语如"昨天"、"明年"等等。这些语法类别有一个共同特征,即无论是用于指时空关系还是人际关系,它们都以(说话人)"自我"为基点,构成语言中常见的指示现象。话语的主观性现象和语言结构中的"自我"内涵,表明语言具有非命题性特征的一面,这种特征在话语中无所不在。然而长期以来,语言的这一重要特征在语言学界没有得到应有的重视,致使我们对语言的认识仍然不够全面(Lyons 1995,引自于吴一安 2003:403)。

吴一安(2003:403—409)对语言"主观性"特征是如何透过英、汉物指(entity-referring)空间指示语,即英语中的"this"、"that"和汉语中的"这"、"那",得以体现的这一问题进行了观察。他从这组词语的语义结构入手,重点探讨它们在自然语篇和话语中如何体现自我表达,并且对两种语言进行了比较。其目的在于形成一个从语义结构中的"自我"义素到话语中"自我表达"的概念框架,用以解释这组英、汉空间指示语在语义结构、语篇和话语层面上所表达的"自我"之间的内在联系。

而对于时间指示性,研究的成果还非常少见。时间之流包括"过去"、"现在"、"将来"三时时间链。从说话人的角度以及时间的流动性特征来看,现在时较近,过去时和将来时较远。因此,按理说叙述现在的事件应该用指近的"这时",而叙述过去或将来的事件应该用指远的"那时",这与指示代词"这"和"那"的性质有关。例如:"老拱挨了打,仿佛很舒服似的喝了一大口酒,呜呜的唱起小曲来。这时候,单四嫂子正抱着他的宝儿,坐在床沿上,纺车静静的立在地上。"(鲁迅)"我结婚那一年,才十九岁。二十一岁,有了阿九;二十三岁,又有了阿菜。那时我正像一匹野马,那能容忍这些累赘的鞍鞯,辔头和缰绳?"(朱自清)然而,言语事实却不尽然。据统计,汉语的"这时"的使用频率(尤其在小说中)远远高于"那时",即使记述过去或将来事件的句子的连接也常用"这时"。如此看来,"这时"和

"那时"的选择是以作者的视角为前提的(杨同用、徐德宽 2007:104—106)。据我们观察,俄语的"в это время"和汉语"这时"的用法非常相似。在很多叙述过去事件的篇章中,作者也常常采用"в это время",但与汉语不同的是在叙述将来的事件时,俄语倾向于用"тогда"。例如:

(1) Однажды Михаил Аверьяныч пришел после обеда, когда Андрей Ефимыч лежал на диване. Случилось так, что в это время явился Хоботов с бромистым калием. (А. Чехов)

(2) Лет через десять — пятнадцать? Но тогда мы едва узнаем друг друга. (А. Чехов)

如上所说,说话人违背时间之流的三时特征,打破"这时"和"那时"的常规指称功能,这与一个民族的语言定型和思维定式有关,因为语言模式都是一定的文化认知模式的反映。那么,我们不禁要问:这其中的认知过程和规律是什么呢？这种使用是否具有特别的功能和效果呢？时间的这种近指和远指系统呈现怎样的语义特点？俄语和汉语在近指和远指的选择上有何异同？该怎样对异同做文化认知上的阐释呢？如此等等,都是值得我们做进一步的探讨和分析的现实问题。

1.4 隐性时间的文化认知特征

研究表明,在文学文本中,时间可以通过间接或者说隐性的方式来表现,这是一种通过语义方式暗含时间信息的表现方式,该方式将时间意义蕴含在字里行间,有时间之意却无时间之形。譬如,作者常常通过对景物或者事件的描写间接来表明时间,而这些描写性的句子并不直接表明当时的时间位置,但读者可以从中感受到人物所处的时间背景。与时间密切相关的景物通常有天象、物候,而事件则是人的社会活动。文学文本通过上述描写手段,既可以使读者熟悉人物生活的环境以及环境烘托下人物的形象和性格特征,又可以使读者了解当时的时间背景。显然,无论是景物还是事件都与一定的认知方式和民族文化相关联。

天象主要指宇宙天体、日月星辰的变化。最常见的是太阳和月亮,还有一些其他自然景观。它们的变化反映一天中的时间变化,时间的白昼。譬如通过对太阳温度和太阳落山的描述来反映"白天"和"黄昏"的时间信息,或者通过对天黑程度的描述来表达"黄昏"和"夜晚"的时间信息。

在物候方面，可以通过植物的生长、开花、结果以及动物的各种生活规律（包括鱼类产卵、禽类生蛋、候鸟迁移、动物冬眠）等，来表达气候的冷暖变化即一年四季的更迭。处于不同地理位置和气候环境中的民族对隐性时间会有不同的认知方式。

在事件方面，人物的某些社会活动也可以反映出人物所处的时间背景。如个人起床、上班、吃饭、就寝等等，在一天中都有较为固定的时间。另外，个人和民族节假日的生活习惯和庆祝方式也各有特点，一年四季衣着打扮也会有所不同。譬如在中国划龙船、吃粽子代表着农历五月初五的端午节，而在西方国家吃火鸡可能意味着圣诞节和感恩节。同样，对天气，甚至人物穿着（是单薄还是厚实）的描述以及人们所从事的运动（是游泳还是滑雪橇）的描写等，也可以判断出时间背景。

如上可见，在隐性时间的描述中，蕴含着大量的民族文化信息和认知特征。同样，一定的民族文化和认知特征又决定着一定的时间描述方式。此外，隐性时间的特点也是值得探讨的一个问题。有些情况下，不论是天象、物候还是人的社会活动，它们提供的时间背景都不是确定的，即隐性时间具有不确定性。比如礼花的出现，可能是各种重大的节日。

第二节 俄汉主观时间研究

主观时间与客观时间有着本质上的不同，它与文学时间既有着千丝万缕的联系，但并不等同。主观时间在俄汉语中都有着丰富的表现手段，同时在文学篇章中起着非常重要的作用。

2.1 主观时间与客观时间

对于时间，人们除了科学、客观的认识之外，还有日常理解或主观感受。我们知道，时间是人们不能直接观察到的东西，是不可触摸的物质，它是人对世界不同状态转变的主观观察。因此，时间留给人们的往往是感觉和认识上的痕迹。也就是说，客观存在的时间是靠人的主观经历的，是要被人认识的；而且，不同的文明程度，不同的社会发展阶段，同一个社会的不同阶层，甚至不同的单独个体等，对时间范畴的认知和运用方式都不可能完全相同。这种现象被称为"主观现象"（субъективный феномен)——指人们在经验和感性认识中接受到的事物的外部形式。

不同学科对主观时间(субъективное время)有不同的理解。譬如,心理学认为主观时间(即心理时间)包括以下内容:对不同事件的同时性、先后性、持续性以及流逝速度的评价;对时间的压缩性和延伸性、间断性、界限性和无限性的感受;对年龄和年龄阶段的认识;对生命的长久性、对死亡和永生、当前生活与前辈和后辈生活之间关系的理解。语言学中的主观时间也是一个包含多方面内容的现象,认为这是一个与语言人类中心论问题相关的现象。它首先与时间计算点、时间观察者、时间观念、文学时间以及作为语言世界图景片段的时间词汇等等都紧密相关。更确切地说,主观时间是一种感知时间(эмотивное время),指的是人们对时间的感知经历,尤其是对时间运动的速度和间断性的身心感知。最常见的主观时间就是时间有时让人感觉流逝得很慢,有时则飞逝得很快,有时感觉像波浪一样均匀平缓,有时则呈跳跃、间歇和断续状态(Лихачев 1971:278)。也就是说,人对时间的流逝都有自己独特的感觉,而这是不可量化的,也无从比较,这就是"主观时间",它是人对于钟表之外的时间的经验(简·博克、莱诺拉·袁,蒋永强、陆正芳译 2009:19)。有时候我们感到时间过得很快;而另一些时候,又感觉时间慢得像蜗牛爬。当我们在做自己喜欢的事情时,无论这个事情是什么,都会觉得时间都过得令人无法置信的快。而当我们在做自己不喜欢的事情,或者处于焦急等待的情况下,一分钟都会感觉非常漫长。更为重要的是,语言学中的主观时间最典型的特征是要被"语言化"(оязыковление),即要用语言形式来表征人的身心对时间的不同感知,没有被语言化的时间只是物理或客观时间。这就决定了语言学研究中主观时间内涵的丰富性和视域的多维性,它不仅与人的认知特征和民族文化问题相关联,如时间计算点的主观性、时间观察者的地域特征、社会地位和身份及生理心理状态、时间(场景)的变换、时间的社会和文化观念等,也与语言的类型有关,不同的语言可展示为相异的语言时间世界图景。因此可以说,语言学中的主观时间几乎涉及人类中心论思想的方方面面,是一个复杂的、包罗万象的命题,需要用集语法学、篇章学、文化学和认知学等于一体的综合方法来进行研究。

从纯语言学角度看,以往对这一问题的研究并不多见,甚至对主观时间的界定及其术语的选择和语言学地位还存有不同观点。在以往的研究中，对主观时间的探讨基本上是被归入文学时间的范畴，放在文学篇章分析中来进行的，其关注的重点是主观时间在文学作品中的体现，如 Лихачев(1971)、Тураева(1979)、Яковлева(1994)、Гак(1997)、Николина(2004)等，另一部分学者对主观时间的具体表达手段进行了考察，如 Чернейко(1994、2000)、Широкова(2009)等，近年来有学者提出要对时间的认知规律及民族文化特征进行分析，其中包括主观时间，如 Михеева(2003、2004)。然而，对主观时间的研究还十分薄弱，一些基本的问题并未解决，譬如主观时间与文学时间的关系、主观时间的制约因素以及主观时间观念对跨文化交际的影响等等，另外，主观时间表达手段的研究也并不十分清晰。本章拟就以上问题做一番分析，主要探讨主观时间的本质及其与客观时间和文学时间的关系、主观时间在俄汉语中的主要表达手段及其文学篇章功能、主观时间的研究前景等问题。

2.2 主观时间与文学时间

对于"主观时间是否下属于文学时间（литературное время）？它是文学时间的一个所属内容吗？"这一问题，人们有着不同的理解。众所周知，文学时间是主观时间和客观时间的交错体现，是二者对立统一的混合物。而且主观时间——这种感觉上的主观性经常被作家们以不同方式体现于文学篇章中，例如，瞬间可以无限延续或者完全停止，而很大的时间片段却可以瞬间闪现。类似这样的句子在文学作品中随处可见：

(3) Каждые пять минут он смотрел на часы и все удивлялся, какие же минуты разные: некоторые длинные, еле тянутся, а другие быстрые, проскакивают незаметно. (Л. Улицкая)

(4) Помню до сих пор, как я томился, стоя среди двора на солнечном припеке и глядя на тарантас, который еще утром выкатили из каретного сарая: да когда же наконец запрягут, когда кончатся все эти приготовления к отъезду? Помню, что ехали мы целую вечность, что полям, каким-то лощинам, проселкам не было счета. (И. Бунин)

(5) 德松心里有些激动，觉得眼睛有些潮湿，但没流出泪来。他又想到德强嘱咐他要警惕些。是啊，他一向都是把驳壳枪压好火，放在枕头下。睡觉时,一只手扶在枪柄上,那胶木的枪把,永远是温暖的。想到这里,他坐起来,握住枪,两眼从窗口凝视着漆黑的夜色。听着狂风骤雨的鸣响,他觉得时间过得太慢了,一分钟象一天那样长……(冯德英)

(6) 早知道这样难受,不死也罢。好死不如赖活着,赖死就更不如赖活着了。可是转念一想,不死就得嫁给梁大牙,就得跟那赖人做那赖事,那样的赖活着还真不如好死拉倒。此念一生,就屈了双腿,闭紧双眼单等那根绳子牵着上天。闭着眼睛,韩秋云觉得过了好几十年,好几十年之后她听到一声脆响。没等她回过神来,已经重重地跌在地上,随即有几片树叶掠在脸上,刮了个血糊糊的口子。她怔了好大一会儿,抹了一把脸上的血,红红的,粘粘的,是真血,血口子火辣辣的疼。(徐贵祥)

另外,时间的远近可以呈现出混合状态,过去时可以被认识为现在时,而将来时可以表现为过去时等等。典型的例证如 К. Симонов 的《Жди меня》[①]:

(7) Жди меня, и я вернусь

　　Всем смертям назло.

　　Кто не ждал меня, тот пусть

　　Скажет:《Повезло》.

　　Не понять не ждавшим им,

　　Как среди огня

　　Ожиданием своим

　　Ты спасла меня.

　　Как я выжил, будем знать

　　Только мы с тобой, -

　　Просто ты умела ждать,

　　Как никто другой.

诗句中用过去时表示将来时,这种时间形式的混用表达一种信念,表

---

① 该例证及以下两个例证均选自《Теория текста》(Валгина:2003)。

达将来的事件似乎是不可避免的。而汉语更多的是用词汇描述手段来体现这种时间形式的混用现象。如：

(8) 接下来，我看见分子们四处飘飞，原子、质子、电子，纷纷扬扬。它们完全没有秩序。让我快活的是在混乱之中还有对称。对称的飘飞物体看上去紧凑、完整、漂亮。在我眼前，又出现了宇宙中的生命和大自然。就是这时，我对于躯体的担忧完全消失了。因为我很清楚自己再也不需要躯体了，它对我只是束缚和羁绊。

时间似乎已经停止了。过去、现在、未来都共存在这里。我看见我的一生，从最开头到最末端，一闪而过。我看到的现实生活，在过去、现在、将来，从我眼前滑过。其中并没有先出生，后去莫斯科上大学的先后顺序，而是同时出现的。我的一生就在那里。对于我曾经做过的事，我一点也不后悔，甚至对过错和成功之处都没有什么想法。我所感知的就是：那是我的生活。我心满意足，无怨无悔。（逢尘）

(9) 于是领金全礼下到一个偏僻街道上的小饭馆。两个人挑个桌子坐下，许年华按照习惯性动作，将两条胳膊摊在桌边上，身伏下，头搁在手上，与金全礼说话。金全礼忽然感到，时间似乎又回到了十几年前，这小饭馆有点像大寨。那时，许年华就是这个样子，两个人争着掏酒钱。（刘震云）

再者，文学时间是对主观领会认识的事件的顺序描写，它有两个层面上的内容，由此变得更为复杂，一是叙述时间，一是事件时间。过去发生的事件可以描述为现在直接正在发生的，比如在角色的转述中；时间的分隔是文学中的一种常见手段，不同人物的述说相互交替，其中包括作者本人的叙述。有时候，时间的这种分隔性甚至可以不需要通过人物角色的干预，而只是体现在作者一个人的叙述中。如：

(10) Нет, уже весна.

Нынче опять ездили. И всю дорогу молчали-туман и весенняя дремота. Солнца нет, но за туманом уже много весеннего света, и поля так белы, что трудно смотреть. Вдали едва рисуются кудрявые сиреневые леса.

Около деревни перешел дорогу малый в желтой телячьей

куртке, с ружьем. Совсем дикий зверолов. Глянул на нас, не кланяясь, и пошел напрямик по снегам, к темнеющему в лощине леску. Ружье короткое, с обрезанными стволами и самодельной ложей, выкрашенной суриком. Сзади равнодушно бежит большой дворовый кобель.

Даже полынь, торчащая вдоль дороги, из снегу, в инее; но весна, весна. Блаженно дремлют, сидят на снежных навозных кучах, раскиданных по полю, ястреба, нежно сливаются со снегами и туманом, со всем этим густым, мягким и светло-белым, чем полон счастливый предвесенний мир. (И. Бунин)

(11) 六月,天气骤然的热了。芊芊离开杭州,已经足足一个月了。一清早,若鸿就背着画架,上了玉皇山。一整天,他晒着大太阳,挥汗如雨的画着画。画得不顺手,就去爬山。爬到玉皇山的山顶,他眺望西湖,心中忽然涌上一阵强大的哀愁,和强大的犯罪感。"梅若鸿!"他对自己说:"你到底在做些什么?既不能忘情于芊芊,又不能绝情于子璇,还有前世的债未了,今生的债未还,梅若鸿,你不如掉到西湖里去淹死算了!要不然,从山顶上摔下去摔死也可以!"(琼瑶)

因此,人们总是把主观时间看做是文学时间的一个方面或者一个部分。但从另一方面来说,文学时间总是主观的,因为它是作者创作的结果,是作者的认知体现和对现实的美学改造,因此文学时间的主观性具有双重特征:其一,它是文学时间结构中客观时间和主观时间这一对立体中的一个成分;其二,它是整个文学时间的特征,代表着作者的主观认知。然而,值得指出的是,主观时间并不是文学时间的专属特征,它可以出现在其他非文学篇章或言语活动中,譬如口语和报刊和公文等。例如在法律公文和词典中,动词的时间形式表达的不是它们原本的意义,尤其是现在时形式表达的是一贯性的特征和性质或者已经完成的行为结果。这是具体动词形式的抽象化,时间在这里似乎已经不存在。如:

(12) Сойки. Сойка выделяется в «черном семействе» врановых красотой пестрого оперения. Это очень смышленая,

подвижная и крикливая лесная птица. Завидев человека или хищного зверя, она всегда поднимает шум, и ее громкие крики 《гээ-гээ-гээ》 разносятся по лесу. На открытых пространствах сойка летает медленно и тяжело. В лесу же она ловко перелетает с ветки на ветку, с дерева на дерево, лавируя между ними. По земле передвигается прыжками...

Поющая сойка хорошо подражает голосам других птиц (особенно хищным) и самым разнообразным звукам...

Лишь во время гнездования сойки как бы исчезают-не слышно их криков, не видно летающих или лазающих повсюду птиц. Перелетают сойки в это время молча, скрываясь за ветвями, и незаметно подлетают к гнезду.

После вылета птенцов, в конце мая-в июне сойки собираются в небольшие стайки и вновь шумно кочуют по лесу. (Энциклопедия для детей 1996)

(13) 超音速飞机能在几千米的高空飞行，直升机也至少要有十几米的高度才能飞行，"零高度"怎么能够飞行呢？磁悬浮列车就能做这样的高难度飞行。这种列车利用"同性相斥，异性相吸"的原理，让磁铁具有抗拒地心引力的能力，使车体完全脱离轨道，悬浮在距离轨道约1厘米处，腾空行驶，创造了近乎"零高度"空间飞行的奇迹。世界第一条磁悬浮列车示范运营线——上海磁悬浮列车，正在创造着这一奇迹。上海磁悬浮列车建成以后，从浦东龙阳路站到浦东国际机场，三十多公里的路程只需行驶短短6—7分钟时间。以目前的设计水平，9节车厢可坐959人，每小时发车12列，双向运量将达2.3万人。按每天运行18小时计算，最大年运量可达1.5亿人次。上海磁悬浮列车是"常导磁吸型"（简称"常导型"）磁悬浮列车。这种磁悬浮列车是利用磁铁"异性相吸"原理设计的。它是一种吸力悬浮系统，是利用安装在列车两侧转向架上的悬浮电磁铁，和铺设在轨道上的磁铁，在磁场作用下产生的吸引力使车辆浮起来的。磁悬浮列车到底是怎么腾空的呢？原来，在列车底部及两侧转向架的顶部安装电磁铁,在"工"字形轨道的上方和上臂部分的下方分别设反作用板和感应钢板,控制电磁铁的电流,使电磁铁和轨道之间保持1厘米的间隙,让转向架和列车间的吸引力与列车的重力相互平衡,利用磁铁的吸引力将列车浮在轨道上运行。为了保证这种悬浮的可靠性和列车运行的平稳度,必须精确地控制电磁铁中的电流,这样才能使磁场保持稳定的强度和悬浮力,使列车与轨道之间始终保持1厘米的间隙,这个间隙是使用气隙传感器来反馈控制的。(韩王荣)

在科技和公文语体中,类似这样的固定句型也是比比皆是。如:"Следует исходить из..., Необходимо иметь в виду..., Необходимо указать на..., Рекомендуется...;需要指出的是,据统计,综上所述,可以得出结论"等。可见,主观时间不只是局限于文学篇章中,在非文学篇章中也是很常见的现象,它们所不同的地方在于:非文学篇章反映的是由严格的逻辑规律形成的现实世界,而文学篇章属于艺术创作,它不受这些限制。二者还有一点不同,即它们面向的是不同的读者,这包括读者的情感和知识结构。文学篇章首先涉及的是情感结构,它与读者的个人感觉紧密相关,这包括表情性、情感性等。而非文学篇章更注重理智和知识结构,因为它是中性的表达,没有个人情感成分。①

此外,还可以从主观时间在文学作品中出现的历史来说明这一问题,如在中世纪的古罗斯文学中,主观时间尚未出现,直至20世纪,主观时间才在诗歌和散文中得以普遍使用(Широкова 2008:215—216)。也就是说,主观时间并不专属于,也并非等同于文学时间。因此,我们认为,主观时间不能被看做是文学时间的所属内容,两者是不同视域得出的事物:文学时间是从文学作品分析的角度得出的时间概念,是对主观认识的事件的顺序描写,而主观时间是根据人对时间的主观经历感受所得出的时间概念。它们互有交叉,但并不构成上下所属关系,尽管主观时间确实常常被运用于文学作品中。需要指出的是,以往学界对主观时间的分析主要局限于文学时间的领域,而我们认为,主观时间问题几乎涉及人类中心范

---

① 见 Валгина(2003)的《Теория текста》中的第 18 章《Категории времени и пространства в художественном и нехудожественном тексте》。由于该书下载于网络,所以没有页码。

式的方方面面,因此要从更宽阔的视阈对其进行全方位的研究,包括语法学、篇章学、文化学等不同角度。此外,主观时间既然是人的认知结果,那么应该更强调它的认知研究维度。

2.3 主观时间在俄汉语中的表达手段

主观时间在俄汉语中的表达手段遍布不同的语言层面。① 我们认为,俄汉语中主观时间的表达主要包括词汇、句法、修辞等各种显性手段以及上下文、语境等隐性手段。②

1. 词汇手段

词汇是主观时间的主要表达手段,这可以分为两大类型。一类是词汇意义本身含有主体感知义素的词汇,这常常是一些动词、副词和动名词组,俄语如:"замечать- заметить, казаться, чувствовать, незаметно, растет чувство";汉语如:"觉得,感觉,发现,似乎,仿佛,不知不觉"等。这些词的词汇意义中含有"发现"、"感觉"等直接表示主体感知的义素,这就意味着其后出现的对时间的感知属于主体的主观感受。另一类是直接表达不同主观时间意义的词汇,这一般表现为动词、名词、副词,俄语如:"мелькать, бежать, лететь, нестись, мчаться, ползти, тянуться, мелькать, застыть, исчезать, остановиться, миг, мгновение, медленно, быстро";汉语如:"飞驰,奔跑,拉长,爬行,停止,凝固,消失,瞬间,飞快,

---

① 其中有关主观时间结构的第一人称优势问题(即主观时间总是伴随着第一人称的出现,如я, мой, наш)(Папина 2002:196)和主观时间的构词手段问题(即前缀 про-表示更快的时间流逝,по-则表示较慢的时间流逝)还需做进一步的探讨。譬如,在语言学界存在一种观点,认为前缀 по-,про-也参与表达主观时间,并且认为这些词缀既可以表达短暂的、愉悦的行为,又可以表达持续时间太久而引起懊丧的行为,如:посидеть часок и просидеть час(Гак 1997:129)。还有人认为,про-往往表示更快的时间流逝,по-则表示较慢的时间流逝。这是因为带 по-的动词可以表示行为的开始意义,它们说明的是一个较长过程的开始,这一过程没有界限性;而 про-往往构成延伸的一次性意义的动词,它们说明的是一定时间片段的完结性(Михеева 2007:96—97)。但是,Е. Н. Широкова(2009:277—283)指出,就是在持以上观点作者所举的例子中就有值得怀疑这一规律的地方:Дни побегут быстро; Полетели дни; Дни поползли медленно。她认为主观时间意义是动词的语义所造成的,前缀 про-可以表示较快的时间流逝,但是它们主要出现在以下动词中:пролететь, пронестись, промелькнуть, промчаться, проползать,而这些动词即使不带这一前缀也表示较快的时间流逝;带前缀 по-的动词也有类似的情况:Побежали дни, рабочие, однообразные。

② 当然,主观时间还可以通过语音手段得以体现,比如音节的拖长、语调的改变等。

缓慢"等，这些词汇表示的是作为客观时间所不具备的特征，如"快速、缓慢、间断、停滞"等，甚至可能出现表示"倒流、回转"的主观时间，因为如前文所述，客观时间的基本特征是单向性、不可逆性、直线性、不间断性、无止境性和均匀性。这类词汇的常见形式是动词和副词的组合，其中动词表示时间的运动意义，副词则体现主观时间意义。事实上，第一类和第二类手段常常出现在同一个情景中，共同体现主观时间。我们首先来看表示时间速度不均匀（即显现时间出过快或者过慢的特征）的例子：

（14）Оба и не замечают за гором, как бежит время, и приближается час обеда. (А. Чехов)

（15）Дни мелькают, мелькают, и в душе у нее уже растет такое чувство, точно близится час ее казни. (И. Бунин)

（16）Время шло быстро. (А. Чехов)

（17）Время идет медленно, полосы лунного света на подоконнике не меняют своего положения, точно застыли. (А. Чехов)

（18）Каждые пять минут он смотрел на часы и все удивлялся, какие же минуты разные: некоторые длинные, еле тянутся, а другие быстрые, проскакивают незаметно. (Л. Улицкая)

（19）她，在弄堂里巡回，简直没有停过，仿佛时间也会和她的脚步一样加快起来。（周而复）

（20）花团锦簇的日子过得飞快。渐渐，梅树又感到了一种寂寞，一种美中不足。（刘斯奋）

（21）繁忙、充实、愉快的生活，使光阴过得飞快，不知不觉第二个夏天又来到了。①

（22）怕得住几天旅馆了。看看太阳已缓缓西沉，我感叹时间在这个时候过得好快，真是该快的时候太慢，该慢的时候却又太快。

（23）下课了，一位年轻人赶忙从提包里掏出一截带有病状的黄瓜秧，向王老师请教。呼啦一下，庄稼人都围了上来。时间过得太快了，转眼间到了吃饭的时间。

---

① 本章未注明出处的汉语例证均选自北京大学汉语语言学研究中心现代汉语语料库：http://ccl.pku.edu.cn:8080/ccl_corpus/index.jsp?dir=xiandai

(24) 暮色轻轻地抚摸着大地,太阳放出的热量渐渐消失,时间似乎也变得缓慢。当暮色吞噬了一切的时候,夜晚把我们带到了另一个世界。

以下是表示时间间断性和有止境性(即显现时间停止或者时间感消失的特征)的例证:

(25) Однажды я потерял чувство времени. (В. Белов)

(26) Пошло время. Потом перестало идти. Потом исчезло вовсе. Изнутри, от живота вверх, стал неторопливо подниматься прохладный покой, перед глазами заклубился золотистый туман, но тут огромные часы, стоявшие в углу комнаты, оглушительно отбили: бом-бом-бом-бом-бом! (Б. Акунин)

(27) Время перестало существовать. (К. Булычев)

(28) Здесь ею счастлив был я раз-В восторге пламенном погас, И время самое для нас остановилось на минуту. (А. Пушкин)

(29) Каждый раз время исчезало, и приходилось дожидаться, пока оно раскрутится до своей обычной скорости. (В. Пелевин)

(30) 忐忑不安地等待着,气氛很压抑,没人说一句话。这一段真漫长啊,仿佛时间凝固了。

(31) 渔村风光依旧,人的风俗、性格依旧。缺乏时代感的日子使作者觉得时间仿佛在这里停住了。

(32) 100多年过去了,茶店的经营方式并没有发生大的变化,时间似乎在老爸茶店里凝固了。店堂的陈设,还是相同的简陋;供应的茶点,仍是海口人熟悉的口味;老爸茶店,依然充满了浓浓的乡情。(周正平)

(33) 时间仿佛是停住不动了! 屯兵洞是那么矮,那么窄,那么小,那么潮湿,战士们到里边一会儿就已感到烦闷。空气慢慢地减少,变热,衣服穿不住了。(老舍)

(34) 清水塘的路,是那么的长,又是那么的短。他走啊,走啊,时间仿佛凝固,空气仿佛冻结。他希望她能抹去那苦涩的泪赶上来,送他一程。

(35) 独自的生活,并没有给我带来更多的不安。从前,与我父母一起的日子,也不见得有什么特殊的温暖。现在很好。时间似乎经历了多年的奔跑,已经疲倦,凝滞下来,它凝滞在我的房间里,也凝滞在我的脸孔上,时间仿佛是累病了.在我的脸上停止不前,使我的脸孔看上去如同几年前一样。(陈染)

下面请看表示时间可逆性(即显现时间倒流或回转的特征)的例证:

(36) В 1979 г. Эллен Лангер (Ellen Langer) и ее коллегами в Гарварде были проведены исследования зависимости психологического и физического состояния. В исследовании участвовала группа мужчин возрастом от 75 лет и более. В течение одной недели они жили в загородном доме отдыха. Отдых этот был необычным. Все было устроено так, как будто время вернулось на 20 лет назад. Журналы и газеты были датированы 1959 — м, а не 1979 — м годом. Звучала музыка 1959 года. Мужчин попросили вести себя так, как будто это был 1959 год, и говорить о событиях того года в настоящем времени. ①

(37) Она встречала Андрея по ночам, сдержанно сияя чуть косо поставленными глазами, обнимала его с мужской силой, и до белой зорьки не сходил со скуластых смуглых щек ее вишневый, яркий румянец. Будто девичье время вернулось к ней! Она вышивала. Андрею цветные и сборные из шелковых лоскутков кисеты, преданно ловила. (М. Шолохов)

(38) Вчерашняя осень... смахнув календарь
  Вернулась сегодня... стирая февраль
  И жухлой травы... разгребая слои
  Засыпала ею... все мысли твои.
  Как будто бы время... вернулось назад
  И желтые вспышки... мелькнули в глазах,
  Цепочка огней... вдоль дороги в ночи

---

① 本章未注明出处的俄文例句均选自俄罗斯网站 http://www.yandex.ru。

И темень в подъезде,... ну, где же ключи？（И. Ната）

(39) Как будто и не было этих 23—х лет, как будто я и не переходил работать в СевКавНИИ, к Артуру Кашперскому, в феврале 1969 года. Много садилось по пути давних знакомых, многих я знал просто в лицо. Как будто время вернулось назад.（С. Федосеев）

(40) 一条宽敞的走廊，一字排开25块写字板，各代表一家上市公司，这里就是巴格达股票交易所的"交易大厅"了。开市的钟声一响，交易人纷纷挤到写字板前用水笔写报价，十几只手臂在1米多宽的写字板前挥舞……要不是进入到走廊里面的内部工作区，看到美国使馆伊拉克重建办公室的女顾问安·斯塔尔正在电脑前忙碌着，记者还恍惚以为，时间似乎回到了20世纪中叶。

(41) 经历了数天的阴雨天气后，西安终于摆脱了"倒春寒"天气的折磨，迎来了久违的阳光，浓浓的春天气息又开始洋溢在古城的街头巷尾。从3月中下旬开始，西安市就经历了"倒春寒"天气，低温和持续的阴雨天气使人们仿佛又回到了冬天。从4月2日开始，西安终于迎来了阳光灿烂的日子。

此外，一些带有主观情态色彩的词汇也可以表达主观时间意义，如俄语中的"наконец"和汉语中的"终于"即带有企盼已久和迫不及待的意义，这种意义隐性地表达了主体感知的缓慢时间，即主观时间。如：

(42) Наконец он улыбнулся, поглядел вверх на небо и, кладя псалтырь в карман, сказал:—Finis! Через минуту бричка тронулась в путь...（А. Чехов）

这种主观情态意义在俄语带有愿望意义的结构模式 Когда же ＋ гл. СВ ＋ наконец 中表现得更加突出：

(43) Человек ходил методически, свесив штык, и думал только об одном, когда же истечет наконец морозный час пытки и он уйдет с озверевшей земли вовнутрь.（М. Булгаков）

(44) 8年前春天的一个清晨，经过火车十多小时的一路呼啸，我终于抵达了心中向往已久的北京。

(45) 时光飞逝,经过数十载的苦练之后,他终于成了全国第一流的名画家之一。而在这时,他也已步入了老年。

一些副词和语气词在具有时间流逝意义的上下文中,也具备这种功能,它们体现的主观时间构成对立意义,即让人感觉时间过得慢或者过得快。俄语如 уже,целый,всего(только);汉语如"已经,整整,足足,起码,又,还,不过,仅仅,短短"等。请看例句:

(46) Прошло только половина дня, а настроение уже паршивое...ппц!!

(47) Вот только мир ускоряется, в итоге с последней войны прошло всего 10 лет и уже пришла пора новой.

(48) Прошел уже год, как с нами нет Вячеслава Михайловича Клыкова — великого скульптора и замечательного человека.

(49) Но однажды, когда прошел уже год или два, как они были знакомы, случилось так, что молодые люди все же остались наедине. (А. Пирожкова)

(50) Прошли целые две недели. Я каждый день посещал Гагиных. Ася словно избегала меня, но уже не позволяла себе ни одной из тех шалостей...(И. Тургенев)

(51) Прошёл целый год с того момента, как Грегори ушёл от нас. Завтра 30 апреля—— очень печальный день для всех грегорьянцев. Никто до сих пор не может оправится от боли потери Маленького Принца французской песни.

(52) 我听见楼梯响时便看看表,许达伟和柳梅在楼上已经谈了两个钟头,谈恋爱倒也是挺费时间的。我和史兆丰都觉得时间特别长,因为他们两个在楼上谈的时候,我们都屏声静气,不到天井里去向楼上探头,也不许阿妹在外廊上走来走去,使他们两人觉得这个院子是空的。据说,一对恋人在一起的时候,最好是这个世界上只有他们两个人,等他们谈得又饥又渴的时候,才从远处来了一个挑着担子卖馄饨的。(陆文夫)

(53) 其实,他是犯了肠胃的毛病,东方队没有责任。又一天过去了,我们还没拿到解除合同的书面协议,关于传真也是各种借口,传真机坏了,签字的人去开会了等等。(姚明)

(54) 为了几块钱就这么下作,真没出息。但无论如何我也没想到,仅仅不到一个月,今天我竟也落到了这步田地。虎落平川,蛟龙搁浅,没办法呀!(卞庆奎)

(55) 他们在一起耳语了一会儿,然后走过来看看是否已把我缚紧。后来,他们出去了,并且随手关上了窗户。又过了足足一刻钟我才把手绢从口里弄出去,这时我喊叫女仆来解开我。

(56) 据远山外的许多目击者说,才过了仅仅两天,峡谷外便又闪现了它那洁白的身影。似被什么折磨着,它又变得牵肠挂肚,烦躁不安,四处寻找,哀嘶不已。(冯苓植)

(57) 我回答,是的!而且起码七七四十九天。即使出来以后,只要日本人一天不走,我就只能在家庙里当一天喇嘛。尤其当在幽暗的洞里想到了这一切,三天后我便开始发疯了。(冯苓植)

(58) 梅志说:胡风在监狱中度过的前十年,"实际上并没有什么惊心动魄的事情:他没有受过严刑拷打,也没有受过车轮大战,只是关在独身牢房整整过了十年,并受到了几百次的审问。"(曾卓)

需要注意的是,有时同一个词在不同的语境中却可能表达不同的主观时间意义。如:

(59) Через год в городе уже совершенно забыли про Ивана Дмитрича, и книги его, сваленные хозяйкой в сани под навесом, были растасканы мальчишками. (А. Чехов)

(60) Вечером, когда началась эта пытка, Анатолия, мужа, дома не было. Но Тамара Ивановна знала, что он у Демина, они затевали какое-то общее дело, уже с месяц дальше разговоров никуда не продвинувшееся. (В. Распутин)

例句(59)和例句(60)中都使用了副词 уже,但是很明显,例(59)中的"一年"对说话人来说是过得很快的,而例(60)中的"一个月"对说话人来说却是较长的时间段。

另外,用不同词汇来形容同一个时间片断可能体现完全不同意义的主观时间。如:

(61) Прошел всего лишь год.

Нет, ЦЕЛЫЙ ГОД прошел.

И ждет весны народ,

Не прожитой еще.

Что сбудется, что нет -

Узнаем в свой черед,

Но твой впечатан след

В меня, как в вешний лед. (И. Быстрова)

例句(61)中同样是"一年",说话人采用不同的限定词就表达了完全不同的主观时间:用"всего"表达"一年"对说话人来说是过得很快的;采用"целый"表达"一年"对说话人来说是过得很慢的。

再者,主观时间给人的感受可能与客观时间截然相反。这指的是两个时间片断给说话人造成的不同感受,其中较长的时间片断给人较短的感受,而较短的时间片断却给人以较长的感受。这也常常通过以上副词或者语气词来体现。如:

(62) Прошло всего 10 лет и уже не только можно, но и нужно! Когда-то я писал, что вековая мечта человечества о том, что можно закрыть глаза, заснуть и проснуться уже с новыми зубами, исполнится еще не скоро...

(63) Целый год, целый год я не видела тебя

Целый год я тебя не встречала

Целый год, целый год ты сказал любовь пройдёт

Ах зачем я тогда промолчала

Целый год, целый год в мире не было весны

И не надо весну мне другую

Целый год, целый год мне всё также снятся сны

Я тебя по ночам в них целую

Целый год, целый год, целый год я жду тебя

Целый год без тебя-разве мало

Целый год, целый год та любовь во мне живёт

Только за год сильней она стала

以上例句中的"十年"远比"一年"长,但是说话人却用表示短暂意义的"всего"来修饰"十年",而用表示长久意义的"Целый"来修饰"一年",由此让人感觉前一个例句中的"十年"是很短暂的,而后一个例句中的"一年"反而显得格外漫长。

请看汉语中类似的例子:

(64) 康维站在那儿犹豫两迟疑,呼吸着闷热而幽暗昏黄的空气,整整过了几秒钟,他的眼睛才适应了这股犹阴暗的氛围。然后,渐渐意识到这是一间窗帘紧闭而屋顶略矮的房间,简单地摆设着一张桌子和几把椅子。

(65) 可是小趋不能保护我,反得我去保护它。因为短短两三个月内,它已由娃娃狗变成小姑娘狗。"威虎山"上堆藏着木树等东西,养一头猛狗名"老虎";还有一头灰狗也不弱。它们对小趋都有爱慕之意。小趋还小,本能地怕它们。它每次来菜园陪我,归途就需我呵护,喝退那两只大狗。我们得沿河走好一段路。我走在高高的堤岸上,小趋乖觉地沿河在坡上走,可以藏身。过了桥走到河对岸,小趋才得安宁。(杨绛)

2. 句法手段①

俄语表达主观时间的句法手段数量有限,主要是一些表达时间速度和时间状态的句法结构,其中最典型的是一些表达事件或状态快速更替的时间性熟语结构。这类结构之所以能够表达主观时间,是因为它们所表达的事件或状态的快速更替并不等同于现实时间的快速更替,而是主体对时间的主观性感知,往往带有一定的夸张色彩。这主要包括以下三类句型(胡孟浩主译 1990:748-753):

第一类是按 не успел..., как 模式构成的句子,该句型强调两个情节间间隔极小或没有间隔,而且第二个情节作为突然的、出乎意料的情节与第一个情节相对立。如:

(66) Но не успел я этого сделать, как уже стал раскаиваться. (Л. Толстой)

(67) Да ведь не успеешь оглянуться, как эти малыши вырастут.

---

① 时间词汇在句子中的词序是否对主观时间的表达起着作用——这也是值得继续探讨的问题。

(В. Мамонтов)

(68) Три часа ожидания прошли незаметно. Мне казалось, не успел я наглядеться на Машу, как Карпо съездил к реке, выкупал лошадь и уже стал запрягать. (А. Чехов)

第二类是按 не прошло и недели（не прошла и неделя），как... 模式构成的句子，该句型表达两个情节的先后性时间意义，同时强调情节之间间隔最短的意味，情节的先后性意义在这里附带有突然、意外或超前等伴随意味：

(69) Не прошло и пяти минут, как он опять замахал рукой. (А. Чехов)

(70) Не прошло и часу после их разговора, как уже грянули в литавры. (Н. Гоголь)

第三类是按 ещё не... как（уже）模式构成的句子，该句型表示在时间上不相适应的两个情景常常由副词 ещё... уже 的对应烘托出来，强调第二部分的情节是不适时的或突然意外的。如：

(71) Ещё солнце не закатилась, как уже всё было готово. (В. Шишкин)

(72) Ещё солнце не дошло до половины неба, как все запорожцы собрались в круг. (Н. Гоголь)

汉语主观时间的句法手段也比较有限，主要由"刚……就……；一……就……；还没……就……"等句法结构来体现。如：

(73) 可惜还没来得及说一句话，就被身后潮水般拥来争同毛主席握手的人挤开了。

(74) 八日，赵爱玲在当地医院生产时，永远闭上了那双美丽的眼睛，儿子还没来得及睁开眼睛，就与母亲一起离开了这个世界。

(75) 咳，一退休没几个月就生了小孙女儿，小孙女儿三岁多了。我给看到两岁半。

(76) 下午四时，胡锦涛主席的座车抵达博物馆。他刚一下车，四周就响起一片问候声："胡主席好！新年好！"

(77) 中韩两队，刚一对抗，就是一个4:0。

3. 修辞手段

主观时间可以通过修辞手段得以体现,最常见的是比喻,它们常常伴随着词汇手段一起出现。因此,如果说主观时间意义主要是通过词汇手段来体现的话,那么修辞手段让这种意义表现得更为形象和更为突出,俄汉语中都是如此。如:

(78) Пусть бы эта лунная ночь промелькнула в нашей жизни светлым метеором и баста. (А. Чехов)

(79) Время (дело известное) летит иногда птицей, иногда ползет червяком; но человеку бывает особенно хорошо тогда, когда он даже не замечает скоро ли, тихо ли оно проходит. (И. Тургенев)

(80) 可是议论著,有时也说出一些淫污的话,使凤姐不大明白。金枝的心总是悸动著,时间像蜘蛛缕著丝线那样绵长;心境坏到极点。金枝脸色脆弱朦胧得像罩著一块面纱。(萧红)

(81) "一个相当残忍恐怖的故事,张,"他最后说,"这让人觉得时间就像一个畏缩不前的魔鬼,等候在山谷的外面准备扑向那些逃避它过久的懒汉们。"

(82) 我不知道我睡了多长时间,因为我一头倒下以后,就开始觉得时间的刻度就像一根橡皮筋,一会儿拉得很长一会儿缩得很短。(朱文)

(83) 九点,四十几个日本骑兵又来了;人太少,也让他过去。九点半,时间过得真慢,简直像蜗牛爬。(吴伯箫)

(84) 这个下午,时间怎么就像插上了翅膀,消逝得如此之快?多想留住它的脚步,让我们更直接地沐浴"真情教育"。

在某些情况下,夸张的手法也可以用来表现主观时间,它们往往强调时间流逝得过于缓慢或者过于迅速。譬如,表示"多时不见"的俄语问候语 Сколько лет, сколько зим 就是一种典型的表达主观时间的夸张手法。以下例子也是通过夸张手法表示主观时间,同比喻一样,伴随着词汇手段的出现,夸张加强了时间的主观性:

(85) Эти дни были так недавно, а между тем мне кажется, что с тех пор прошло чуть не целое столетие. (И. Бунин)

(86) Левин слушал их и невольно при этих разговорах вспоминал прошедшее, то, что было до нынешнего утра, вспоминал и себя, каким он был вчера до этого. Точно сто лет прошло с тех пор. (Л. Толстой)

(87) [Воронцофф] Хай, Ник, целый век тебя не видел!
[Олада] Если от двух утра до семи утра проходит вечность...
[Воронцофф] Иногда проходит несколько вечностей, мэн.
(В. Аксенов)

汉语中类似的例子也是屡见不鲜,如:"千里赴戎机,关山度若飞";"一日不见,如隔三秋";"度日如年"等等。最常见的是譬如"转眼间,一转眼,转眼"等说法。请看具体例证:

(88) 仿佛过了一个世纪那么长,倪小麦抱着孩子走过去,声音在颤抖:"来,叫舅舅。"她让孩子叫着,莫朴树笑着接过孩子,说:"时光真快,转眼孩子都几岁了……"倪小麦笑了,他就看到了她的牙,他诧异了:"怎么? 变得这么漂亮了? 从前那些小龅牙也挺好看啊,我很怀念它们。"(雪小禅)

(89) 赵振江还是昏迷不醒,云秀望着他,蓦然想起马英第一次来到她家的情形,那是多么好的一天,从那一天起马英就把她引到一条新的道路上,战斗的道路上,她参加了党,成为一个革命干部。时间过得多快呀,转眼已经三年多了,三年来的变化和发展多大呀!……(李晓明、韩安庆)

(90) 第二次世界大战期间,日本因发动侵略战争遭到报复性的轰炸,东京成为一片废墟。可是,转眼间三四十年过去了,幢幢高楼大厦拔地而起,地下铁道、高速公路上的车辆川流不息,东京都却以崭新的面貌展现在人们的眼前。

(91) 他瞪着她,简直不知道自己还能说什么,还能做什么。他一动也不动的站着,一瞬也不瞬的看着她,似乎过了几世纪那么长久,他才听到自己的声音,从内心深处"绞"了出来:"芊芊!你这么勇敢,用这么强烈震撼的方式,来向我宣誓你的爱,相形之下,我是多么渺小、畏缩和寒伧! 如果我再要逃避,我还算人吗?"(琼瑶)

(92) 仿佛过了一世纪,他们终于爬到了路边,洛克才有亮光看清母亲受重创的脸。

(93) 地板'吱嘎'作响,然后是袍子摩擦地面的'悉窣'声,接着一切又沉静下来。仿佛过了几个世纪那么久,突然间——"泰索和夫,"声音在空气中颤动着。

(94) 时间过得很快,就像拂尘一扫,电光一闪那么快就过去了。

4. 上下文手段

主观时间常常没有上述显性的表现方式,而是隐藏在上下文中。在这种情况下,主观时间主要通过前后话语对时间描述间的对比或对立关系得以体现,比如同一个时间片段的客观存在和主观感受的对立。如:

(95) Прошел год. Всего один год, а сколько времени! (В. Токарева)

例句中前部分所述时间实际上只过了一年,而后部分的感叹则体现出说话人的主观感受,这种对立的时间描述也是主观时间的一种体现方式。

有时文中会出现表达主体感知意义的词汇,俄语主要是: замечать - заметить, казаться, чувствовать, незаметно, растет чувство 等,汉语如:"仿佛,似乎,感觉,觉得"等。它们的出现使得时间的主观性得以更加凸显。如:

(96) Мы летели со скоростью двух с половиной километров в секунду, и инерционная часть полета заняла около трех суток, но у меня осталось чувство, что я летел не меньше недели. (В. Пелевин)

(97) Прошло минуты три; Левину казалось, что прошло более часа. Он не мог более дожидаться. (Л. Толстой)

(98) Провел за решеткой КГБ три года, которые, как он однажды выразился, 《прошли как три дня》(В. Аксено)

汉语中这种情况也很常见。如:

(99) 他知道这是什么,但他不清楚接下去会发生什么。时间只有几秒,于大明却仿佛过了 10 年。(安新)

(100) 她的这样的话并不能够使他们放心。夜还很早,街上就没有一点声音了。狗开始叫起来,狗叫在平日似乎很少听见,这个晚上却特别地响亮。时间过得非常慢,一分钟就像一年那样地长久。稍微有一点大的响动,人就以为是乱兵闯进来了,于是脑子里浮现了那一幅使人永不能忘记的图画:枪刺,刀,血,火,女人的赤裸的身体,散在地上的金钱,大开着的皮箱,躺在地上的浴血的死尸。他们带着绝望的努力跟那个不可抗拒的无形的力量战斗,但是他们愈来愈脆弱了,而恐怖却更凶猛地包围过来。(巴金)

(101) 钟珮文失望地从草地上站了起来,又走到池边,捋起袖子,在月光下看一看手表,已经八点一刻了,按照约定的时间,整整过了一刻钟。但在他看来,好像已经足足过了三个钟头。(周而复)

(102) "时间太短了!"一向细声细语的张海东大声对记者说。张海东手举国旗绕雅典奥林匹克主体育场跑道一周用了整整6分钟,可他却感觉就像是一瞬间。他说:"我还想接着绕圈,再绕六圈都不嫌多。"

(103) 张国政告诉记者:"我这10个小时只打了一个盹,感觉一点也不累!"江苏选手陈艳青兴奋地说:"包机上这10个小时过得特别快,就好像刚过了5个小时就到雅典了。"

通过例证观察可以发现,上述几种手段都很难独立承担起表达主观时间的功能,多数情况下要靠它们之间的相互作用(尤其是词汇手段总是伴随着其他手段同时出现)来共同表达主观时间,也就是说,只有几种手段的同时出现方能使主观时间意义得以强化。此外还可以发现,"时间"的直接体现者——"время"和"时间"——词语及其同义词(如 дни, ночь, годы, 日子、光阴)的句法功能和表达方式也多种多样,它(们)可以是状态主体,也可以是感知客体,还可以是性质特征的携带者,甚至可以不直接出现。

2.4 主观时间的体现情节及其在文学篇章中的主要功能

主观时间的体现情节指主观时间常常得以体现的文学主题。主观时间并不是文学时间的固定成素,它在文学篇章中出现时的情节具有一定主题特征和规律,它的出现是情节的需要,而且往往体现的是综合复杂的情节。Е. Н. Широкова(2008:217—218)认为,主观时间常常出现在以下文学主题中:期待、旅程、疾病、个人记忆、孤独情节主题和单一枯燥的日常生活情节主题等。可见,文学篇章中的主题与影响主观时间的各种因素紧密相关,其中生物因素和心理因素起着重要的作用(请见下文)。此外,文学作品中的主观时间与感知主体紧密相关,主要通过作品人物或作者(叙述者)或者同时通过两者来表现。因此,如果说主观时间在日常语言中表现的只是人们对时间的主观感受,那么它在文学篇章中的出现则具有重要的功能,这主要包括情感表现功能、篇章衔接功能和突出文学效果功能等。

2.4.1 情感表现功能

这里的情感指的是人物的心理和生理状态,作者(叙述者)或作品人物往往通过对主观时间的描述来表现人物的心理和生理状态变化。如:

(104) Незаметно было за разговором, как шло время, а когда мальчишка-лавочник притащил большой чайник с кипятком и кумовья принялись пить чай, то время полетело быстро, как птица. (А. Чехов)

例句通过描述对时间的主观感受,反映了说话人对茶歇的喜爱,表现了茶歇期间人物的愉快心情以及人物之间的融洽气氛,这里体现的是日常生活主题情节。又如:

(105) Случалось, что он рассказывал ей содержание повестей и романов, и тогда два или три часа проходили незаметно, как минуты. (А. Чехов)

在该例中,作者通过对主观时间的描写,表达了"她"对这些小说的喜爱以及"他"和"她"在"讲述小说故事"这一行为过程中的愉快心情,这里体现的是个人回忆的主题情节。再如:

(106) Мне грустно, очень грустно и хочется куда-то улететь или уехать, крикнув что-то прощальное вослед улетающему одиноким листом еще одному году моей жизни. (В. Астафьев)

该例通过描写对未来一年时间的感受,表现了说话人极其忧伤的心情和对生活的厌倦态度,其主题情节是孤独。而下面的例子体现的则是等待的主题情节,文中对主观时间的描写反映了角色在等待中焦急和无聊的心理特征。

(107) Летние московские вечера бесконечны, темнеет только к одиннадцати, и вот ждешь, ждешь — ее все нет. ... Надо было убить бесконечное время до одиннадцати. Он вышел, пошел куда глаза глядят. (И. Бунин)

(108) Часов в десять, не зная, что делать, я надел полушубок, взял зачем-то ружье и пошел по большой дороге к Завистовскому, думая: "Как нарочно, и он не пришел нынче, а у меня еще целая страшная ночь впереди! Неужели правда уехала, бросила? Да нет, не может быть!" Иду, скрипя по наезженному среди снегов пути, блестят слева снежные поля под низкой, бедной луной... (И. Бунин)

汉语中这样的例子也比比皆是。如下面的例子(109)、(110)、(111)中具有流逝缓慢特征的主观时间体现的是角色的郁闷、焦急、羞愧等心情,而例子(112)、(113)中具有流逝迅速特征的主观时间则体现着角色轻松愉快的心情:

(109) 徐义德把厂长办公室的窗户统统关上,他不愿意听窗外欢乐的人声,好像大家知道他在厂长室里,有意在外边说说笑笑。他讨厌这些声音。他要安静。他坐在沙发上,望着窗户外边的太阳发愣,觉得太阳老是在那里不动,时间过得比蜗牛走路还要慢上千百倍。忽然厂长室的门开了,他一眼望见严志发把马慕韩带了进来。他有些愕然,莫名其妙地望着马慕韩发愣,几乎说不出话来,以为一定是星二聚餐会有啥不幸事情发生了。(周而复)

(110) 夜静得没一点声音。碉堡上灯已熄了。人心里越有事,越觉得时间过的慢,从鸡叫等到天明,从天明等到太阳出山,日本人还不来开门。武二娃急得数指头,隔一阵就对张有义说:"我再数一百下保险出来。"可是又数了二百下,敌人也没出

来。张有义躺在地下瞌睡得连眼也不想睁,心里啥事也不想,只想美美睡一觉。(马烽)

(111) 吴姑娘就没什么好说的了,几乎是腆着脸出来的。除了她,全场观众都象犯了什么错误似的难为情地低下头,觉得时间突然变得漫长了。(王朔)

(112) 赵振江还是昏迷不醒,云秀望着他,蓦然想起马英第一次来到她家的情形,那是多么好的一天,从那一天起马英就把她引到一条新的道路上,战斗的道路上,她参加了党,成为一个革命干部。时间过得多快呀,转眼已经三年多了,三年来的变化和发展多大呀!……(李晓明、韩安庆)

(113) 我们的个性十分吻合,结果彼此之间感情深厚。她们知道我能作画,就立刻把铅笔和颜料盒供我使用。这项唯一胜过她们的技能,使她们感到惊奇,也让她们着了迷。我绘画时玛丽会坐着看我作画,随后也学了起来,而且是位聪明、听话、用功的学生。就这样忙这忙那,彼此都得到了乐趣,一周的日子像一天,一天的时间像一小时那么过去了。

2.4.2 篇章衔接功能

主观时间在文学作品中的篇章衔接功能主要通过时间的对偶法来体现。对偶法用来描写人物或者叙述者在不同时间和不同心态下对时间的对立感受,这既表达了事件在时间上的流动过程,进而达到篇章衔接,又反映了主体的情感变化特点。如:

(114) Прежде, бывало, когда ждешь на вокзале поезда или сидишь на экзамене, четверть часа кажутся вечностью, теперь же я могу всю ночь сидеть неподвижно на кровати и совершенно равнодушно думать о том, что завтра будет такая же длинная, бесцветная ночь, и послезавтра … (А. Чехов)

在该例中,说话人过去对时间的感受与今天完全不同,过去即便是在等候火车或者考试这样短暂的时间段里,一刻钟感觉也像过了一个世纪,而如今即便整夜无法入眠、无事可做也可以淡然处之。这种对时间截然不同的感受反映了说话人过去和现在的不同心态,同时交代了时间的流逝和事态的发展变化。再如：

（115） Бритва лежала на столе, а рядом стояла кружка с простывшим кипятком. Я с презрением швырнул бритву в ящик. Очень, очень мне нужно бриться...

И вот целый год. Пока он тянулся, он казался многоликим, многообразным, сложным и страшным, хотя теперь я понимаю, что он пролетел, как ураган. Но вот в зеркале я смотрю и вижу след, оставленный им на лице. Глаза стали строже и беспокойнее, а рот увереннее и мужественнее, складка на переносице останется на всю жизнь, как останутся мои воспоминания. Я в зеркале их вижу, они бегут буйной чередой. （М. Булгаков）

同样是"一年"，但是说话人对它的感受完全不同，由此体现出说话人心理状态和生活状况的转变，这种转变意味着时间的流逝和事件的发展，从而起到了篇章衔接功能。

对主观时间的直接描写常常直接用来作为篇章衔接的手段，起到承上启下的作用，表示时间和流动和事件的更替。如：

（116） Сегодня был звонок последний в школе, И стала взрослой маленькая дочь. О юность! Я опять тобою болен, Но вряд ли доктора сумеют здесь помочь. Поеду снова в Царское Село - Туда, где до прозрачности светло. Уже прошло лет тридцать после детства, Уже душою всё трудней раздеться, Уже всё чаще хочется гулять. Не за столом, а старым тихим парком, В котором в сентябре уже не жарко, Где молодости листья не сулят. Уже старушки кажутся родными, А девочки - как куклы заводные, И Моцарта усмешка всё слышней. Уже уходят за полночь соседи, Не выпито вино, и торт не съеден, И мусор выносить иду в кашне. В дом наш как-то туча забрела. И стекла со стекла. Мы свои дожди переживём, Я да ты, вдвоём. Уже прошло лет двадцать после школы, И мир моих друзей уже не молод, Не обошли нас беды стороной. Но ночь темна, а день, как прежде, светел, Растут у нас и вырастают дети, Пусть наша осень станет их весной. Уже прошло лет десять после свадеб, Уже не мчимся в гости на ночь глядя, И бабушек приходим навеститьНа день рожденья раз, и раз в день смерти, А в третий раз, когда сжимает сердце, Желание внучатами побыть. Уже прошло полжизни после свадеб, Друзья, не расходитесь, Бога ради, Уже нам в семьях не до перемен. И пусть порой бывает очень туго, Но всё же попривыкли мы друг к другу, Оставим Мельпомене горечь сцен, Давайте не стесняться старых стен.

(117) 时间过得真快，一个多小时的影片，不知不觉就放映完了。放映室的灯刚一亮，大家就噼噼啪啪地拍起手来。吓了我一跳。我当时还没意识到，这是大家对影片的肯定，因为营业影院里没有这种习惯，还以为西影的人都文明，对每部片子都采取这样礼貌的态度。（肖华）

(118) 在融洽的气氛中，时间过得很快，不觉已经红日西沉，夜幕降临了。分手时，程先生执意送到门口，说："第一次嘛，总是要送送的！"出了门，在炘上车骑了一段路，回头张望，那高高的身影依然伫立门前，心头不由发热起来……（徐城北）

2.4.3 突出文学效果功能

在文学作品中，主观时间的表达常常要借助各种语言手段的综合运用，这包括词汇、语法、修辞和上下文等手段。这不仅使得时间的主观认识得以体现，而且表达了人物细腻的心理状态，同时赋予篇章以独特的文学效果，如节奏感、生动性、形象性以及深刻性。如：

(119) Три часа ожидания прошли незаметно. Мне казалось, не успел я наглядеться на Машу, как Карпо съездил к реке, выкупал лошадь и уже стал запрягать. (А. Чехов)

例句(119)通过主观时间的词汇手段（незаметно）和句法手段（не успел，как）的运用，赋予篇章以强烈的节奏感。再如：

(120) При этом она поминутно поглядывала на часы. Смерклось, подали свечи. (А. Пушкин)

(121) Николка поминутно выходил в столовую-свет почему-то горел в этот вечер тускло и тревожно-и смотрел на часы. (М. Булгаков)

在例(120)和(121)中，人物的重复行为反映了其期待中的紧张状态，并且表明在这种状态下是不可能客观评价时间的。句子中类似 поминутно、всякую минуту 等表达短暂意义的状语结构与未完成动词一起出现，鲜明地体现了行为主体在这种期待中的紧张状态。下例中的 потянулся 则恰恰营造了相反的气氛和节奏感，让人感觉时间冗长：

(122) Затем, когда он приехал домой, для него потянулся длинный, странный, сладкий и туманный, как забытье, день. (А. Чехов)

而下面的例句则分别通过拟人、比喻、夸张和对偶法等手法，凸显了生动、形象、深刻的文学效果：

(123) Но дни и в мирные, и в кровавые годы летят как стрела, и молодые Турбины не заметили, как в крепком морозе наступил белый, мохнатый декабрь. (М. Булгаков)

(124) Две недели пролетели, словно дивный сон. (Д. Донцова)

(125) Помню, что ехали мы целую вечность, что полям, каким-то лощинам, проселкам не было счета. (И. Бунин)

(126) Левин не замечал, как проходило время. Если бы спросили его, сколько времени он косил, он сказал бы, что полчаса,-а уж время подошло к обеду. (Л. Толстой)

(127) Дорогой и далекий друг, мне бесконечно одиноко, бесконечно грустно. От
вас нет вестей. Вы пишете матери и брату, но никогда - мне. Я знаю ваше
угнетенное состояние и потому еще раз пытаюсь писать. Тяжело вам, тяжело
мне. Четыре года разлуки - четыре вечности пролетели

над моей бедной жизнью. (А. Толстой)

(128) Бантик взбодрился. Как он мог не учесть такой козырь, как молодость, перспектива жизни. Он еще не знал, что день тянется длинно, а десятилетие пролетает в мгновение. Через два мгновения он уже не будет молодым, и надо добывать более стойкие козыри. (В. Токарева)

(129) 哎呀呀！我从被捕到今天，刚刚一个星期，就像过了一辈子那样长。(罗广斌、杨益言)

(130) 闲坐着等人总觉得时间太长，表上的针像锈住了一样老不肯迈大步，半点钟工夫他总看够一百多次表，才算把北房的团支委会等得散了会。他听见轻重不齐的脚步声从北房门口响出来，其中有一个人往西房里来，其余的出了大门。凭他的习惯，他知道来的人是灵芝，本来已经有点瞌睡的眼睛又睁大了。他觉得这半个钟头熬得有价值。门开了一条缝，露了个面，正是灵芝，两道眉毛直竖着，好像刚和谁生过气，也没有进来，只用手点了点有翼，有翼便走出来跟着她到北房里去。(赵树理)

(131) 虽然是沉默了很短的时间，却仿佛过了很长的一世纪，才有一个三十多岁的人，发出缓慢的、悲愤的低声："快商量商量怎么动手吧！咱这一带的农民，可实在受不了啦……"(杨沫)

在下面的例证中，老舍先生通过对主观时间的描写既充分体现了人物的心理和情感特征，又达到了明显的文学效果，主观时间的文学功能在此体现得可谓淋漓尽致：

(132) 时间仿佛是停住不动了！屯兵洞是那么矮，那么窄，那么小，那么潮湿，战士们到里边一会儿就已感到烦闷。空气慢慢地减少，变热，衣服穿不住了。可是，不能出去，绝对不能出去，敌人就在上边！不能脱衣服：你紧挨着我，我紧贴着你，左右靠得严严的，对面膝顶着膝，谁也不能动一动；身上都带着那么多的武器，一脱衣服就必发出声响；敌人就在上面啊！什么时候了？熬过几点钟了？天亮了吗？大家问，大家看表，啊，时间仿佛是停住不动了,过一分钟好象是过一年!

他们要在洞里过一夜一天啊!

炮声!炮声!我们的炮!我们的炮!什么时候了?刚刚正午!还要再等整整八个钟头!忍耐,坚持,我们已熬过了三分之二的时间啊!时间并没有停止,不是已经走了十六个小时么?听我们的炮,多么雄壮,多么好听!打的好啊!再打!再打!

可是,我们的炮停止射击。前天,我们发射了那么多炮;昨天,一炮未发,今天却在正午只发了几十响。对!迷惑敌人,不教敌人摸到我们的规律!战争是斗智的事啊!

什么时候了?下午三点,四点,五点!多么慢哪!快一点吧!快!什么时候了?六点半,太阳落了山!快!快!七点,换句话说,就是十九时!(老舍)

2.5 主观时间的制约因素

不同的人对时间的感知是不同的,因为这会受到很多因素的影响,包括生物因素(如大脑的生物基础、性格、年龄)、生理因素和心理因素(如注意力、情绪、预期和前后背景等)、社会因素(如地域、职业和身份等)、文化因素(如不同民族对迟到现象的不同的理解)、文学和修辞效果因素(见本章上一节)等。

生物因素主要指人的大脑的生物基础,这会影响到我们人如何感知和处理时间。科学家发现,在人的全身细胞层面上有一种运作的"时钟基因",它们控制着一些像睡眠和苏醒这样的人体日常活动。比如时钟基因可能让一些人在早上工作效率特别高,而让另一些人成为夜猫子。这会影响到人对时间的主观认识和感受。比如患失眠症的人总觉得时间过得缓慢,长夜漫漫难熬。而早晨工作效率高的人则常常感觉时间过得飞快,似乎不够用。年龄也是制约主观时间的生物因素之一。心理学家指出,人的年纪越大,会觉得年、月之类的较大时间单位消逝得越快。就如19世纪初的英国诗人苏提所说:"在人的一生中,头二十年是最长的一半。这二十年流逝时我们的感受如此;我们回顾这段岁月时,感受仍然不变;而且,它们在我们的记忆中所占的分量也比以后全部岁月所占的多。""这种现象与简单的数学有关:对一个五岁大的儿童来说,一年等于他已生存时日的百分之二十,而对一个五十岁的人来说,比率只是百分之二。因此,儿童的一年似乎比成人的一年要长得多。"(《读者》200期合订本)如果把人生同登山或爬坡联系起来的话,那么前半生就如同在登山,在走上坡路,而后半生就像在下山,在走下坡路。所以在前半生,人们总觉得时间过得慢,而后半生则感觉时间流逝得很快。

  人的大脑对时间一般具有良好的判断,但是人对时间的感知还可能受到诸如注意力、情绪、预期和前后背景等心理和生理因素的影响。譬如具有多动症的人往往对时间没有良好的判断(简·博克、莱诺拉·袁,蒋永强、陆正芳译 2009:22)。而"预知结果和熟悉情况,也会使人感觉时间过得较快"(《读者》200期合订本)。譬如我们步行或者开车去一个陌生的地方,由于对周围环境和景物不熟悉,又不能确切知道抵达的时间,因此常常感觉时间过得很慢,旅程历时很长。而返回的路程尽管一样,我们却觉得时间过得相对较快,旅程历时似乎相对较短。这则是预期和前后背景因素的作用。

  同样,对一件事情的兴趣、当时的心情也会影响到人们对时间的感受。这则是心理因素。做喜欢做的事、与喜欢的人相处、心情轻松愉悦时,人们往往会觉得时间过得很快。反之,则会感觉时间过得很慢。有了快的感觉,人就会感到舒心愉悦。汉语的造词规律充分体现了这一点。如"快乐"、"欢快"、"快活"、"爽快"、"愉快"等词就说明"快"与"乐"相连(林兴宅 1985:248)。一个人心理上产生了时间过得较快的感觉,说明其生活是舒服惬意的;如果一个人感觉时间过得很慢,则说明其生活过得乏味又沉闷。可以说,生理和心理因素是制约和影响主观时间的最主要因素。这方面的例证,我们在前面已经举了很多。在此再举几个鲜明的例子。在例(133)和(134)中,同一个时间片段对于不同的人却有着不同的感受,这是因为他们处在不同的心境中:

> (133) 你怎么去了那么长时间呢?就是去酱园,怎么要那么长时间呢?简少贞用清水漱完嘴里残留的药汁后又问。时间长吗?简少芬诧异地望着姐姐,她疾步走到房里看了眼座钟,钟表证实姐姐的话是荒谬的,她从下楼到回来只不过花了 3 到 5 分钟。简少芬说,姐,你怎么啦?我去了不过 3 分钟呀。我觉得

有老半天工夫了。简少贞轻轻摇了摇头,她说,大概一个人呆在屋子里面是会有错觉的,你每次下楼,我一个人在家都觉得时间特别长,心里特别空,绣针也捏不住,我也不知道这是怎么了,好像是怕,又说不清怕什么。(苏童)

(134) 紧张的日子里,时间显得特别短,尤其杨子荣、孙达得两人,更觉得这几天的太阳走得特别快。只有剑波心里觉得时间慢得过分,他脑子里一天翻腾几万次,"正月初七! 正月初七! ……将计就计!"(曲波)

此外,处于不同地域、从事不同职业、不同年龄阶段的人对时间的感受也是不同的,譬如生活节奏紧凑的城市人常常会感到时间过得太快,而生活节奏缓慢的乡村中的人们大多时候可以享受时间的慢慢流逝。同样,一个生活休闲的退休人员与正在事业上拼搏、每天奔波于上下班路上的年轻人对时间的理解也是不同的。人们在时间价值观上的文化差异也会对时间感知产生一定的影响,甚至导致无序和误解。因此可以说,对于时间的主观感受是构成自我认同感不可或缺的一个组成部分,实际上它跟人的生物遗传、个人心理、社会文化、说话目的和文学功能(见前文)等因素都密切相关。反过来,在了解制约主观时间的因素之后,我们可以科学地改进生活方式,合理安排事务,有效调整心理状态,以便管理和掌控时间,让自己的主观时间尽可能接近客观时间。

每个人甚至同一个人在不同时期、不同时段对时间的感知和认识都是不同的。而对于不同民族、不同文化的人来说,对时间的理解和感受会有着更大的差异。如不同民族对迟到和拖延现象就有不同的理解。比如在俄罗斯,迟到是可以被接受和原谅的,一般不会被人认为是一种不礼貌,而在美国,迟到则是一种不礼貌。一个人对时间的认识会左右其思想和行为,这可能让另一个人迷惑不解,甚至恼羞成怒。因此,在跨文化交际中我们应该注意到这一点,如果不可能做到让别人完全接受我们的主观时间,那么可以争取相互理解和相互妥协,至少做到理解和尊重对方的时间观念。不管文化对时间观念产生什么影响,我们都应该处理好主观时间与客观时间、个人时间与公共时间之间的关系,这样我们才能更好地理解别人,同时被别人理解,从而顺利地与周围的人和世界沟通与互动。

本章小结

人类思维和认知的模式虽然有一定的共性，但不同民族的语言表征却有着相当大的差别，而造成这些差别的原因多种多样，这不仅包括语言本身的特征，而且隐藏着各个民族的思维习惯、心理特征、文化因素等原因。而时间作为人类文化最重要的刻度和标记，对它进行文化认知研究是非常必要的，也是当代语言学范式的基本要求。这一问题涉及面广泛，譬如文学时间中神话时间、宗教时间等等。本章提到的只是几个主要问题。需要强调的是，文化认知视域的研究本身就是为了解释不同民族的语言特征，其最终目的是为了消除跨文化交际中出现的文化差异问题。因此，采用对比研究是最合适的方法之一。此外，我们认为语言文化学的研究还应该与外语教学联系起来，否则也就失去了应有的价值和意义。

而对于主观时间还有很多问题值得我们去探讨和研究，譬如主观时间的语义类型和跨文化交际等问题。我们知道，主观时间可以从不同角度进行语义分类，如从主观感觉角度可以分出飞逝较快的主观时间和流失较慢的主观时间等；如果考虑到主观时间认知特征，我们还可以从客观时间特性的对立性出发来划分主观时间的语义类型，如非均匀性意义的主观时间、间断性意义的主观时间、可逆性意义的主观时间、有止境性的主观时间等。这些语义类型的出现频率可能体现着人们对客观时间特征的主观认知规律，在这一点上可以进行不同语言间的对比研究。此外，时间与空间是不可分割的二元对立统一体，时间常常通过空间标志得以认知并且获得时间的一些特性，如线性和均匀性。人们习惯空间思维，善于通过空间来表达时间，譬如用长度术语来表示时间的持续性，用不间断线条来表达时间的顺序性。空间的移动、空间的远近和空间的大小常常与时间（同时也包括主观时间）紧密相关。至于主观时间与跨文化交际的关系问题，主观时间常常得以体现的文学主题情节也必定反映着一定的民族文化内涵和认知方式规律，这也值得我们做进一步的探讨。

第十章　俄汉成语中的时间范畴研究*

人一出世就生存在时间之中,因此,人本能地具有时间意识。时间,同空间一样,是人类认识和理解客观世界的重要尺度和标准,是语言世界图景中的一个重要方面,因而人类从未停止过对它的研究和探索。

学界对俄语时间问题的研究由来已久,最初主要集中在对动词时间形式的语法学研究上。随着语言学的进一步发展,语言学家们对时间问题的研究呈现出多学科、多角度的特点,逐渐从语法学领域扩展和渗透到功能语法学、语义学、语用学、认知语言学、语言文化学等领域中,并开始对时间范畴的功能语义场、时间图景学说、篇章中的时间现象、时间的空间隐喻表征和时间的跨文化交际等问题进行更为深入的研究。然而,迄今为止,还很少有人对俄语成语中的时间现象进行细致和深入的分析。

成语是人们在长期使用某一语言过程中形成的简洁精辟的固定词组或短句,它们以形象的手法、鲜明的色彩、生动的形式反映着丰富的语言意义和深邃哲理。成语大多由已经失去独立词汇意义的成素构成,具有结构上的固定性和语义上的整体性,同时又允许有成素的变体和任意成素的出现。对于成语的范围,人们的理解不尽相同。我们所要讨论的成语是广义的,包括谚语、名言、格言、警句等语言单位。

时间作为语言世界图景中的一个重要范畴,在成语中有着丰富的语义和多样的体现方式。表达时间的成语类型极为丰富,从结构和语义角度对它们进行具体的分类和阐析有助于我们更全面地把握成语中的时间概念,对时间成语主要来源的探究有助于我们更好地把握其丰富的文化信息,而对俄汉时间成语进行共时对比研究,则可以使我们更深入地挖掘二者对应成语单位的特点,并且更清晰地了解语言间的共性和每种语言的个性特征(В. Кодухов 1974: 22)。

---

* 本章由作者的博士研究生、复旦大学俄语系青年教师曾婷和作者共同完成。

在大量俄汉语的相关辞典和论著中,笔者共搜集到表达时间的俄语成语 250 条,表达时间的汉语成语 360 条。这些数字足以说明,俄汉成语中的时间问题完全值得语言研究者的特别关注。本章节主要就俄汉语中时间成语的结构特征和语义类型、时间在俄汉成语中的主要体现方式以及俄汉时间成语的主要来源等问题进行探讨和分析,以对俄汉时间成语所体现的特点做初步的分析。

要说明的是,本书关于时间范畴的部分观点以及关于空间和时间二元对立的关系可以在本章中找到对证。

第一节　俄汉时间成语的不同类型及主要来源

我们可以从结构和语义两个角度来对时间成语进行分类,由此得出时间成语的结构类型和语义类型两大类。

1.1 结构类型

俄语时间成语的结构较为自由、随意,通常由两到六个不等的单词组成。按照句法结构特征,可以将表达时间的俄语成语分为词组式时间成语和句子式时间成语两种类型。据我们观察,其中词组式时间成语所占比例明显大于句子式时间成语。

词组式时间成语又可根据结构的复杂程度,分为简单词组式和复合词组式。简单词组式时间成语的语法联系或者属于并列关系,或者属于支配关系,或者属于一致关系,也就是说它们只包含并列、支配或一致联系中的一种类型。如并列联系的时间成语:"не по дням, а по часам(飞速地),дневать и ночевать(昼夜不离,经常),сплошь и рядом(经常,常常)"等;支配联系的时间成语:"вслед за тем(随后),вечер жизни［лет］(晚年,暮年),на час(暂时的)"等;一致联系的时间成语:"третьего дня(前天),глубокая старина(古代、古时候),Бархатный сезон(南方的秋季)"等。复合词组式成语中包含上述语法联系中的两种或两种以上关系,如:"до конца дней(终身),на смертном одре(弥留之际,奄奄一息),в крайнем случае(在万不得已的时候)"等。句子式时间成语又可分为简单句式时间成语和复合句式时间成语,简单句式包含一个述谓关系,如:

"Много воды утекло(许多时间过去了,发生了不少变化),Утро вечера мудренее(一日之计在于晨),Время истекло(逝水流年)"等;复合句式包含两个或两个以上述谓关系,但大多时候它们都是以从句形式单独出现,如:"пока то да се(在做[某事]的时期),когда бы то ни было(任何时候,无论什么时候),то туда, то сюда(一时朝前,一时向后)"等。

汉语时间成语的结构非常固定,绝大多数为四字语式(占 97.5%),如:"转瞬即逝,惟日为岁,三年五载"。吕叔湘(1963:10)指出:"四音节好像一直都是汉语使用者非常爱好的语音段落……流传最广的成语也是四言为多",这主要与"四字格"灵活多变的结构特征、平仄相间的音律美感以及汉文化"以偶为佳"的审美特点有关。在汉语时间成语中,联合短语所占比重最大(55%),如:"参回斗转,天长地久";其次是主谓短语(18%)和偏正短语(13%),如:"光阴荏苒,多事之秋"。

1.2 语义类型

由于人类思维和语言的相似性与相通性,俄语和汉语虽属于两种完全不同的语言,其时间成语的基本语义类型却是大致相符的。

根据行为在时间流中所据位置的具体性和确定性,可将表达时间的俄汉成语分为时间定位性成语和时间非定位性成语。时间定位性成语是指该时间成语在句子中所连接的事件或行为在时间流中是有确定位置的,俄语如:"в третьем году(前年),в первую минуту(开始,起初),на ту пору(那时,在那个时候),в свое время(当初,在那个时候)"等,汉语如:"生死关头,田月桑时"等;时间非定位性成语是指该时间成语在句子中所连接的事件或行为在时间流中没有确定的位置,或者表示一贯性意义,或者具有超时间意义,通常表达"永远、总是、经常、一直;偶尔、有时、不时"之意,俄语如:"во все времена(永远),по временам(不时地),зиму и лето(经常,一年到头),когда-никогда(偶尔,间或)"等,汉语如:"陈年百辈,三朝五日"等。这也就是时间语义系统中的时位范畴。

根据时间成语体现的是时点意义还是时段意义,可将表达时间的俄汉成语分为时点时间成语和时段时间成语。前者表示行为发生的具体时间,俄语如:"третьего дня(前天),в один прекрсный день[время](有一天),при виде кого-чего(在看见……的时候),об эту пору(这时)"等,汉语如:"出头之日、紧要关头"等。后者表示行为的持续时间,带有过程之意。根据时段的久暂,又可将后者分为长时时间成语和短时时间成语。这两种成语往往带有一定的夸张色彩,如俄汉语中的长时时间成语:"битый час(很久的时间),во веки веков(永远),времен очаковских и покоренья крыма(年代久远),При царе горохе(很久以前);经年累月,千龄万代"等;短时时间成语如:"год со днем(不久),без году〔года〕неделя(没多久),в(одно,единое)мгновение ока(转瞬间),на ночь глядя(眼看天黑了),с секуды на секунду(马上就,很快就);一时半霎,倏忽之间"等。

根据时间的时序关系,即处于同一完整时间域框架内两个或两个以上事件之间互为时间参照点的同时或者异时关系(Отв. Ред. Бондарко 2003:238),可将俄汉时间成语分为表示同时关系的时间成语和表示异时关系的时间成语。前者在句子中所连接的事件或情景是同时发生的,俄语如:"тем временем(就在那时候,与此同时,这时),в(самый)разгар чего(在正紧张的时候),секунда в секунду(同时),тем часом(同时,就在这时)"等,汉语如:"此时此刻,与此同时"等;后者在句子中所连接的事件或情景存在先后时间关系,俄语如:"с годами(后来),на(этих)днях(前几天,近来),в перспективе(将来,以后),до сих пор(在此之前)"等,汉语如:"从今往后,而今而后,隔长不短"等。

可见,时间范畴的语义类型在成语中基本上都可以得到体现。

1.3 主要来源

成语作为语言的重要组成部分,具有很强的民族性,反映着一个民族的文化精髓,是民族历史的映射。由于每个民族的生存都有其独特的心理性格、风俗习惯和思维方式,并受到不同地理环境、社会生活、文化传统和宗教信仰的影响,因此,在俄汉语中,时间成语的来源各有不同。

徐来娣(2007:59)将俄语成语先例现象归为五类。笔者结合俄语时间成语的实例,总结出表达时间意义的俄语成语的六种主要来源,它们包括:

(1)源于《圣经》的时间成语。《圣经》是俄语成语的重要来源之一。在俄语时间成语中,很多作为成语基础的形象都是根据《圣经》中的人物形象或故事情节而来的,例如,根据圣经故事情节,亚当(Адам)和夏娃

(Ева)是上帝创造的第一个男人和第一个女人,由此产生成语:"от Адама (и Евы)(自有亚当以来,自古以来)";再如,根据圣经传说,远古时代上帝为惩罚作恶多端的世人,曾连降 40 天大雨而导致洪水泛滥,由此产生成语:"до потопа(很久很久以前,在太古洪荒时代)";又如:"мафусаилов век (长命百岁,年代长久),Аредовы веки жить(长寿),в оны дни [годы](很久很久以前,老早)"等。

(2) 源于宗教信仰的时间成语。俄罗斯民族信奉东正教,所以有许多俄语时间成语的产生与宗教信仰有关。例如:"до морковкина заговенья(遥遥无期,遥远的将来)"。过去俄国教徒有斋戒的习惯,在斋戒期间,禁吃某些食物,禁吃的食物多半是肉、蛋、荤油等,而胡萝卜是蔬菜,在任何斋戒期都不会禁吃,所以这个成语的直译为:"禁吃胡萝卜的时候",其引申意义为:"到永远不会来临的时候",即"遥遥无期"。又如:"не всё коту масленица(好景不长),на сон грядущий(就寝前、睡觉前),страшный суд(最后审判、世界末日)"等。

还有一些俄语时间成语是源自东正教的礼仪习俗。例如:"к шапочному разбору"或"под шапочный разбор(快结束的时候,快散场的时候)"。按照东正教习俗,男教徒进教堂必须脱帽,当男教徒已经各自带上帽子的时候,也就是说,某个宗教活动已经结束了(徐来娣 2006:144)。

(3) 源于俄罗斯作家文学作品的时间成语。例如:"со времен потопа (自古以来,老早)",这一成语源自于格里鲍耶多夫的喜剧《聪明误》,原义指波焦姆金攻占奥恰可夫要塞及同年克里米亚并入俄国版图的时间(1783 年);而"от Ромула до наших дней(从古到今)"则出自普希金的诗体小说《叶甫盖尼·奥涅金》,其中 Ромул(罗穆尔)是传说中的罗马第一代皇帝,撰写欧洲历史的人常从罗穆尔写起。

(4) 源于俄罗斯重大历史事件的时间成语。在俄罗斯民族的历史上,许多重大历史事件都在俄罗斯文化中留下了深深的烙印,从而折射到成语当中。例如:"было дело под Полтавой(这是波尔塔瓦城下的事了;往年盛事)"。这个成语来自于俄国历史上著名的波尔塔瓦战役,波尔塔瓦(Полтава)是乌克兰的一个城市,1709 年 6 月 27 日瑞典国王率军队入侵乌克兰,俄沙皇彼得一世亲自率领军队赶到乌克兰与瑞典军队作战,结果瑞军 9000 多人被击毙,损失全部大炮,2500 多人被俘,查理十二世负伤,并逃往土耳其。后来这个成语常用来谈论许多人曾经参与的事件,相当于汉语成语中的"往年盛事,陈年往事"。

（5）源于俄罗斯神话传说的时间成语。例如："после дождичка [дождика] в четверг（不知道什么时候,铁树开花的时候,遥遥无期）"。据传古时俄罗斯人爱向雷电神（Перун）求雨,认为雷电神特别喜欢在礼拜四显灵降雨,可是这种祈求往往落空。

（6）源于外国民间故事和神话传说的时间成语。例如："меж волком и собакой; меж волка и собаки（黄昏时分,傍晚时分）"。这个成语是法语"entre chien et loup"的仿造语,来自于一个牧羊人的故事：这个牧羊人在黄昏的暮色中分辨不清狼和狗;再如"начинать с яиц Леды（从列达的蛋开始,从远古说起）"。这个成语源出希腊神话。列达（Леда）是斯巴达国王廷达利亚的妻子,宙斯为她的美丽所惑,化作天鹅飞到她的身边。他们结合后,列达生了两个蛋,从其中一个里孵出了海伦。后来,由于海伦之故,引起了著名的特洛伊战争。

而在汉语中,表达时间意义的成语主要来源于人类社会生活的诸多领域,归纳起来主要产生于名家名篇、古代传说和宗教信仰。

在汉语中,大量成语都出自不同时期的文学作品,其中相当一部分是古代名家的作品。它们经过人们的使用、流传而广为人知,成为现代词汇宝库中的重要组成部分。例如："逝者如斯"出自《论语·子罕》中的经典语句"子在川上曰：'逝者如斯夫！不舍昼夜。'"；"一弹指顷"出自唐代诗人白居易的《禽虫十二章》："何异浮生临老日,一弹指顷报恩仇。"；"一眨巴眼"出自老舍的《小坡的生日》四："可惜新年也和别的日子一样,一眨巴眼儿就过去了。"

中国作为世界文明古国之一,历史源远流长,古代传说故事也就成为汉语时间成语的重要来源之一,如："东兔西乌,青龙金匮,三皇五帝,兔走乌飞,生桑之梦"等。

此外,由于中国长期以来受佛教、道教的影响较深,汉语中也出现了与之相关的成语,如："一佛出世,二佛涅槃；兆载永劫"等。

第二节　时间意义在俄汉成语中的体现方式

俄汉成语既有一系列相同的时间表达方式,又有各自特有的表达手段。这主要包括词汇和修辞两种方式。其中俄语词汇手段更为丰富,而汉语修辞手段更为多样。

2.1 直接使用时间词汇表达时间意义

语言中表达时间最直接的就是使用表示时间的词语(陆俭明、沈阳 2006:304)。在俄汉成语中,经常使用各类时间词汇来直接表达时间意义。其中,时间名词和时间副词所占比例最大,出现频率也最高。它们包括:

(1)"секунда, минута, час, день, месяц, год, век, число;分、秒、时、日、月、年、世纪"等意义的时间单位词。它们多用以构成时点成语或时段成语。例如:"как одна минута (пройти, пролететь и т. п.)(一瞬间,一眨眼,一下子),последние времена(世界末日,最糟糕的日子),свой час(老死的时候),медовый месяц(蜜月;黄金时代,美好幸福的时期),третьего года(两年前,前年);芳年华月,青春年华,分分秒秒,旷日累时,世世代代"等。

在表达时间意义的俄汉成语中,上述时间单位词还经常以重叠形式出现。俄语重叠结构种类繁多,有名词的重叠、动词的重叠、形容词的重叠等。但是,在表达时间意义的俄语成语中,则是名词的重叠结构最为多见。它们通常都是由重叠的时间单位词借助于各种前置词组合而成。由时间单位词重叠而成的俄语时间成语通常有两种模式,其一是重叠同一个词,其二是重叠同根词。同一个词的重叠又可按词汇重叠的语法形式分为两种,一种是相同语法形式的重复,如:"день в день(一天也不差地),час в час(准时)"等,另一种是不同语法形式的重复,如:"из года [году] в год(年复一年,每年,经常),день за днем(一天天地,逐日地),во веки веков(永远、永生永世),день от дня(一天一天地),изо дня в день(天天,日复一日),время от времени(有时,偶尔),минута в минуту(准时地,一分不差地)"等;而重叠同根词的俄语时间成语有"век вековать(度过一生),на веки вечные(永世,永远,千秋万代)"等。汉语中成语的重叠是指将通常的四字成语中的某一个字进行重复。如果我们用 A、B、C 分别代表四字成语中的三个不同的字,那么另一个重复的字则是重叠的内容。在汉语时间成语中,将时间单位词进行重叠的类型主要有 AABB 和

ABCA,如:"生生世世、分分秒秒、日复一日、年复一年"等。

(2) "весна, лето, осень, зима, сезон, день, ночь, утро, вечер, пора, время;春、夏、秋、冬、日、夜、晨、昏、朝、暮、旦、夕"等表示季节、昼夜等意义的绝对时点词,例如:"дружная весна(迅速到来的春天),бабье лето(晴暖的初秋,小阳春),мертвый сезон(淡季,萧条时期,不景气时期);день и ночь(日夜不停地,总是),днем и ночью(日夜不停地,总是),белое утро(黎明,破晓,拂晓),об эту пору(在这个时候,在这时);春去秋来,三冬二夏,成日成夜,申旦达夕,暮暮朝朝"等。

(3) "старина, прошлое, будущее;古,今"等一类表示过去、将来等意义的相对时点词,例如:"седая старина(古代,古时候),глубокая старина(古代,古时候),отходить в прошлое(成为过去,不复存在);往古来今,亘古亘今"等。

(4) "эпоха, этап, мгновение;时代,瞬,霎,会"等表示时间长短的时段词,例如:"в (одно, единое) мгновение ока(眨眼间),пройденный этап(已经过去的一段,已告结束的段落);黄金时代,一时半霎"等。

(5) 而在俄语中还可以使用类似"денно, нощно, когда, никогда, сегодня, завтра, нынче, отныне, рано, позно"等表示各类时间意义的副词来组成时间成语,例如:"денно и нощно(日日夜夜地),(не) сегодня-завтра、(не) нынче-завтра(不出一两天就,很快就),когда-когда、когда-никогда(偶尔,间或,有时),рано или поздно(迟早,早晚)"等。这在汉语中没有相应组成方式的时间成语,需用其他方式来表达。

(6) 此外,除了时间名词和时间副词,俄语中还有一些词类也在时间意义的表达中占有一定的比例。它们包括:

a. 形容词 завтрашний, зимский, зимний 等,例如:"завтрашний день(明天;今后的日子,不久的将来),зиму-зимнюю、зиму-зимскую(整个冬天)";

b. 动词 дневать, ночевать, вековать 等,例如:"дневать и ночевать у кого, где(昼夜不离,经常),век вековать(度过一生)";

c. 连词 пока, когда, то...то... 等,例如:"пока суд да дело(趁未作决定的时候、在磨来磨去的时候),когда бы то ни было(任何时候,无论什么时候),то туда, то сюда(一时朝前,一时向后)";

d. 时间前置词 после 等,例如:"после трудов праведных(忙完了一阵后,辛苦一阵后),после дождичка [дождика] в четверг(不知道什么时候,铁树开花的时候,遥遥无期)"。

2.2. 使用隐喻手段体现时间意义

隐喻的认知方式体现于将一个领域的概念"投射"到另一个领域,或者说是从一个认知域(来源域)向另一个认知域(目标域)"投射"(陆俭明、沈阳 2006:355)。时间隐喻是指用隐喻的方式来表达时间,即把其他语义范畴的概念和关系映射于时间范畴中,用其他语义范畴的表达形式来表达时间意义。时间隐喻既能体现人类思维的一致性,又能反映不同语言的差异性。人类具有相似的认知方式、思维过程及某些社会环境经验,因此,虽然有语言、文化和社会差异,但是对一些基本范畴的认知和表达仍具有相似性和普遍性。作为人类最基本的普遍范畴,时间的表达更是如此。语言学家对汉语和英语语言现象的分析所得的结论是基本相似的,即:空间、实体、人是最常见的时间隐喻的源域(王永红 2001,张捷、曾翠萍 2004)。如果分得更细致一些,则可以提取出时间隐喻概念的 11 个维度:空间—容器、有价物、状态、易逝物、效应、改变者、检验者、动体、工具、人、主宰—被主宰(周榕、黄希庭 2000)。这种划分在中英两种文化中基本相同,其分析因素的因子与内容分析中的主要维度相吻合,说明时间隐喻的表征机制具有跨文化的普遍性。

据我们观察,在俄语时间成语中,隐喻手段的运用极为广泛,主要包括空间隐喻、实体隐喻和性状隐喻等方式。

2.2.1 空间隐喻

空间隐喻不仅体现在整个时间表达系统中,自成语中也是最为常见的一种语言现象。时间是感知加工的一种结果,属于主体信息类别,它是看不见、摸不着的,所以人们往往要借用空间和运动等物理学术语来表征时间,而人类在构筑时间概念系统时,在思维过程中会自觉或不自觉地运用隐喻思维机制,即用空间的视觉经验理解时间、解释时间、为时间命名(王建兰 2009:29)。

在俄语时间成语中,时间的空间隐喻表征主要表现为两种方式:一种是单独使用空间词汇隐喻时间,空间词汇包括方所意义的词汇(即静态空间词)和方向意义的词汇(即动态空间词);另一种则是将空间成语作为一个整体来隐喻时间。在汉语时间成语中,通常只使用前一种表征方式。

1. 用空间词汇隐喻时间

用表示空间方所的方位词对时间加以描述是使时间形象可感的重要方式(何亮 2007:213)。在俄汉时间成语中,将隐喻时间的空间方位词与各种各样的具体时间词连用,可形象地表达"同时"、"先"、"后"、"久"、"暂时"、"临近"、"起讫"等附加时间意义。

在俄语中,几乎各种空间意义的形式都可以表达时间意义,这一点也体现在俄语时间成语中。如表示垂直方向的、从上到下距离的空间词汇"глубина"和"глубокий"可以表示时间的久长,如:"в глубине веков(很久很久以前),из глубины прошлого(从久远的过去),глубокая старость(年迈),глубокая древность(远古)"等;表示内外空间关系的前置词 в 可以表示一段时间以内,而 за 既可以表一段时间以内,也可以表一段时间以外,如:"в добрую минуту(在情绪好时),в перспективе(将来,以后),во хмелю(喝醉了,酒醉时),в третьем году(两年前,前年),день за днем(一天天地),за последнее время(最近)"等;表示"上—下"空间关系的前置词 под(在……之下)可表示"接近……的时候",在时间序列上先于参照点,如:"под старость(垂暮之年)"等;表示"在……附近"的前置词 при 可表示"当……的时候",如:"при виде кого-чего(在看见……的时候),при случае(必要时,需要时),при царе горохе(在远古的时代,很久以前)"等;表示空间"贯穿"意义的前置词 через 可表示"经过多长时间",如:"через час по(чайной[столовой])ложке(慢条斯理,磨磨蹭蹭,慢慢吞吞)"。

此外,俄语表示"去(到达)哪里"、"从哪里到哪里"、"沿着"等方向意义的词汇同样可以隐喻时间,其中包括 в, на, из, с, от, до, по, из...в, с...на, от...до 等。在表达时间的俄语成语中,这些表示方向意义的词汇通常都与各种时间名词或副词搭配使用,共同表达某一特定的时间意义。例如:"отходить в прошлое(成为过去,一去不复返,不复存在),с некоторых пор(从某时起),от роду(出生以来,从诞生之日起),до конца дней(终身,一直到死),по часам(按时,准时),из века в век(世世代代地),со дня на день(天天,日复一日),с сегодня на завтра(在最近,立刻),

из поколения в поколение(世世代代)"等。

在汉语时间成语中，通常使用的空间词汇有表示方位意义的"前"、"后"、"上"、"下"、"远"、"近"、"深"、"在"、"之间"以及表示方向意义的"往"、"来"、"到"、"去"、"从……至"等。例如："而今而后，远年近岁，日久岁深，转瞬之间，日往月来，从今往后，一年到头，暮去朝来，从头至今，古往今来"等。

2. 用空间成语整体隐喻时间

在俄语时间成语中，还有一些整体上从字面意义来看是表达空间意义的成语，它们通常由空间前置词和表达空间事物意义的名词组合而成，并作为一个整体共同映射和喻指时间概念，从而表达时间意义，例如："у дверей(临近)，у двора［ворот，крыльца］(быть，стоять и т. п.)(就在眼前，临近)，у порога(临近，快要到了)，всю дорогу(经常，总是，一直)，на пороге(临近，在……前夕)，быть за чертою(已成过去，一段生活宣告结束)"等。在汉语时间成语中，我们只找到一个该类型的成语："十字路口"。

2.2.2 身体隐喻

身体隐喻的基础是人本身。这在俄汉成语中都很常见。

在俄语时间成语中，常用身体部位映射时间，从而实现时间意义的表达，例如："на носу(快到，眼看就要到)，висеть над головой(表示马上，即将发生)，за плечами(很近；过去，曾经［有某种经历等］)，под веселую руку(在高兴的时候)，под горячую руку(冒火的时候，发脾气的时候)，под злую руку(恼怒时，发火时，情绪不好时)，под сердитую руку(生气的时候，碰上［某人］生气的时候)"等。在汉语时间成语中，用于映射时间的身体部位比较单一，通常只使用"头"和"尾"隐喻时间，如："大限临头，从头至今，从头至尾"。

2.3 使用明喻手段表达时间意义

在俄汉成语中，使用明喻手段表达时间意义的汉语成语数量明显多于俄语成语，比喻词也更加丰富。

在俄语时间成语中，通常只使用比喻词"как"引出喻体，如："как штык(准时)，как одна минута(瞬间)，как из пушки(准时)"。在汉语时间成语中,常用的比喻词有"如"、"若"、"似"等。例如:"岁月如流,泰山若厉,流年似水"。在这些成语中,还存在很多使用多种喻体同比一种本体的现象,即"一本多喻",如将"人生"多重喻比成"人生如朝露"、"人生如寄"等,将"日月"喻说成"日月如流"、"日月如梭"等。同时,同一个喻体也可用于喻说不同的本体,如:"日月如流,岁月如流;时光似箭,光阴似箭"。

2.4 使用借喻手段体现时间意义

借喻也是俄汉语成语中表达时间意义的重要手段之一。与隐喻依赖源域和靶域的两个不同领域的相互映射(Lakoff 1980,引自张建理、丁展平 2003:34)不同,借喻的本体和喻体是相互关联的,它不是直接说本体,而是通过相近的联想,借喻体代替本体。

在俄语时间成语中,通常都是以人、物的名称来喻指时间,这些名称类别多样,功能丰富,具有强烈的表现力。例如:在俄语时间成语"от [с] колыбели до могилы [гроба](一生,终身)"中,人刚出生时通常都是被放在摇篮里的,而死了以后都是要进入坟墓的,因此这一成语用 колыбель(摇篮)来借指出生,用 могила(坟墓)来借指死亡,即从出生到死亡,并进一步引申出"一生,终身"这一时间含义;而在成语"до седых волос(直到老)"中,用年老的重要标志之一 седые волосы(白发苍苍)来借指"年事已高"这一概念。类似的汉语成语有:"豆蔻年华、齯齒鮐纪、秋月春风、珠流璧转"等。

2.5 使用借代手段表达时间意义

借代,又称转喻或换喻,也是俄汉成语中表达时间意义的重要手段之一。与隐喻依赖源域和靶域的两个不同领域的相互映射(Lakoff 1980,引自张建理、丁展平 2003:34)不同,借代的本体和喻体是相互关联的,它不是直接说本体,而是通过相近的联想,借喻体代替本体。

在俄汉时间成语中,通常以人、物的名称喻指时间。这些名称类别多样,功能丰富,具有强烈的表现力。俄语如:"от Адама и Евы(从有亚当和夏娃→自古以来),до огня(点灯前→天黑前),с [от] пеленок(从襁褓起→从小、自幼),до гроба(到棺材→至死,终生),от колыбельных дней [лет](从在摇篮的日子起→从出生起,自幼,从小),с молодых ногтей(从几片幼小的指甲→自幼、从孩提时起），до петухов（公鸡前→鸡叫前，天亮前），со школьной скамьи（从学校的椅子→从中学生时代）"；汉语如："东兔西乌→月亮东升、太阳西下，指时间流逝，花烛洞房→新婚之夜，年在桑榆→晚年，三皇五帝→远古时代"。

提喻作为借代中的一个分支，也可用于表达时间意义。这是以事物部分的名称转指整体或以整体名称转指部分的一种修辞格（丁昕 2007：225）。提喻包含着因微见著、言近意远的认知功能，既能丰富时间语义的表达方式，又能增加俄汉成语的活力，例如："зиму и лето（一年到头），медовый месяц（美好幸福的时期）；青龙金匮（良辰吉日），风尘之会（战乱发生之际），寒来暑往（四时更替，时光流逝）"。

2.6 使用拟人手段表达时间意义

在俄汉时间成语中，拟人手段的运用指的是把时间当做人来写，将人类的特性、特点加之于时间，使时间人格化，赋予时间以人的言行或思想感情，从而将时间意义表达得更加生动和形象。例如："время не ждет（时间紧迫），время не ушло（为时未晚），время терпит（时间还来得及），час пробил кого, чей（时候到了）；地老天荒，时不我待，岁不我与，岁月不待人"。

2.7 使用其他修辞手段表达时间意义

汉语成语可以通过缩喻、较喻和对偶手段来表达时间意义，这是汉语时间成语特有的表达方式。

缩喻是汉语中一种特殊的比喻形式。其中，本体和喻体都出现，但不出现比喻词，本体与喻体极其紧密地连在一起。缩喻主要有两种类型：一种是并列式缩喻，即本体与喻体在结构形式上是并列关系；另一种是偏正式缩喻，即本体与喻体组成偏正关系的名词短语，形式上是修饰与被修饰的关系。在表达时间的汉语成语中，以上两种缩喻形式都占有一席之地。前者如："人生朝露，日月跳丸，一寸光阴一寸金，一刻千金"，后者如："黄金时代，黄金时间"。

较喻是一种"喻中有比"的比喻，其特点是将本体和喻体放在一起作比，既显示出它们之间的相似点，又突出本体和喻体在程度上的不同。在汉语时间成语中,使用较喻手段的例子有:"尺璧寸阴,寸金难买寸光阴,贵阴贱璧,身先朝露"等。

对偶手段也是专属于汉语的方式。由于表达时间的汉语成语多来自于古代经典诗词文集,为保留原作的完整性,某些汉语成语由两个相互具有对偶关系的"四字短语"组成,例如:"东隅已逝,桑榆非晚";"苦日难熬,欢时易过";"时光似箭,日月如梭"。

本章小结

时间范畴在成语中有着重要的研究价值。本章节只着重探讨了俄汉时间成语的语义和结构类型、时间在俄汉成语中的主要体现方式以及俄汉时间成语的主要来源,并得出结论:时间成语可根据不同的分类原则,细分出不同的语义类型;俄语时间成语结构自由,通常由两到六个单词组成,内部关系以支配联系为主,而汉语时间成语结构固定,绝大多数是四字语式,主要为联合短语;词汇和修辞手段是俄汉成语中表达时间意义的常见手段,其中俄语的词汇手段更多样,而汉语具有更丰富的修辞手段。一方面,由于人类共有的认知和思维方式,俄汉时间成语的基本语义类型与隐喻机制大致相符,并共同使用明喻、借喻、借代、拟人等手段表现时间意义。另一方面,由于语言的个性,俄汉时间成语的表达又有着各自的特点和运作机制。俄语具有丰富的语法形式和灵活的词形变化,除了时间名词以外,还可使用副词、形容词、动词、连词和前置词等词类直接表达成语中的时间意义。而汉语成语词义饱满、内涵丰富,可通过缩喻、较喻、对偶、类比、夸张等多种手段体现时间意义。这充分反映出俄汉语两种语言的典型特征:重形式和重意会。俄汉民族具有各自的文化传统、风俗习惯和宗教信仰等,因此在俄汉语中,时间成语的来源各有不同,俄汉时间成语的主要来源和出处反映出两个民族的文化特征。有关俄语成语时间范畴所涵盖的问题还有很多,譬如俄语时间成语的句法功能和句法分布,俄语时间成语在篇章中的特征和功能,俄语时间成语在对外俄语教学中的实践研究等。

结　语

　　通过本课题研究,我们取得了些许重要的理论和实践成果,归纳起来主要有以下几点:

　　1. 对俄汉语义范畴的研究现状及成果进行梳理和总结,使笔者充分领悟到语言学研究尤其是两种语言的对比研究的重要路径,那就是从语义范畴入手不失为一种行之有效的方法,可以收到事半功倍的成效:尽管俄语和汉语的研究传统不同,所传承的也不是同一种理论范式,但俄语和汉语学界却有许多不谋而合的观点,其中非常重要的一点就是双方都强调语言对比研究的重要性,这就为本著作的大胆尝试奠定了方法论基础;此外,从俄汉语义范畴的研究历史看,其源流长短不一,所取得的学术成果也各有所长,因此而可以达成彼此交融、相互借鉴和取长补短的成效,这就为语义范畴的对比研究奠定了必要的物质基础;再者,世界语言学的理论体系纷繁复杂,究竟哪一种理论最适合做两种语言范畴的对比研究呢?这关系到本研究的立论基础问题,更决定着研究的成败。研究表明,在世界语言学界影响颇大并别具一格的彼得堡功能语法理论是专为语义范畴研究而创建的完整体系,因此采用该理论对俄汉语义范畴进行对比研究是比较合适的方法。

　　2. 通过对彼得堡功能语法理论的基本概念、基本原则、学术成果及不足之处等各个方面的全面审视,笔者发现,该理论最大的特点是其研究范式的整体性和包容性:既坚持从意义到形式,又不摒弃从形式到意义的方法原则;既坚持具有俄罗斯传统特色的系统语言观,又注重言语交际观,同时把语言各个层面(包括词汇和语法)的内容融合成为一个整体。可以说,该功能语法理论是目前语义范畴研究最为系统和科学的理论体系之一。然而,任何语言理论随着时间的推移和科学的发展,都有值得进一步完善的方面,而完善的方法之一就是从当代最前沿的其他语言学理论中汲取必要的营养。本著作的研究视域正是建立在对该功能语法理论的学理完善和修补基础之上的。

3. 用当代语言学的新理论来补充或修补功能语法理论，在学理上就必须具备一定的基础，其中不可缺少的节点是两种理论之间要有某些相通之处或互利之处，同时又有差异。本著作研究表明，彼得堡功能语法理论不仅与俄罗斯的其他功能语法流派以及西方的系统功能语言学有着千丝万缕的联系，且与当代语用学、认知语言学、语言文化学等也有着某种共通之处：一是它们都强调语言的社会属性，都从语言的功能维度探究"语言到底能发挥多大的社会潜能和作用"、"人的知识和语言能力究竟是如何形成的"等全新的命题；二是都注重对语言学的核心内容——语义问题的研究，并在研究过程中考虑到语境以及人的心理、社会文化等语言外的因素；三是都在对语言现象进行描写的同时，不忽略对其进行阐释和说明等。但是它们研究的着重点和方法却又不尽相同，有些问题在功能语法理论中由于缺乏系统而完善的研究方法而只是略有涉及，而在当代语言学的其他理论中却可能是热点和焦点问题。反之亦然。

4. 基于以上理性思维，笔者对彼得堡功能语法理论的学理修补进行了多维构想，即以彼得堡功能语法理论为基础，吸收俄罗斯及西方各个功能语法流派的精华，融合当今语言学理论体系中的一些新元素（包括语用学、系统功能语言学、语言文化学、认知语言学等），建立一个新的、多维的、符合当代语言学发展方向的俄汉语义范畴对比研究的框架和体系，旨在获得一个集形式和意义、静态和动态、描写和解释于一体，对外语教学有着直接影响和作用的研究方法。事实证明，笔者提出的这种构想不仅可行，且在语言学研究中有重要的方法论意义。

5. 在目前还不能确立一个完整的语义范畴体系的情况下，笔者选择了那些已有定论、在人类认知和交际活动中不可或缺且在语法形式上已经获得充分表现的语义范畴进行个案研究。在这些语义范畴中，有许多可以形成二元对立关系，如时间和空间、质量和数量、肯定和否定、主动和被动、确定性和不确定性、可能性和必要性等。它们相辅相成，其研究方法和研究成果既相互联系，又相互促进，由此使整个研究过程变得更为简约而流畅，得出的结论也更为客观和科学。如果说本著作设定的"多维视角"是研究的"方法"（метод）的话，那么选择比较成熟的二元对立的"语义范畴"为切入点就是本著作采用的具体的"操作方法"（приёмы）。这是本著作得以顺利完成的基本要素之一。

6. 空间和时间范畴是人类认知最重要的范畴,二者紧密相关,不可分割,但又各自独立,是一个二元对立的统一体。它们不仅相互依存、相互影响,而且涉及面非常广泛,因此,对它们进行研究具有重要的语言学和认知学价值。在语义范畴多维框架下的空间和时间范畴研究应该具有整合的性质,即集结构语义描写、篇章语用分析、认知心理阐释和文化语言审视于一体的研究,其内容包括概念和特征界定、语义系统和形式结构描写、句法功能和句法分布观察、语篇语用分析、认知文化阐释等。本著作正是按照整合性的要求对俄汉语空间和时间范畴进行全方位的分析和阐释的。

7. 从对比角度来探索空间和时间的语义范畴,具有更大的发展前景,因为人类思维和认知的模式虽然有一定的共性,但不同民族对上述命题的语言表征却有较大差异,这就形成了所谓的"语言个性"(языковая личность)。而语言个性的形成又受制于多种多样因素,对此不仅需要从不同语言的类型学角度作出解释,还要从民族的认知特性、心理特征、文化因素、语用规则等多维视角予以审视。从这个意义上讲,本著作提出的多维研究框架及思路和方法不仅必要,且具有重要的理论和实践价值。

8. 通过对俄汉语空间和时间范畴进行多维对比研究,我们在以下诸多理论问题上取得了重要进展,它们是:

(1) 语言空间和语言时间具有内容和形式两个方面的特征,是意义和表达的统一体。因此,对它们的研究应该在上述两个方面同时进行才能取得比较好的成效。也就是说,如果把空间和时间范畴各自独立起来进行研究,无论在理论上还是在实践上都是无法达成理想效果的。

(2) 空间和时间有着各自独立的语义系统。空间范畴的语义系统包括动态和静态、独立和从属、靠近和远离等空间关系以及点、线、面、体等空间形状系统和水平(前后、左右)、垂直(上下)等空间方所系统。而时间范畴的语义系统包括时制、时序、时位、时列等子系统,时体没有被纳入进来。俄语和汉语对空间和时间语义系统的认识基本一致,但研究的侧重点不同,且两种语言所使用的术语内含也不完全对应。

(3) 在形式上,空间具有映射作用,而时间很多的表达手段来自于空间,但它们又都有各自相对独立的形式表达系统,这些形式多种多样,遍及语言的各个层级。它们中有些属于核心的或首要的表达手段,有些属于边缘的或次要的表达手段。同时,这些表达手段又有核心的(首要的)和边缘的(次要的)的功能之分。俄语和汉语的空间和时间表达主要受制于各自语言的结构特性,同时还受到认知和文化心理的影响。

(4) 俄语和汉语的空间和时间形式都有着丰富的句法功能和多样的句法分布。其句法功能主要是它们在句子中所充当的一般性和扩展性的句法成分,如空间和时间形式除了作一般性状语、谓语和限定语外,在一定条件下还可以用作主语和前置词补语;句法分布则主要是它们在句子中的重叠、连用、独立、独用、否定、疑问等情况。

(5) 从语篇角度来分析空间和时间范畴,既可以探讨空间和时间范畴的语篇功能,还可以发现隐性空间和隐性时间的某些推理机制。空间和时间范畴的语篇功能主要有语篇衔接功能、信息结构功能和影响叙事节奏的功能,而隐性空间和隐性时间指的是空间和时间意义,可以通过间接或者隐性的方式表现出来,这在文学作品中体现得尤为突出。自然环境、房屋布置、地形地貌与空间意义紧密相关,而天象、物候与时间的联系最为密切。俄汉语在这一点上比较接近,因为人类对世界的认知具有相对共性的基本特性。

(6) 在文化认知方面,本著作主要确立了语言时间范畴的文化认知研究构架,提出这方面的研究应该包括以下几个主要问题:主观时间的文化认知特征;时间观念的文化认知特征;远指和近指时间的文化认知特征;隐性时间的文化认知特征等。在此基础上,笔者着重探讨了主观时间及其表达手段和文学篇章功能等问题,并得出这样的结论:主观时间不能等同于文学时间;主观时间有着丰富的语言表达手段;主观时间常常出现在期待、旅程、疾病、个人记忆、孤独情节等文学主题和单一枯燥的日常生活情节主题中,在文学篇章中主观时间起着重要的功能;主观时间会受到很多因素的影响,包括生物、心理、社会、文化因素、文学和修辞效果等。

以上在理论和实践方面取得的"心得",不仅使笔者厘清了俄汉语义的"时空域",更为重要的是使笔者对俄汉语义范畴的表达手段、句法功能、语用特点、认知特性和文化成因等的认识有了进一步的深化,从而为将这些成果运用于外语教学提供重要依据。

总结上述成果,如果说本著作相对于同类研究有所"创新"或有自己的"特色"的话，那么笔者认为主要是方法上有比较大的改进，初步呈现出立体研究的新态势。如：本著作采用的整合性和多维性研究方法，就在总体上做到了以下几个结合：一是理论和实践相结合。如在建构语义范畴对比研究的多维框架时侧重的理论梳理和构建，而在遵循这一研究构架进行具体研究时则采用了大量的例证分析；二是宏观和微观相结合。宏观把握语义范畴研究的基本思路和方法，微观分析空间和时间的具体特征；三是静态描写和动态阐释相结合。静态描写语义类型和形式结构，动态阐释篇章、语用、认知和文化特点和机制；四是意义到形式和形式到意义的描写方式相结合。本著作以彼得堡功能语法理论的基本理论为基础，从语义出发描写形式，再而分析形式的具体功能，从而极大地拓展了以往单纯形式描写的空间，把属于不同语言层面（包括词法、句法、构词、词汇等），但具有相同语义功能的手段看作一个整体加以审视；五是系统语言观和言语交际观相结合。在分析语言材料时，不仅考虑到语法意义与说话人意图之间的联系，还将描写不同层面语言单位与周围环境相互作用所产生的功能和规律等结合在一起。

可以预见的是，如果将上述对空间和时间范畴的整合性和多维性研究方法运用到语言学研究中二元对立的其他范畴中去，如肯定和否定、主动和被动、确定性和不确定性、数量和质量、可能性和必要性等，并将上述所有的研究成果进行汇集和综合，将为我们勾勒出俄汉语"意义—表达"系统较为完整的轮廓。在这个系统中，词汇和语法等各种表达手段的鸿沟将被填平，俄汉语的语法体系及其运作原理将得到充分的功能阐释和认知解构。这样，就将草创出一个语义范畴（和语义关系）体系，并在此基础上对这些范畴（和关系）的认知特点、语义内涵和语法表现等进行全面、深入的研究。沿着这一目标走下去，走到逻辑的尽头，获得的将是一个集各种意义的所有表达手段的完整语义图景，从而真正建构起语义对比的理论框架体系。这应该是语法尤其是功能语法研究的最终目标。

参考文献

[1] Агапитова А. А. Связь временной и пространственной локализованности действия [A]// Актуальные проблемы германистики и романистики[C]. №8. Смоленск, СГПУ, 2004.

[2] Агапитова А. А. Временная локализованность высказывания в немецком языке [D], Автореф. дис. канд. филол. наук, СПб., 2005.

[3] Акимова Г. Н. Новое в синтаксисе современного русского языка[M]. М., Высшая школа, 1990.

[4] Александрова О. В. Проблемы экспрессивного синтаксиса (на материале английского языка)[M]. М., Высшая школа, 1984.

[5] Апресян Ю. Д. Глаголы моментального действия и перфомативы в русском языке [A]//Русистика сегодня. Язык: система и ее функционирование[C]. М., Наука, 1988.

[6] Арнольд И. В. Современные лингвистические теории взаимодействия системы и среды [J]//Вопросы языкознания. №3, 1991.

[7] Арутюнова Н. Д. Предложение и его смысл: Логико-семантические проблемы [M] / АН СССР. Ин-т языкознания.. М., Наука, 1976.

[8] Арутюнова Н. Д., Ширяев Е. Н. Русское предложение. Бытийный тип (структура и значение) [M]. М., Русский язык, 1983.

[9] Арутюнова Н. Д. Язык и мир человека[M]. М., Языки русской культуры, 1999.

[10] Ахманова О. С., Микаэлян Г. Б. Современные синтаксические теории[M]. М., УРСС, 2003.

[11] Бархударов Л. С. Язык и перевод[M]. М., Международные отношения, 1975.

[12] Белошапкова В. А. Современный русский язык. синтаксис[M], М., Высшая школа, 1977.

[13] Белякова С. М. Образ времени в диалектной картине мира[D]. Дис. д-ра филол. наук. Екатеринбург, 2005.

[14] Берницкая Н. В. Средства выражения зависимого таксиса (на материале французского и русского языков)[D]. Автореф. дис. канд. филол. наук. Кемерово, 1999.

[15] Бондаренко В. Т. , Колодезнев В. М. Русский язык. Лексикология. Фразеология [M]. Тула, Тульский государственный педагогический университет, 1996.

[16] Бондарко А. В. К проблематике функционально-семантических категорий: глагольный вид и «аспектуальность» в русском языке[J]//Вопр. языкознания. №2, 1967.

[17] Бондарко А. В. Грамматическая категория и контекст[M]. Л. , Наука, 1971.

[18] Бондарко А. В. Семантико-синтаксические глаголы действия[M]. М. , Просвещение, 1973.

[19] Бондарко А. В. Теория морфологических категорий[M]. Л. , Наука, 1976а.

[20] Бондарко А. В. К интерпретации одушевленности-неодушевленности, разрядов пола и категории рода (на материале русского языка) [A]// Славянское и балканское языкознание [C]. Т. 2: Проблемы морфологии современных славянских и балканских языков / Сост. и ред. Е. И. Демина. М. , Наука, 1976b.

[21] Бондарко А. В. Грамматическое значение и смысл[M]. Л. , Наука, 1978.

[22] Бондарко А. В. Функциональная грамматика[M]. Л. , Наука, 1984.

[23] Бондарко А. В. Опыт лингвистической интерпретации соотношения системы и среды[J]//Вопр. языкознания. №1, 1985.

[24] Бондарко А. В. К проблеме интенциональности в грамматике[J]//Вопр. языкознания. №2, 1994.

[25] Бондарко А. В. Проблемы грамматической семантики и русской аспектологии [M]. СПб. , Изд-во СПбГУ, 1996.

[26] Бондарко А. В. Основы функциональной грамматики: языковая интерпретация идеи времени[M]. СПб. , Изд-во СПбГУ, 1999.

[27] Бондарко А. В. Теория функциональной грамматики: итоги и перспективы [A]// Теоретические проблемы функциональной грамматики: Материалы Всероссийской науч. конференции (СПб. , 26 — 28 сент. 2001 г.)[C] / Отв. ред. А. В. Бондарко. СПб. Наука, 2001.

[28] Бондарко А. В. Теория значения в системе функциональной грамматики на материале русского языка[M]. М. , Языки славянской культуры, 2002.

[29] Бондарко А. В. Принципы функциональной грамматики и вопросы аспектологии [M]. М. , УРСС, 2003.

[30] Бондарко А. В. Теория морфологических категорий и аспектологические исследования [M]. М. , Языки славянских культур, 2005.

[31] Бондарко А. В. Категоризация в системе грамматики[M]. М. , Языки славянских культур, 2011.

[32] Бородина А. И. Категория таксиса в современном немецком языке в сопоставлении с категорией таксиса в современном английском языке[D]. Автореф. дис. канд. филол. наук. Киев, 1975.

[33] Буланин Л. Л. Категория залога в современном русском языке[M]. Л. , Изд-во ЛГУ, 1986.

[34] Булыгина Т. В. Грамматические и семантические категории и их связи[A]// Аспекты семантических исследований[C]. М. , Наука, 1980.

[35] Булыгина Т. В. К построению типологии предикатов в русском языке[A]// семантические типы предикатов[C]. М. , Наука, 1982.

[36] Бунина И. К. Категория времени или категория таксиса (О противопоставлении относительных и абсолютных времен болгарского индикатива), Исследования по славянскому языкознанию [A]//Исследования по славянскому языкознанию [C]. М. , Наука, 1971.

[37] Буслаев Ф. И. Историческая грамматика русского языка[M]. М. , Учпедгиз, 1959.

[38] Валгина Н. С. Синтаксис современного русского языка [M]. М. , Высшая школа, 1978.

[39] Валгина Н. С. Теория текста[M]. М. , Логос, 2003.

[40] Вольф Е. М. Функциональная семантика оценки[M]. М. , Наука, 1985.

[41] Всеволодова М. В. Способы выражения пространственных отношений в современном русском языке [M]. М. , Изд-во МГУ, 1982.

[42] Всеволодова М. В. Теория функционально-коммуникативного синтаксиса: Фрагмент прикладной (педагогической) модели языка. Учебник. [M]. М. , Изд-во МГУ, 2000.

[43] Гак В. Г. Пространство времени [A]// Логическийанализ языка: Язык и время [C]. М. , Индрик, 1997.

[44] Гальперин И. Р. Текст как объект лингвистического исследования[M]. М. , Наука, 1981.

[45] Гвоздев А. Н. Современный русский литературный язык[M]. М. , Учпедгиз, 1958.

[46] Герасимова О. В. Пространство и время в языке: Тезисы и материалы международной научной конференции 6 — 8 февраля 2001г. [C]. Часть 1. Самара, Изд-во СамГПУ, 2001.

[47] Голуб, И. Б. Грамматическая стилистика современного русского языка[M]. М. , Высшая школа ,1989.

[48] Грамматика русского языка[M]. Т 1—2. Ред. коллегия: В. В. Виноградов, Е. С. Истрина. М. , Изд-во Институт русского языка РАН, 1953.

[49] Гуревич А. Я. Категории средневековой культуры[M]. М., Искусство, 1984.

[50] Гуревич В. В. Модальность и семантика глагольного вида[J]//Вопр. языкознания. №2, 2000.

[51] Демьянков В. З. Доминирующие лингвистические теории в конце XX века[A]// Язык и наука конца 20 века[C]. М., Институт языкознания РАН,1995.

[52] Демьянков В. З. Функционализм в зарубежной лингвистике конца XX в[A]// Дискурс, речь,речевая деядельность:Функциональные и структурные аспекты: Сб. обзоров[C]. М., ИНИОН, 2000.

[53] Дресслер В. Против неоднозначности термина «функция» в «функциональных» грамматиках[J]//Вопр. языкознания. №2,1990.

[54] Евтюхин В. Б. Категория обусловленности и вопросы теории синтаксических категорий[M]. СПб., Изд-во СПбГУ,1997.

[55] Жеребков В. А. Относительные временные связи внутри сложного синтаксического целого[A]// Проблемы германской филологии[C]. Рига, Зинатне, 1968.

[56] Жеребков В. А. Грамматическая категория времени в системе немецкого глагола [D], Автореф. дисс. на соиск. учен. степ, д-ра. фил. наук. Л., 1972.

[57] Жеребков В. А. О грамматической категории времени[J]// НДВШ ФН, №2, 1977.

[58] Земская Е. А., Русская разговорная речь: лингвистический анализ и проблемы обучения [M]. М., Русский язык, 1987.

[59] Золотова Г. А. Очерк функционального синтаксиса русского языка[M]. М., Наука, 1973.

[60] Золотова Г. А. Коммуникативные аспекты русского синтаксиса [M]. М., Наука, 1982.

[61] Золотова Г. А. Категория времени и вида с точки зрения текста[J]//Вопр. языкознания. № 3, 2002.

[62] Золотова Г. А. ,Онипенко Н. К. ,Сидорова М. Ю. Коммуникативная грамматика русского языка[M]. М., Институт русского языка РАН, 2004.

[63] Ивин А. А. Логические теории времени[J]// Вопр. философии. №3, 1969.

[64] Ильенко С. Г. Коммуникативно-структурный синтаксис современном русском языке[M]. СПб., Изд-во РГПУ им. А. И. Герцена, 2009.

[65] Касевич В. Б. Семантика. Синтаксис. Морфология[M]. М., Наука, 1988.

[66] Касевич В. Б. О межкатегориальных связах в языке [A]//Грамматические категории: иерархии, связи, взаимодействие. Материалы международной научной конференции (Санкт-Петербург, 22—24 сентября 2003 г.) [C]. СПб., Наука,2003.

[67] Киклевич А. К. Лекции по функциональной лингвистике[M]. Минск, Изд-во БГУ, 1999.

[68] Князев Ю. П. Грамматическая семантика: русский язык в типологической перспективе [M]. М., Языки славянских культур, 2007.

[69] Кобрина Н. А., Болдырев Н. Н. Теоретическая грамматика современного языка [M]. М., Высшая школа, 2007.

[70] Кодухов В. И. Общее языкознание[M]. М., Высшая школа, 1974.

[71] Козинцева Н. А. Временная локализованность действия и ее связи с аспектуальными, модальными и таксисными значениями (на материале армянского языка в сопоставлении с русским)[M]. Л., Наука, 1991.

[72] Колшанский Г. В. Контекстная семантика[M]. М., Наука, 1980.

[73] Колшанский Г. В. Коммуникативная функция и структура языка[M]. М, Наука, 1984.

[74] Колшанский Г. В. Лингвокоммуникативные аспекты речевого общения[J]// Иностр. яз. в шк., № 1, 1985.

[75] Копров В. Ю. Семантико-функциональный синтаксис русского языка в сопоставлении с английским и венгерским[M]. Воронеж, Изд-во Воронеж гос. ун-та, 2010.

[76] Копыленко М. М. Средства выражения количества в русском языке[M]. Алма-Ата, Гылым, 1993.

[77] Кострова О. А. Экспрессивный синтаксис современного немецкого языка[M]. М., Флинта, 2004.

[78] Красных В. В. Этнопсихолингвистика и лингвокультурология[M]. М., Гнозис, 2002.

[79] Крейдлин Г. Е. Метафора семантических пространств и значение предлога[J]// Вопр. языкознания. № 5, 1994.

[80] Крылова О. А., Максимов Л. Ю., Ширяев Е. Н. Современный русский язык. Теоретический курс: Синтаксис, пунктуация. [M]. М. Изд-во Российский университет дружбы народов, 1997.

[81] Кубрякова Е. С. Язык пространства и пространство языка (к постановке проблемы) [J]// Серия литературы и языка. №3, 1997.

[82] Кукушкина О. В. О механизме развития непространственных значений у приставок [A] //Актуальные проблемы современной русистики. Диахрония и синхрония. ВыпускVI[C]. М., Изд-во МГУ, 1996.

[83] Лаптева О. А. Русский разговорный синтаксис[M]. М., УРСС, 2003.

[84] Левицкий Ю. А. Общее языкознание[M]. М., УРСС, 2007.

[85] Лингвистический энциклопедический словарь[Z], Гл. Ред. Ярцева В. Н. М. , Сов. Энциклопедия, 1990.

[86] Лихачев Д. С. Поэтика древнерусской литературы[M]. М. , Наука, 1971.

[86] Логический анализ языка: Язык и время[C]. Отв. ред. : Н. Д. Арутюнова, Т. Е. Янко. М. Индрик, 1997.

[87] ЛЭС(лингвистический энциклопедический словарь)[Z]. М. , научное издательство, 2002.

[88] Маджидов С. Р. , Приблизительное количество как языковая категория[D]. Автореф. дис. канд. филол. наук. Ростов-на - Дону, 1995.

[89] Майсак Т. А. Грамматикализация глаголов движения: опыт типологии[J]// Вопр. языкознания. №1, 2000.

[90] Масленникова А. А. Лингвистическая интерпретация скрытых смыслов[M]. СПб. , Изд-во СПбГУ, 1999.

[91] Маслов Ю. С. Введение в языкознание[M]. М. , Высшая школа, 1975.

[92] Маслов Ю. С. К основаниям сопоставительной аспектологии [A]//Вопросы сопоставительной аспектологии[C]. Л. , Изд-во ЛГУ, 1978.

[93] Маслов Ю. С. Результатив, перфект и глагольный вид [A]//Типология результативных конструкций (результатив, статив, пассив, перфект) [C]. Л. , Наука, 1983.

[94] Маслов Ю. С. Очерки по аспектологии[M]. Л. , Изд-во ЛГУ, 1984.

[95] Матханова И. П. Высказывания с семантикой состояния в современном русском языке[M]. Новосибирск, Изд-во НГПУ, 2000.

[96] Мечковская Н. Б. Социальная лингвистика[M]. М. , 1996.

[97] Михеева Л. Н. Время в русской языковой картине мира[M]. Иваново, Изд-во Ивановский государственный университет, 2003.

[98] Михеева Л. Н. Время в русской языковой картине мира: лингвокультурологический аспект [D]. Дис. д-ра филол. наук . М. , 2004.

[99] Михеева С. Л. Семантика временного порядка в повествовательном тексте (на материале русскогоя зыка)[M]. Чебоксары, Новое время, 2007.

[100] Николина Н. А. Филологический анализ текста[M]. М. , Academa, 2003.

[101] Николина Н. А. Категория времени в художественной речи[M]. М. , Прометей, 2004.

[102] Новиков Л. А. Художественный текст и его анализ[M]. М. , Русский язык, 1988.

[103] Отв. Ред. Бондарко А. В. Теория функциональной грамматики: Темпоральность.

Модальность[M]. Л. , Наука, 1990.
[104] Отв. Ред. Бондарко А. В. Теория функциональной грамматики: Персональность. Залоговость[M]. СПб. , Наука, 1991.
[105] Отв. Ред. Бондарко А. В. Теория функциональной грамматики: Субъектность. Объектность. Определенность и неопределенность[M]. СПб. , Наука, 1992.
[106] Отв. Ред. Бондарко А. В. Теория функциональной грамматики: Локативность. Бытийность. Посессивность. Обусловленность[M]. СПб. , Наука, 1996a.
[107] Отв. Ред. Бондарко А. В. Теория функциональной грамматики: Качественность. Количесвенность[M]. СПб. , Наука, 1996b.
[108] Отв. Ред. Бондарко А. В. Теория функциональной грамматики: Введение. Аспектуальность. Временна локализованность. Таксис[M]. М. , УРСС, 2003.
[109] Отв. ред. Бондарко А. В. , Шубик С. А. Проблемы функциональной грамматики: Категории морфологии и синтаксиса в высказывании [M]. СПб. , Наука, 2000.
[110] Отв. ред. Бондарко А. В. , Шубик С. А. Проблемы функциональной грамматики: Семантическая инвариантность/вариативность [M]. СПб. , Наука, 2003.
[111] Отв. ред. Бондарко А. В. , Шубик С. А. Проблемы функциональной грамматики: полевые структуры[M]. СПб. ,Наука, 2005.
[112] Отв. ред. Бондарко А. В. , Шубик С. А. Проблемы функциональной грамматики: категоризация семантики[M]. СПб. , Наука, 2008.
[113] Павлов В. М. Полевые структуры в строе языка[M]. СПб. , Изд-во Санкт-Петербургского университета экономики и финансов(СПбУЭФ), 1996.
[114] Павлов В. М. Принцип поля в грамматическом исследовании и идея противоречия [A]//Исследования по языкознанию[C]. СПб. , Изд-во СПбГУ, 2001.
[115] Падучева Е. В. К семантической классификации временных детерминантов предложения[M]. М. , Прогресс, 1988.
[116] Падучева Е. В. Семантические исследования: Семантика времени и вида в русском языке. Семантика нарратива[M]. М. , Языки русской культуры, 1996.
[117] Падучева Е. В. Высказывание и его соотнесенность с действительностью[M]. УРСС, 2001.
[118] Падучева Е. В. О Семантике синтаксиса (материалы к трансформационной грамматике русского языка)[M]. М. , УРСС, 2007.
[119] Панин Е. И. Глаголы с таксисной семой в современном немецком языке[D]. Автореф. дис. канд. филол. наук. М. , 1992.
[120] Панова Л. Г. Пространство и время в поэтическом языке О. Мандельштама [J]// Серия литературы и языка. №.4,1996.

[121] Панова Г. И. О формальном выражении морфологических категорий в русском языке[A]//Исследования по языкознанию[C]. СПб., Изд-во СПбГУ, 2001.

[122] Папина А. Ф. Текст: его единицы и глобальные категории [M]. М., УРСС, 2002.

[123] Петрухина Е. В. Русский глагол: категории вида и времени (в контексте современных лингвистических исследований)[M]: Учеб. пособ. М., МАКС Пресс, 2009.

[124] Петрянина О. В. Интерпретация концептуального времени через структуру категории локативности [A]// Языкознание и литературоведение в синхронии и диахронии: Межвуз. сб. науч. Статей [C]. Вып. I. Тамбов: ТОГУП "Тамбовполиграфиздат", 2006.

[125] Петрянина О. В. Когнитивная метафоризация как основа концептуальной взаимосвязи пространственных и временных отношений в современном немецком языке [J]// Вестник Самарского государственного экономического университета. Самара, № 3 (29), 2007.

[126] Петрянина О. В. Концепт темпоральности в локативных обстоятельствах художественного текста (на материале немецкой прозы)[A]// Дискурсивный континуум: текст - интертекст - гипертекст: Материалы Всероссийской научно-практической конференции (май 2006г.)[C]. Самара, изд-во СамГПУ, 2007.

[127] Петрянина О. В. Особенности временной ориентации немецких глаголов состояния[A]// Альманах современной науки и образования [Текст], № 3: Языкознание и литературоведение в синхронии и диахронии и методика преподавания языка и литературы [C]. В 3 ч., Часть 1. Тамбов, "Грамота", 2007.

[128] Пешковский А. М. Русский синтаксис в научном освещении[M]. М., Наука, 1956.

[129] Под ред. Величко А. В. Книга о грамматике: Материалы к курсу《Русский язык как иностранный》[M]. Том1 и Том 2. М., Изд-во МГУ, 2004.

[130] Под ред. Костомарова В. Г. И Максимова В. И., Современный русский литературный язык[M]. М., Юрайт, 2003.

[131] Полянский С. М. Основы функционально-семантического анализа категории таксиса[M]. М., Высшая школа, 1990.

[132] Полянский С. М., Таксис-относительное время-эвиденциальность (к проблеме критериев разграничения) [J]// Сибирский лингвистический семинар. Новосибирск, № 2, 2001.

[133] Полянский С. М. Конструкции с предикатными актантами и таксис (или всегда ли таксис является таксисом?) Website www.nspu.ru/applied.
[134] Попов Р. Н., Валькова Д. П., Маловицкий Л. Я., Фёдоров А. К.. Современный русский язык[M]. М, Просвещение, 1986.
[135] Поташкина Ю. А. Категория временной соотносительности действий в современном русском языке[D]. Автореф. дис. . канд. филолог, наук. М. , 1985.
[136] Потебня А. А. Из записок по русской грамматике[M]. Т. IV. вып. II. М. , 1977.
[137] Прокопович Е. Н. Глагол в предложении: Семантика и стилистика видо-временных форм[M]. М. , Наука, 1982.
[138] Пупынин Ю. А. Функциональные аспекты грамматики русского языка: Взаимосвязи грамматических категорий: Учеб. пособие к спецкурсу[M]. Л. , Изд-во Ленингр. гос. пед. ин-т им. А. И. Герцена(ЛГПИ), 1990.
[139] Распопов П. П. Строение простого предложения в современном русском языке [M]. М. , Просвещение, 1970.
[140] Рахилина Е. В. Показатели посессивности и их функции в русском языке [A]//Исследования по языкознанию [C]. СПб. , Изд-во СПбГУ, 2001.
[141] Реформатский А. А. Введение в языкознание[M]. 4 — е изд. , испр. и доп. М. , Просвещение, 1967.
[142] Розова С. С. Классификационная проблема в современной науке[M]. Новосибирск, Наука, 1986.
[143] Рябова М. Ю. Временная референция в английском языке[D]. Дис. д-ра филол. наук. СПб. , 1995.
[144] Санников В. З. Русский синтаксис в семантико-прагматическом пространстве [M]. М. , Языки славянских культур, 2008.
[145] Серебренников Б. А. , Кубрякова Е. С. , Постовалова В. И. и др. Роль человеческого фактора в языке: Язык и картина мира[M]. М. , Наука, 1988.
[146] Сиротинина О. Б. Лекции по синтаксису русского языка[M]. М. , Высшая школа, 1980.
[147] Смирницкий А. И. Морфология английского языка [M]. М. , Изд-во литературы на иностр. языках, 1959.
[148] Смирнов И. Н. Простая повторяемость как переходная зона между локализованностью и нелокализованностью действия во времени [A] // Язык. Функции. Жизнь: Сборник статей в честь профессора А. В. Бондарко [C]. РГПУ им. А. И. Герцена, кафедра русского языка. СПб. , Изд-во РГПУ им.

А. И. Герцена, 2000.

[149] Смирнов И. Н. Категория временной локализованности действия в современном русском языке[M]. СПб. Изд-во РГПУ им. А. И. Герцена, 2001.

[150] Смирнов И. Н. Выражение повторяемости и обобщенности действия в современном русском языке[M]. СПб. , Наука; Сага, 2008.

[151] Солганик Г. Я. От слова к тексту[M]. М. , Флинта, Наука, 1993.

[152] Солганик Г. Я. Стилистика текста[M]. М. , Флинта, Наука, 1997.

[153] Сорокин Ю. А. Психолингвистические аспекты изучения текста[M]. М. , Наука, 1985.

[154] Тураева З. Я. Категория времени. Время грамматическое и время художественное: На материале английского языка. [M]. М. , Наука, 1979.

[155] Филиппов К. А. Лингвистика текста (курс лекций)[M]. СПб. , Изд-во СПбГУ, 2003.

[156] Формановская Н. И. Речевое взаимодействие: коммуникация и прагматика [M]. М. , ИКАР, 2007.

[157] Храковский В. С. Таксис: семантика, синтаксис, типология [A]//типология таксисных конструкций[C]. М. , Знак, 2009.

[158] Чернейко Л. О. Способы представления пространства и времени в художественном тексте[J]// Филологические науки. № 2, 1994.

[159] Чернейко Л. О. Субъективное время и способы его выражения в художественном тексте [J]// Вопросы русского языкознания. М. , Вып. 8, 2000.

[160] Чернухина И. Я. Элементы организации художественногопрозаического текста [M]. Воронеж, Изд-во Воронеж. гос. ун-та, 1981.

[161] Чеснокаова Л. Д. Категория количества и способы ее выражения в современном русском языке[M]. Таганрог, Изд-во Таганрог. гос. пед. ин-та, 1992.

[162] Шатуновский И. Б. Проблемы руссского вида[M]. М. , Языки славянских культур, 2009.

[163] Шахматов А. А. Синтаксис русского яызка[M]. Л. , Учпедгиз, 1941.

[164] Шелякин М. А. Функциональная грамматика русского языка[M]. М. , Русский язык, 2001.

[165] Шелякин М. А. Категория аспектуальности русского глагола[M]. М. , ЛКИ, 2008.

[166] Шелякин М. А. Очерки по прагматике русского языка[M]. М. , Русский язык-Медиа, Дрофа, 2010.

[167] Шендельс Е. И. Грамматика текста и грамматика предложения[J]// Иностр.

яз. в шк., № 4,1985.
[168] Широкова Е. Н. К вопросу о префиксальном способе выражения эмотивного времени [J]// Вестник Нижегородского университета им. Н. И. Лобачевского (Филология. Искусствоведение), № 4, 2009.
[169] Широкова Е. Н. Типология эмотивного времени[J]//Вестник Нижегородского университета им. Н. И. Лобачевского(Филология). № 1, 2008.
[170] Щур Г. С. Теория поля в лингвистике[M]. М., Наука, 1974.
[171] Энциклопедия для детей. Т. 2. Биология[Z]. Составитель С. Т. Исмаилова. М., Изд-во Астрель, Мир энциклопедий, 1996.
[172] Яковлева Е. С. Фрагменты русской языковой картины миры (модели пространства, времени и восприятия)[M]. М., Гнозис, 1994.
[173] Якобсон Р. О. Шифтеры, глагольные категории и русский глагол[C] // Принципы типологического анализа языков различного строя[A]. М., Наука, 1972.
[174] 陈凤霞,现代汉语体范畴研究[D],南开大学博士学位论文,2002。
[175] 陈平,论现代汉语时间系统的三元结构[J],《中国语文》1988年第6期。
[176] 陈小萍,英汉时间的空间隐喻对比[J],《长沙大学学报》2007第6期。
[177] 程家钧,现代俄语与现代俄罗斯文化[M],上海,上海外语教育出版社,1999。
[178] 程工,语言共性论[M],上海,上海外语教育出版社,1999。
[179] 储泽祥,现代汉语方所系统研究[M],武汉,华中师范大学出版社,1997。
[180] 戴浩一,时间顺序和汉语的语序[J],黄河译,《国外语言学》1988第1期。
[181] 戴耀晶,现代汉语时体系统研究[M],杭州,浙江教育出版社,1997。
[182] 王铭玉,当代中国俄语名家学术文库·丁昕集[M],哈尔滨,黑龙江大学出版社,2007。
[183] 邓福南,汉语语法专题十讲[M],长沙,湖南人民出版社,1980。
[184] 邓守信,汉语动词的时间结构[J],《语言教学与研究》1985年第4期。
[185] 杜桂枝,简述 А. В. Бондарко 的功能语义场理论[J],《外语学刊》2000年第2期。
[186] 杜桂枝,俄语句子逻辑语义结构及相关句式类型[J],《中国俄语教学》2009第2期。
[187] 方霁,从认知的角度看英汉时制系统及其表达差异[J],《世界汉语教学》2000第3期。
[188] 方经民,论汉语空间方位参照认知过程中的基本策略[J],《中国语文》1999第1期。
[189] 方经民,汉语空间方位参照的认知结构[J],《世界汉语教学》1999第4期。

[190] 房玉清,实用汉语语法[M],北京,北京语言学院,1984。
[191] 高名凯,汉语语法论[M],北京,商务印书馆,1986。
[192] 高佑梅,对齐尔顿时空隐喻的认知语言学分析[J],《天津外国语学院学报》2006 第 2 期。
[193] 龚放,论语言研究的功能主义思潮[J],《外语学刊》2000 年第 3 期。
[194] 龚千炎,谈现代汉语的时制表示和时态表达系统[J],《中国语文》1991 第 4 期。
[195] 龚千炎,现代汉语的时间系统[J],《世界汉语教学》,1994 年第 1 期。
[196] 龚千炎,汉语的时相时制时态[M],北京,商务印书馆,1995。
[197] 顾霞君、冯玉律,俄语实践修辞学[M],上海,上海外语教育出版社,1998。
[198] 归定康,俄语时间关系表示法的体系[J],《河北师大学报》1982 第 1 期。
[199] 桂诗春,新编心理语言学[M],上海,上海外语教育出版社,2000。
[200] 何亮,中古汉语时点时段表达研究[M],成都,四川出版集团 巴蜀书社,2007。
[201] 何荣昌,俄语功能语法纵横谈[J],《教学研究》1990 第 1 期。
[202] 何自然、陈新仁,当代语用学[M],北京,外语教学与研究出版社,2004。
[203] 胡附,数词和量词[A],《汉语知识讲话》[C],上海,上海教育出版社,1987。
[204] 胡孟浩(主译),俄语语法[M],苏联科学院语言研究所编,下卷,上海,上海外语教育出版社,1991。
[205] 胡壮麟,语篇的衔接与连贯[M],上海,上海外语教育出版社,1994。
[206] 胡壮麟、朱永生、张德禄、李战子,系统功能语言学概论[M],北京,北京大学出版社,2005。
[207] 华劭,对几种功能主义的简介和浅评[J],《外语学刊》1991 第 3 期。
[208] 华劭,语言的功能与功能研究[J],《外语学刊》1994 年第 1 期。
[209] 华劭,语言经纬[M],北京,商务印书馆,2003。
[210] 黄理兵,从语言看时空观念的不平衡性[J],《湖北民族学院学报(哲学社会科学版)》2000 第 1 期。
[211] 姜宏,汉俄语言对比研究:历史与发展,问题与任务[J],《外语学刊》2000 第 4 期。
[212] 姜宏,插入语在言语交际中的功能——俄汉语对比分析[J],《外语研究》2001 第 4 期。
[213] 姜宏,关于俄语句子独立成分问题的思考[J],《中国俄语教学》2002 第 4 期。
[214] 姜宏,汉俄语中的空间关系:语义类型、表达手段及言语功能[J],《复旦外国语言文学论丛》2004。
[215] 姜宏,汉俄语功能语法对比研究:评述与展望[J],《外语研究》2005 第 6 期,2005a。
[216] 姜宏,汉俄语中可能性范畴的语义类型及基本表达手段[J],《中国俄语教学》

2005 第 2 期,2005b。

[217] 姜宏,现代俄语副词的新角度观察:语法特征、句法分布、篇章和信息功能[J],《中国俄语教学》2006 第 1 期,2006a。

[218] 姜宏,汉俄语被动句语用功能和特征的对比分析[J],《解放军外国语学院学报》2006 第 2 期,2006b。

[219] 姜宏,功能语法理论研究的多维思考——谈当代语言学新元素对功能语法理论的修补和完善[J],《中国俄语教学》2007 第 3 期,2007a。

[220] 姜宏,汉俄语空间关系对比分析[A],《心理语言学与外语教学》[C],赵秋野主编,上海,上海外语教育出版社,2007b。

[221] 姜宏,俄汉语中的约量:概念和定位、语义类型和表达手段[J],《复旦外国语言文学论丛》2007 年秋季号,2007c。

[222] 姜宏,俄汉语中强烈程度意义的表达手段[J],《中国俄语教学》2008 第 3 期。

[223] 姜宏、赵爱国,二元对立视角的俄汉语义范畴对比研究之思考——兼谈空间和时间的二元对立统一关系[J],《外语学刊》2009 第 1 期,2009a。

[224] 姜宏,语言中的空间范畴及其俄汉多维对比研究框架[A],《中国俄语教学研究理论与实践》[C],刘利民主编,外语教学与研究出版社,2009b。

[225] 姜宏,俄语篇章中的时间范畴问题[J],《解放军外国语学院学报》2009 第 4 期,2009c。

[226] 姜宏,俄汉语中的时序:概念、语义类型及表达手段[J],《中国俄语教学》2010 年第 2 期。

[227] 姜宏,功能语法视域下俄语表情句法的整合研究[J],《外语学刊》2011 第 4 期,2011a。

[228] 姜宏,俄汉功能语法对比研究的多维思考及设想[A],2011 年第 12 届世界俄语大会论文集《时间与空间中的俄语和俄罗斯文学》[C],上海,上海外语教育出版社,2011b。

[229] 姜宏,俄汉时间范畴的语义系统对比研究[J],《中国俄语教学》2012 第 2 期,2012a。

[230] 姜宏,主观时间及其表达手段和文学篇章功能[J],《解放军外国语学院学报》2012 第 2 期,2012b。

[231] 金允经,现代汉语被动句研究[D],复旦大学博士论文,1996。

[232] 蓝纯,从认知角度看汉语的空间隐喻[J],《外语教学与研究》1999 第 4 期。

[233] 蓝纯,从认知角度看汉语和英语的空间隐喻(英文本)[M],北京,外语教学与研究出版社,2003。

[234] 李烈炎,时空学说史[M],武汉,湖北人民出版社,1988。

[235] 李临定,动词分类研究说略[J],《中国语文》1990 年第 4 期。

[236] 李勤,俄语不确定/确定范畴:语言手段及其言语功能[M],上海,上海外语教育出版社,1998。

[237] 李珊,现代汉语被字句研究[M],北京,北京大学出版社,1994。

[238] 李尚谦,俄语语法学的新成果——评介《俄语功能语法》[J],《中国俄语教学》1993第1期。

[239] 李向农,现在汉语时点时段研究[M],武汉,华中师范大学出版社,1997。

[240] 李宇明,汉语量范畴研究[M],武汉,华中师范大学出版社,2000。

[241] 黎锦熙、刘世儒,汉语语法教材[M],北京,商务印书馆,1957。

[242] 廖秋忠,现代汉语篇章中空间和时间的参考点[J],《中国语文》1983第4期。

[243] 林兴宅,艺术魅力的探寻[M],成都,四川人民出版社,1985。

[244] 刘宁生,语言关于时间的认知特点与第二语言习得[J],《汉语学习》1993第5期。

[245] 刘宁生,汉语怎样表达物体的空间关系[J],《中国语文》1994第30期。

[246] 刘润清,西方语言学流派[M],北京,外语教学与研究出版社,1995。

[247] 刘顺,现代汉语语法的多维研究[M],北京,社会科学文献出版社,2005。

[248] 刘焱,现代汉语比较范畴的语义认知基础[M],上海,学林出版社,2002。

[249] 陆俭明、马真,现代汉语虚词散论[M],北京,北京大学出版社,1985。

[250] 陆俭明,现代汉语时间词说略[J],《语言教学与研究》1991第1期。

[251] 陆俭明,现代汉语语法研究教程[M],北京,北京大学出版社,2003a。

[252] 陆俭明,汉语和汉语研究十五讲[M],北京,北京大学出版社,2003b。

[253] 陆俭明、沈阳,汉语和汉语研究十五讲[M],北京,北京大学出版社,2006。

[254] 吕叔湘,现代汉语单双音节问题初探[J],《中国语文》,1963年第1期。

[255] 吕叔湘,中国文法要略[M],《吕叔湘文集》(第一卷),北京,商务印书馆,1990。

[256] 吕叔湘、朱德熙,语法修辞讲话[M],沈阳,辽宁教育出版社,2005。

[257] 彭文钊、赵亮,语言文化学[M],上海,上海外语教育出版社,2006。

[258] 齐沪扬,现代汉语空间问题研究[M],上海,学林出版社,1998。

[259] 任雪梅,论俄语的空间范畴[D],上海外国语大学博士学位论文,2004。

[260] 邵敬敏,汉语语法的立体研究[M],北京,商务印书馆,2000。

[261] 邵敬敏,汉语语法学史稿[M],北京,商务印书馆,2006。

[262] 沈家煊,语言的"主观性"和"主观化"[J],《外语教学与研究》2001第4期。

[263] 石定栩,"把"字句和"被"字句研究[A],共性与个性——汉语语言学中的争议[C],徐烈炯主编,北京,北京语言文化大学出版社,1999。

[264] 宋玉柱,关于时间助词"的"和"来着"[J],《中国语文》1981年第4期。

[265] 孙立成,俄语的时间体系及有关问题[J],《外语学刊》1989第1期。

[266] 田文琪,汉俄语言的形式对比与表达对比[J],《中国俄语教学》1994第1

期,1994a。

[267] 田文琪,逻辑关系表达方式的汉俄对比[J],《外语学刊》1994第2期,1994b。

[268] 王超尘、诸同英、高静、赵云中、金晔等,现代俄语理论教程[M],下册,上海,上海外语教育出版社,1988。

[269] 王福祥,对比语言学论文集[M],北京,外语教学与研究出版社,1992。

[270] 王还,有关汉外语对比的三个问题[J],《语言教学与研究》1988第6期。

[271] 王建兰,俄汉语世界图景中时间的空间隐喻表征模型[J],《外语研究》2009年第6期。

[272] 王力,中国现代语法[M],北京,中华书局,1954。

[273] 王铭玉,二十一世纪语言学的八大发展趋势[J],《解放军外国语学院学报》1999年第4、5、6期。

[274] 王铭玉,俄语学者对功能语言学的贡献[J],《外语学刊》2001年第3期。

[275] 王铭玉、于鑫,功能语言学[M],上海,上海外语教育出版社,2007。

[276] 王松茂,汉语时体范畴论[J],《齐齐哈尔师院学报》1981年第3期。

[277] 王松茂,汉语语法研究参考资料[M],北京,中国社会科学出版社,1983。

[278] 王彤,俄、汉语时间范畴多视角对比研究[D],黑龙江大学博士学位论文,2005。

[279] 王永红,从汉英时间隐喻之异同看隐喻与文化的关系[J],《武汉理工大学学报(社会科学版)》2001第14期。

[280] 王远新,时空观念的语言学探索——以突厥语族语言为例[J],中央民族大学学报(哲学社会科学版)2003第1期。

[281] 魏本力,地点介词短语的时间变体功能[J],《外语学刊》2006第6期。

[282] 文炼,处所、时间和方位[A],《汉语知识讲话》(合订本)[C],上海,上海教育出版社,1987。

[283] 吴国盛,时间的观念[M],北京,中国社会科学出版社,1996。

[284] 吴继光,现代汉语用事成分与工具范畴[M],武汉,华中师范大学出版社,2003。

[285] 吴平,汉语的时间表达与中国文化[J],《北京第二外国语学院学报》1996第3期。

[286] 吴贻翼,现代俄语功能语法概要[M],北京,北京大学出版社,1991。

[287] 吴一安,空间指示语与语言的主观性[J],《外语教学与研究》2003第6期。

[288] 谢信一,汉语中的时间和意象(上)[J],《国外语言学》1991第4期。

[289] 邢福义,汉语语法学[M],长春,东北师范大学出版社,1997。

[290] 邢福义、李向农,时间方所.语法研究入门[M],北京,商务印书馆,1999。

[291] 许高渝,А.В.邦达尔科功能语法理论初探[J],《外语与外语教学》1989第2期。

[292] 徐默凡,现代汉语工具范畴的认知研究[M],上海,复旦大学出版社,2004。

[293] 徐来娣,试论俄语成语中的先例现象[J],《外语研究》2007第3期。
[294] 徐翁宇,俄语口语研究[M],上海,译林出版社,1993。
[295] 徐翁宇,现代俄语口语概论[M],上海,上海外语教育出版社,2000。
[296] 徐英平,俄汉语空间语码编程级差的多维思考[J],《中国俄语教学》2005第4期。
[297] 薛恩奎,语言中的时间系统与时间定位[J],《外语学刊》2006第1期。
[298] 杨成凯,汉语现状与历史的研究[M],北京,中国社会科学出版社,1999。
[299] 杨明天,俄语的认知研究[M],上海,上海外语教育出版社,2004。
[300] 杨宁,从空间到时间的汉语情景和参与者[J],《语文研究》1998第2期。
[301] 杨同用、徐德宽,汉语篇章中的时间表现形式研究[M],北京,语文出版社,2007。
[302] 杨自俭、李瑞华,英汉对比研究论文集[C],上海,上海外语教育出版社,1990。
[303] 叶南薰,复指和插说[A],张中行修订,《汉语知识讲话》(合订本)[C],上海,上海教育出版社,1985。
[304] 简·博克、莱诺拉·袁,拖延心理学:向与生俱来的行为顽症宣战[M]蒋永强、陆正芳译,北京,中国人民大学出版社,2009。
[305] 张斌、胡裕树,汉语语法研究[M],北京,商务印书馆,1989。
[306] 张伯江、方梅,汉语功能语法研究[M],南昌,江西教育出版社,1996。
[307] 张凤,俄汉空间隐喻比较研究[J],《解放军外国语学报》2001第1期。
[308] 张会森,功能语法问题——А.В.Бондарко功能语法观述评[J],《外语与外语教学》1989第1期,1989a。
[309] 张会森,苏联的功能语法研究[J],《国外语言学》1989第3期,1989b。
[310] 张会森,关于功能语法[J],《中国俄语教学》1994第1期。
[311] 张会森,俄汉语对比研究述要[J],《外语学刊》1996第3期。
[312] 张会森,汉俄语对比研究[C],上、下卷,上海,上海外语教育出版社,2004。
[313] 张济卿,汉语并非没有时制语法范畴——谈时、体研究中的几个问题[J],《语文研究》1996第4期。
[314] 张济卿,论现代汉语的时制与体结构(上)[J],《语文研究》1998第3期。
[315] 张家骅,语法·语义·语用——现代俄语研究[M],哈尔滨,黑龙江人民出版社,2000。
[316] 张家骅等,俄罗斯当代语义学[M],北京,商务印书馆,2003。
[317] 张建理、丁展平,时间隐喻在英汉词汇中的对比研究[J],《外语与外语教学》2003年第9期。
[318] 张捷、曾翠萍,从认知语言学的角度看英汉有关时间的隐喻表达[J],《湘潭师范学院学报(社会科学版)》2004年第4期。

[319] 张静,汉语语法问题[M],北京,中国社会科学出版社,1987。
[320] 张旺熹,汉语语法的认知与功能探索[M],北京,世界图书出版公司,2007。
[321] 张谊生,现代汉语副词研究[M],上海,学林出版社,2000。
[322] 张志公,汉语[M],北京,人民教育出版社,1953。
[323] 张志公,汉语语法常识[M],上海,上海教育出版社,1959。
[324] 赵爱国,语言文化学论纲[M],哈尔滨,黑龙江人民出版社,2006。
[325] 赵爱国,20世纪俄罗斯语言学遗产:理论、方法及流派[M],北京,北京大学出版社,2012。
[326] 赵世开,汉英对比语法论集[M],上海,上海外语教育出版社,1999。
[327] 赵顺仁,范畴语境(有关功能语法的理论)[J],《外语与外语教学》,1989 第 4 期。
[328] 郑路,汉语时间范畴研究综述[J],《兰州学刊》2008 第 2 期。
[329] 郑秋秀,带有词汇重叠形式的俄语成语化结构[J],《外语与外语教学》1999 第 2 期。
[330] 周纪生、仇潞培、章其,俄语成语词典[M],武汉,湖北人民出版社,1988。
[331] 周榕、黄希庭,时间隐喻表征的跨文化研究[J],《心理科学》2000 第 2 期。
[332] 周榕,隐喻认知基础的心理现实性——时间的空间隐喻表征的实验证据[J],《外语教学与研究》2001 第 2 期。
[333] 周有斌,现代汉语选择范畴研究[M],桂林,广西师范大学,2004。
[334] 朱德熙,语法讲义[M],北京,商务印书馆,1982。
[335] 朱永生、严世清,系统功能语言学多维思考[M],上海,上海外语教育出版社,2002。